JULIEN
GRACQ

L'écrivain et les sortilèges

Clément Borgal

Presses Universitaires de France

100392831 2

ISBN 2 13 045496 8
ISSN 0757-8547

Dépôt légal — 1re édition : 1993, juillet
© Presses Universitaires de France, 1993
108, boulevard Saint-Germain, 75006 Paris

1

En lisant,
en annotant

Le moins que l'on puisse dire est que Julien Gracq ne porte pas vraiment dans son cœur ceux qui font profession de critique littéraire. Un certain nombre de fois, il lui est arrivé d'écrire à leur sujet des phrases très dures, à l'allure définitive, et propres à décourager toute tentative d'exégèse de ses propres livres. De telles phrases ne doivent cependant pas être lues comme des aphorismes. Beaucoup d'entre elles correspondent à des mouvements d'humeur. Même si le goût de la nuance, surtout dans ses jugements, n'est pas sa caractéristique essentielle, les milliers de pages qu'il a écrites, ainsi que les attitudes qu'il a adoptées en telle ou telle occasion, montrent que sa condamnation s'assortit au moins de circonstances atténuantes.

D'une part, jamais il n'a affiché, vis-à-vis de ceux qui s'intéressaient à ses livres, la moindre impatience ni la moindre suffisance moqueuse. Nul ne saura sans doute si Valéry, au sortir d'un cours de Sorbonne où avait eu lieu une « explication » du *Cimetière marin,* a vraiment prononcé la phrase, reprise de son poème : « Je hume ici ma future fumée. » L'idée d'en prononcer une semblable, même en admettant qu'elle correspondît à ce qu'il pensait au plus profond de soi, ne se serait jamais présentée à l'esprit de Julien Gracq — ou il l'aurait aussitôt repoussée, avec un sourire intérieur, comme un souvenir plus ou moins nostalgique d'esprit normalien. Avec beaucoup de courtoisie, il s'est prêté à diverses reprises au jeu des questions et réponses, acceptant parfois d'apporter sa contribution personnelle à tel ouvrage de critique ou tel numéro spécial de revue le concernant.

Par ailleurs, il a sacrifié lui aussi sur l'autel de l'exégèse. Un livre entier, ne l'oublions pas, a été consacré par ses soins à l'étude, ô combien attentive! de l'œuvre d'André Breton. Balzac, Stendhal, Flaubert, Zola, Proust, Nerval — pour ne point parler de Racine, Chateaubriand, Baudelaire, Lautréamont, Edgar Poe, Ernst Jünger ou autres Novalis — ont retenu longuement son attention et sa méditation. Autant de preuves attestant qu'il ne rejette pas systématiquement l'exercice critique, mais seulement la façon dont il est le plus souvent pratiqué, façon dont la responsabilité incombe d'abord, à l'en croire, aux habitudes des enseignants — ses propres collègues — qu'ils appartiennent à l'enseignement secondaire ou supérieur.

Une phrase de *Lettrines* résume ces habitudes et en stigmatise la tare à ses yeux, en une formule d'interrogation navrée : « Que dire à ces gens qui, croyant posséder une clé, n'ont de cesse qu'ils aient disposé votre œuvre en forme de serrure? »[1] Ailleurs, dans le recueil *En lisant, en écrivant,* il précise avec infiniment plus de détails pourquoi cette méthode lui paraît regrettable. Certes, il veut bien l'admettre, lorsqu'on s'adresse à de jeunes élèves, il paraît difficile de ne pas recourir à la méthode d'*explication*. La pédagogie, comme toute autre discipline, a ses lois. Par expérience, il le sait aussi bien que n'importe quel enseignant. Ce qu'il déplore, c'est qu'une telle façon de procé-

---

1. *Lettrines,* p. 55. Précisons dès maintenant, pour éviter de le répéter à chaque fois, que toutes les œuvres de Julien Gracq ont été publiées par les Éditions José Corti. Une moitié d'entre elles seulement, à l'heure où s'écrivent ces lignes, ont été rassemblées en un volume de la Bibliothèque de la Pléiade (Ed. Gallimard). Pour toutes les citations extraites de ces œuvres, sera utilisée l'abréviation *OC (Œuvres complètes).*

6

der soit appliquée indistinctement dans toutes les matières[1].

Passe pour les mathématiques, dont l'effort essentiel tend vers la formulation de théorèmes, ou pour les sciences, dont le rêve est de parvenir à une intelligence de l'univers, qu'il s'agisse de l'un ou de l'autre des deux infinis pascaliens. Passe pour... il faudrait ajouter : à l'extrême rigueur. En mathématiques même, en effet, l'usage systématique des théorèmes n'a pu éviter le recours aux postulats ; et ces postulats, dans un domaine qui s'enorgueillissait tant de sa rigueur, ont fini par déboucher — rappelons-nous Riemann et Lobatchevski — sur une fondamentale relativité. Quant aux sciences, chacun sait que leurs lois ne sont en réalité que des formules statistiques, négligeant volontairement les menus écarts ou exceptions.

Mais en ce qui concerne le domaine de l'art en général — au sens de beaux-arts, bien entendu, et non pas de technique —, ou de la littérature en particulier, comment imaginer le moindre théorème ou la moindre loi ? Qui dit explication dit appel à la raison ; et la raison est l'une des bêtes noires de Julien Gracq. Orgueilleuse, elle impose à la réalité ses propres catégories, substituant à l'ordre de la nature — si tant est, d'ailleurs, que l'on puisse parler d'ordre — une vision totalement artificielle, et par conséquent déformante. Son usage constitue en quelque sorte une trahison, d'autant plus condamnable lorsqu'il s'agit de la nature d'un texte littéraire, où prédominent l'imagination, la sensibilité, la poésie — ce qui est le cas de tous les textes littéraires sans exception, même s'ils se réclament d'un certain classicisme, mais qui l'est bien davantage encore de ceux qui prétendent résolument s'affranchir d'une telle école, comme ceux du surréalisme avec lequel Julien Gracq se sent plus que des affinités.

Les « explications » de textes ne s'emportent pas toujours, il est vrai, jusqu'à de telles extrémités. Qui oserait

1. *En lisant, en écrivant,* 1980, p.171-173.

cependant nier la tendance courante à chercher, au-delà de ce que dit l'écrivain, ce qu'il a voulu dire — la certitude qu'il a voulu dire quelque chose étant posée *a priori* comme un postulat essentiel? De là une sorte de chasse, presque analogue à celle qui se pratique dans les histoires policières, du moindre indice, du plus petit détail considéré comme révélateur, chargé de ce qu'il est convenu d'appeler une signification, avec tous les rapprochements, les déductions, les échafaudages d'arrière-pensées qui peuvent s'ensuivre. D'où résulte ce que l'exégèse croit et présente naïvement comme le portrait plus ou moins caché de l'œuvre, sa traduction décryptée avec un soin laborieux et triomphant de Champollion, alors qu'il s'agit en fait d'une autre œuvre, ayant pour auteur l'exégète lui-même, et substituée purement et simplement à l'originale. Ce qui permet de comprendre que l'on puisse parler, par exemple, du *Racine de Thierry Maulnier* ou de *Jasinski*, du *Baudelaire de Sartre* ou de *Jean Pommier*, désignant par ces expressions, tout à fait révélatrices, non les ouvrages consacrés à l'un et l'autre poètes, mais l'interprétation de leurs œuvres — une parmi des quantités d'autres — donnée par ces analystes.

Dès la publication de son premier livre, *Au château d'Argol,* Julien Gracq avait cru bon de lancer un « avis au lecteur », dont nous avons tout lieu de penser qu'il s'agissait en fait, dans son esprit, d'un avis aux critiques éventuels qui s'intéresseraient à son roman. « Il va sans dire, écrivait-il — mais il jugeait infiniment plus prudent, et en tout cas indispensable, de le dire —, qu'il serait par trop naïf de considérer sous l'angle symbolique tels objets, actes ou circonstances qui sembleraient dresser à certains carrefours de ce livre une silhouette toujours malencontreuse de poteau indicateur. L'explication symbolique étant — en général — un appauvrissement tellement bouffon de la part envahissante de contingent que recèle toujours la vie réelle ou imaginaire. »[1] Il ne semble guère, hélas! que cet appel ait été entendu.

1. *OC,* p. 4.

Un seul exemple, mais particulièrement significatif. Trente-quatre ans plus tard, en 1972, *L'Herne* consacrait un Cahier spécial, d'une grande abondance, à la personne et à l'œuvre de Julien Gracq. Parmi les articles s'attachant à y étudier ses différents livres, un essai, réservé précisément au *Château d'Argol*, prétendait y déceler la marque du *mythe hégélien*. Le suivant déployait tous ses efforts pour y faire lire la *représentation mythique de la connaissance de soi*. Soucieux de ne pas faire fausse route, mais désireux surtout, selon toute vraisemblance, d'obtenir la plus irréfutable des cautions, l'auteur de cet article avait écrit à Julien Gracq, lui demandant si telle était bien la formule qu'il avait voulu créer en écrivant son roman. Réponse catégorique de l'intéressé : « Je n'ai aucunement conçu le *Château d'Argol* comme une formule mythique de la connaissance de soi-même. Je ne prêtais à ce récit, en l'écrivant, ni symbolisme, ni même signification. » Etait-il besoin de plus long discours ? Or, voici l'auteur de l'article citant lui-même cette réponse, ne reculant pas devant l'effort nécessaire pour la réfuter, publiant envers et conte tout le résultat de son analyse, et rejetant dans une minuscule note l'aveu — dépouillé d'artifice — qu'il « ne comprend pas très bien comment mettre ensemble cet énoncé exprès du thème et le fait que Julien Gracq » lui « dise dans sa lettre qu'il n'a pas pensé du tout à cette problématique »[1].

Le romancier du *Balcon en forêt* sait pertinemment que l'on ne peut se passer de la critique littéraire, qu'il a lui-même pratiquée, on peut presque dire : tout au long de sa vie. Le seul point — ou tout au moins le premier — sur lequel il convient de s'interroger est la finalité de cette critique.

Le professeur qui explique un texte à ses élèves essaie bien sûr le plus souvent de le leur faire goûter ; mais sa tâche de pédagogue lui impose surtout d'initier son jeune auditoire aux secrets des sources, de la composition, du style,

1. *Cahiers de l'Herne,* Paris, Ed. de l'Herne, coll. « Le livre de Poche », 1972, p. 84-96.

des rapports de l'œuvre étudiée avec celles de la même époque , de la même école, voire des époques et des écoles antérieures ou antagonistes. Pour s'acquitter de cette tâche, une œuvre médiocre, voire mauvaise, peut lui rendre autant de services qu'un chef-d'œuvre. Il n'est, pour s'en convaincre, qu'à relire certains manuels de littérature ou certains recueils de morceaux choisis utilisés dans les établissements scolaires il y a cinquante ou quatre-vingts ans. Julien Gracq ne se présente nullement comme un contestataire des méthodes de l'enseignement. La seule chose qu'il souhaite est que les critiques littéraires n'en demeurent pas au niveau où ils se trouvaient à l'époque de leur préparation au baccalauréat, qu'ils fasse ntpreuve d'un minimum de maturité, et se rendent compte du fait que leur rôle est de montrer à ceux qui voudront bien les lire pourquoi une œuvre est belle, et pourquoi ils l'ont aimée. Surtout, d'ailleurs, pourquoi ils l'ont aimée ; car le cœur obéit parfois à des pulsions bien mystérieuses, et Vénus sait que la notion de beauté est une des plus relatives qui soient.

Certains mettront-ils en doute le bonheur d'une telle métaphore ? Elle est de Gracq lui-même, qui la file avec complaisance dans une page de ce qu'on pourrait appeler l'un de ses cahiers de méditation. « Un livre qui m'a séduit, écrit-il, est comme une femme qui me fait tomber sous le charme : au diable ses ancêtres, son lieu de naissance, son milieu, ses relations, son éducation, ses amies d'enfance ! Ce que j'attends seulement de votre entretien critique, c'est l'inflexion de voix juste qui me fera sentir que vous êtes amoureux, et amoureux de la même manière que moi : je n'ai besoin que de la confirmation et de l'orgueil que procure à l'amoureux l'amour parallèle et lucide d'un tiers bien-disant. Et quant à l' "apport" du livre à la littérature, à l'enrichissement qu'il est censé m'apporter, sachez que j'épouse même *sans dot*. »[1]

Ce premier point établi, reste évidemment à déterminer comment parvenir à cette inflexion de voix juste. La gau-

1. *En lisant, en écrivant*, p. 178.

cherie des amoureux est un véritable lieu commun ; et il va de soi qu'en la circonstance le célèbre « parce que c'était lui, parce que c'était moi » de Montaigne ne saurait satisfaire celui qui refuse certes, quand on analyse un livre, que l'on démonte les rouages qui s'y imbriquent, mais souhaite que lui soit expliqué comment de ces rouages il sort du courant[1].

Une lecture attentive des réflexions que lui ont suggérées les écrivains cités plus haut peut-elle nous éclairer sur la méthode originale qu'il a lui-même adoptée, qu'il considère bien sûr, selon toute vraisemblance, comme la seule valable, et qu'il y aurait donc lieu, peut-être, de suivre également, d'une part pour avoir les meilleures chances de recueillir ses suffrages, mais aussi et surtout pour ne point manquer la spécificité de son œuvre propre ? Le mot « méthode », en tout cas, n'est sûrement pas le mot qui convient. Le *discours* que Descartes lui a consacré prouve suffisamment son implication avec les principes, la logique, la raison. Mieux vaut, sans aucun doute, parler de la *démarche* de Julien Gracq, qu'il a résumée lui-même dans la formule choisie pour titre de son principal ouvrage consacré à l'œuvre des autres : « En lisant, en écrivant. »

Lorsqu'on lit, en effet, sans idée préconçue, mais la plume à la main, certains détails sautent aux yeux, dont l'accumulation peut finir par acquérir un pouvoir de suggestion, et projeter une lumière sur un ensemble qui pourrait au départ sembler obscur. En outre — et sans doute n'est-ce pas là le moins important —, une telle façon de suivre le texte au fil des pages, des phrases, voire des mots, permet dans une certaine mesure de retrouver le mouvement même de l'écriture créatrice, qui n'obéit dans les meilleurs cas ni à une idée directrice préconçue, ni à un souci d'équilibre soigneusement étudié, mais à une impulsion mystérieuse, irrépressible.

Les surréalistes, chers au cœur de Gracq, se sont rendus

1. *Ibid.*, p. 173.

célèbres, entre autres, par leurs expériences d'écriture automatique. A ses yeux — et même s'il lui arrive d'exprimer à l'égard de ces expériences quelque réserve —, le secret de toute écriture se cache dans son automatisme, même lorsque son auteur s'imagine naïvement le dominer. Phrase dont les harmoniques se répercuteront sans doute jusqu'à la fin du présent essai : « Bien souvent la critique, peu préoccupée de la traction impérieuse vers l'avant qui meut la main à plume, peu soucieuse du courant de la lecture, tient sous son regard le livre comme un champ déployé, et y cherche des symétries, des harmonies d'arpenteur, alors que tous les secrets opératoires y relèvent exclusivement de la mécanique des fluides. »[1]

Fidèles à cette démarche, il nous faudrait bien évidemment lire et annoter, page après page — voire dans l'ordre chronologique de leur rédaction, qui n'est pas toujours celui de leur publication —, les œuvres complètes de Julien Gracq. Les dimensions d'une thèse n'y suffiraient pas, à plus forte raison celles d'un essai prenant place dans la présente collection. Mais pourquoi ne pas profiter de ce que j'appellerais volontiers un deuxième degré ? Gracq lui-même a lu et annoté les œuvres des plus grands de ses prédécesseurs. Pourquoi ne pas commencer par lire et annoter ses propres notes de lecture ?

1948. Au terme d'une longue étude qu'il vient de consacrer a André Breton, il s'apprête, non pas à conclure — car il ne pense avoir exposé ni majeure ni mineure, et le syllogisme est à ses yeux l'une des pires formes de raisonnement —, mais à « prendre congé », tout simplement, de son lecteur. Chapitre très court, qui commence par cette phrase : « On souhaiterait recevoir le don d'une langue noble et plus hermétique, langue de magie et de sortilège, langue incantatoire, réseau de mailles apte à draguer les profondeurs, pour ramener sur cette *eau* problématique, aux maillons de soleil qui indéfiniment se disso-

1. *Ibid.,* p. 42.

cient et se rassemblent, le nom exemplaire d'André Breton. »[1] Une première note, pour relever les mots : hermétique, magie, sortilège, incantatoire.

Quelques années plus tard, pour texte liminaire du recueil *Préférences,* il choisit celui d'un entretien composé à l'occasion d'une série d'émissions télévisées. Il vient d'y parler, presque accidentellement, de Baudelaire, bientôt prétexte à un élargissement. « Les grandes légendes qui me parlent directement, écrit-il, sont toujours celles qui placent au centre un voyage *magique* ou angoissant. » Plus loin, l'auteur des *Mémoires d'outre-tombe* retient son attention, dans l'œuvre duquel il distingue deux parts : une première, pseudo-classique, morte ; et une seconde, qui vieillit bien. Pour quelle raison ? « Il a eu la chance suprême : les chefs-d'œuvre donnés dans la vieillesse, où tout est *philtre* et *sortilège.* »

Dans la préface, rédigée à la demande d'Albert Béguin pour une édition de la *Béatrix* de Balzac, il évoque ensuite le manoir des Touches, près de Guérande, et ne trouve pas, pour le caractériser, de formule plus fidèle que cette courte proposition : « Rien ne manque aux *sortilèges* de cette demeure, pas même le suprême dissolvant, la musique. » Formule prolongée, sitôt le changement de paragraphe, par cette autre phrase : « Derrière ces buissons *enchantés,* cerveau ordonnateur de ces *sortilèges,* s'embusque une des plus attirantes figures féminines de Balzac : Camille Maupin — Mlle des Touches. » Et pour parachever son évocation globale du roman : « On dirait que le vieux *sortilège* celte est descendu sur ces pages sans cesse en rumeur. »

Toujours dans *Préférences,* une autre préface, destinée à une réédition de *Heinrich von Ofterdingen,* est pour Julien Gracq l'occasion d'attirer l'attention sur la véritable originalité du livre de Novalis, où « il ne s'agit nullement de véritables aventures », mais « d'une pérégrination *magique* et exemplaire, à l'issue de laquelle le héros doit se retrouver moins formé qu'*initié* ». Quant au texte de la confé-

1. *OC,* p. 510.

rence prononcée à l'Université de Lille, puis à Anvers, sur *le surréalisme et la littérature contemporaine,* l'un des principaux mérites qu'il reconnaît à l'école de Breton est d'avoir délibérément échappé à « l'effarante accumulation des romans dits d'analyse qui portent depuis plus de trois siècles le scalpel dans les épanchements intimes », pour « projeter de nouveau sur l'amour cette même lumière *magique* qui avait été celle du Moyen Age »[1].

Est-il besoin de préciser que les mots : enchantés, magique, philtre, sortilège, initié, ne sont soulignés dans aucun texte que nous venons de citer, mais seulement par nous — en lisant ? Puisse le lecteur faire le même effort pour les souligner, ou les relever, chaque fois qu'il les apercevra dans les citations qui vont suivre.

A propos d'Edgar Poe, le premier recueil de *Lettrines* nous parle d'une strophe « si évidemment enchantée » ; à propos du *Journal* de Jünger, du fait que l'œuvre d'un écrivain de grande résonance « peut devenir par excellence le véhicule du *souhait magique* » (souligné cette fois dans le texte) ; à propos du théâtre, de ses « planches magiques » ; à propos de l'architecture moderne, du fait que dans cinquante ans la poésie « aura mis la main sur des talismans de rechange » ; à propos d'un boomerang revu à la devanture d'une armurerie, du « sortilège fané » qui avait tenu tant de place dans sa vie ; à propos de Gérard de Nerval, et plus particulièrement de *Sylvie,* de la certitude dont il est pénétré de ne connaître « aucun récit plus enchanté dans notre langue » ; à propos de Claudel enfin, du « pouvoir de transsubstantiation magique » qui semble s'attacher sans son imagination à certaines surfaces idéalement lisses[2].

Aucun des livres publiés par Julien Gracq ne porte le nom de journal. Aucune des pages qu'il a écrites à partir de 1954 dans des cahiers, et non plus sur des feuilles volantes, ne peut en effet être considérée comme appartenant à un journal intime, daté, tenant registre des faits quo-

1. *OC,* p. 849, 925, 952, 958, 989, 1018.
2. *Lettrines,* p. 24, 61, 79, 81, 134, 176, 198.

tidiens. Les textes contenus dans lesdits cahiers — composés malgré tout au fil, au hasard des jours — n'en sont pas moins extrêmement disparates ; disparité déjà sensible dans le premier recueil de *Lettrines,* plus accentuée encore dans le second, où les variations sur des thèmes littéraires se mêlent à quantité d'autres notations de toute espèce. Façon de traduire — de suggérer ou de souligner — l'unité profonde des diverses expériences de l'écrivain, qui n'est rien d'autre qu'un cas particulier de « plante humaine », selon sa propre expression, dont tous les rameaux sont donc nourris de la même sève. Ce second degré, soit dit en passant, ne justifie-t-il pas le nôtre ?

Un jour donc, dans *Lettrines 2,* il médite sur les prestiges subtils de l'écriture de Rimbaud. L'un d'eux lui paraît résider dans un imperceptible bégaiement, dont il est bien difficile de déterminer ce qu'il doit à l'automatisme et à la volonté de considérer la claudication comme l'un des beaux-arts. Qu'importe ? Un seul point essentiel : « Le même pouvoir d'ensorcellement en émane que parfois du léger strabisme d'une femme. » Un autre jour, à l'occasion d'un voyage en Normandie, le souvenir de Proust lui revient, et plus précisément celui d'un volume de la *Recherche* où le narrateur, en compagnie d'Albertine, emprunte pour la première fois une automobile pour se promener autour de Balbec. Ce qui l'a frappé dans ce passage : la notation du fait que le moteur introduit dans l'excursion un élément de dépoétisation, certes, mais d'abord « une facilité à demi magique ». Un autre jour encore, requiert son attention le problème de la spécificité du livre et de sa différence avec la vie : rayonnement et dispersion stérile dans l'illimité, d'un côté ; enceinte fermée, espace clos, de l'autre. Autorégulation, autofécondation, autoréanimation : « Le préfixe *auto* est le mot clé, toujours, écrit-il, dès qu'on cherche à serrer de plus près la "magie" romanesque. » Le mot « magie » est cette fois encore souligné dans le texte[1].

1. *Lettrines 2,* p. 98, 85, 128.

En dehors des considérations proprement littéraires, la terrasse du château de Saint-Germain-en-Laye lui paraît « d'une disposition et d'une ampleur presque magiques ». Au cours de pérégrinations sous un ciel gris, chaque ville où on entre, chaque porte poussée — lui semble-t-il — après le vide froid et noir du crépuscule, « fait jouer sur la chaleur et la lumière une serrure magique ». Un reportage télévisé lui rappelle sa passion pour les courses de motos, ou derrière motos, ces instants en particulier où un stayer « décollait », presque aussitôt engoué sur la piste comme une fourmi, « court-circuité par l'influx magique ». Une mention spéciale pour sa découverte des échecs : « Je tombai d'abord sous le charme non du jeu, auquel je ne comprenais rien, mais des figurines, qui exercèrent d'emblée sur moi une magie. » Il avait l'impression « qu'un pouvoir s'y embusquait », qu' « il y avait là quelque chose d'un jeu sacré ». De quelle sorte de sacré ? Les fins de parties semblent ni plus ni moins parfois « marquées de sorcellerie ». Sur une plage, le comportement théâtral d'une femme seule, dont il se souvient, déployait une telle impudeur « qu'elle en devenait envoûtante ». Enfin, le musée Nansen d'Oslo lui apparaît comme « rempli des sortilèges » que composent la solitude, la glace et la nuit[1].

Dans l'un de ses nombreux exercices d'introspection, Julien Gracq reconnaît devoir finalement plus à Stendhal qu'à André Breton et à tout le surréalisme. Beaucoup plus que l'un et l'autre, *Le Rouge et le Noir*, écrit-il, a été « ma grande percée à travers le convenu, un convenu qui m'avait trouvé jusque-là parfaitement docile »[2]. Chacun sait par ailleurs que s'il a choisi pour son pseudonyme le prénom de Julien, c'est en souvenir admiratif et passionné de Julien Sorel. Ne nous étonnons donc pas qu'un si grand nombre de pages d'*En lisant, en écrivant* soient réservées à son auteur de prédilection. Le lisant et le relisant, il se pose à son sujet quantité de questions, exactement

1. *Ibid.,* p. I, 34, 170, 175, 177, 190, 240.
2. *Ibid.,* p. 123.

comme un amoureux sous l'effet du coup de foudre — et selon le comportement que nous l'avons entendu lui-même préconiser pour la critique littéraire — essayant de déterminer pour quelle raison il a bien pu éprouver ce coup de foudre et pourquoi le même phénomène se reproduit à chacune de ses relectures.

Nul doute que la façon d'écrire du romancier entre pour une bonne part dans l'élucidation d'un tel mystère. D'où la nécessité de percer « le secret qu'a la prose de Stendhal de nous faire en quelques instants, quand on le reprend, *tomber sous le charme* » : Gracq souligne lui-même l'expression. Mais ailleurs que dans une perspective pédagogique, la distinction entre la forme et le fond est-elle vraiment recevable ? Le secret de la prose se confond dans une grande mesure avec celui de l'expérience, ou plus exactement du fruit tiré par l'écrivain de cette expérience, en fonction de ses réactions et de ses tendances personnelles. Or, quoi de plus fortuit qu'une expérience ? (Pourquoi ces choses et non pas d'autres ?, demandait déjà Figaro.) De la part de comédie présente chez l'Italien, affirme Gracq, Stendhal a tiré et fait épanouir comme une fleur japonaise « toute une féerie de mœurs qui l'a tenu envoûté » jusqu'à ses derniers jours. A l'Italie il doit la chance insigne d'avoir pu garder à portée de sa main, pendant presque toute sa vie, « la recharge affective et le pouvoir d'éclosion du philtre amoureux ». Phénomène à peine transposé dans l'expérience de son personnage, Fabrice del Dongo : il a fini par trancher le cordon ombilical avec la Lombardie de la Sainte-Alliance, tout en continuant d'y puiser son suc nourricier « par quelque sortilège »[1].

S'il conserve, pour employer un mot qui lui est cher, une certaine « préférence » à l'égard des aventures de Julien Sorel, Julien Gracq en effet ne tombe pas dans le ridicule des inconditionnels de l'un, aux dépens de l'autre, des deux grands romans stendhaliens. *La Chartreuse de Parme* exerce également sur lui un énorme pouvoir de

1. *En lisant, en écrivant,* p. 36, 56, 57, 96.

séduction, sur lequel il s'interroge de façon non moins attentive que complaisante.

Autre aspect, par exemple, du rapport entre l'expérience de Fabrice et celle de son créateur : si on le lit d'une certaine manière, le roman est « comme une couronne enchantée » qui vient ceindre un vide. Se peut-il que d'autres manières de le lire aboutissent à une impression analogue, ou s'agit-il cette fois d'une réalité objective ? Outre Fabrice, le comte, la duchesse, voire par instants le prince, constituent comme une petite coterie prestigieuse, véritable « cercle enchanté » de fils de roi, figures indissociables d'un « quadrille enivrant », dont la grâce constitue « le charme du roman ». Peu s'en faut même qu'à cet égard une prédilection ne s'impose pas, si on le compare à l'âpre et volontaire construction du *Rouge,* pour « ce livre *donné,* ce livre médiumnique ». Thème repris en quelques variations une dizaine de pages plus loin : « roman très singulier et un peu féerique », il m'arrive, en lisant *La Chartreuse,* « de me figurer que j'écoute un thème musical envoûtant »[1].

La treizième revient, c'est encor la première... Julien Gracq, nous l'avons vu, assimile la séduction d'un livre à celle d'une femme. En admettant que le vers de Nerval concerne bien les femmes, l'idée ne l'effleurerait certainement pas d'en transposer la formule dans le domaine des livres. Chacun — nous l'avons déjà dit, mais il faut y insister — lui apparaît comme unique, irremplaçable, ce dont ses lectures ou ses relectures, parfois à plus de quarante ans d'intervalle, le convainquent (il vaudrait mieux dire : ce qu'elles lui persuadent) chaque jour un peu plus. Pour des écrivains aussi divers que ceux dont il parle dans *En lisant, en écrivant,* comment néanmoins ne pas être frappé par une étrange similitude de vocabulaire ?

Dieu sait à quel point, par quantité d'aspects, Balzac lui semble une antithèse de Stendhal. Le Paris de la *Comédie humaine* n'est rien d'autre à ses yeux qu'un Béhémoth

1. *Ibid.,* p. 55, 53, 67.

social, un monstre invertébré et aboulique — mais auquel « la connaissance de ses ressorts secrets et compliqués, et parfois certaines pratiques magiques », permettent de passer le mors. Plus près de nous, Malraux, dont il avoue que la mythomanie le glace : autant dire qu'en ce qui le concerne la séduction n'a rien d'un coup de foudre. S'efforçant loyalement, selon ses propres termes, de réagir contre son irritation, il n'en vient pas moins à noter combien l'Orient, combien le tombeau de Bucéphale, et les cavaliers de bronze verdissant dans les steppes touraniennes « l'ont envoûté »[1].

Dans le domaine de la poésie, à propos de Rimbaud, il se déclare attiré par les hypothèses d'Yves Bonnefoy : celle, en particulier, d'après laquelle l'enfant prodige de Charleville se serait jeté (comme toujours il se jetait) « dans de sérieuses études, peut-être initiatiques : musique rythmique, alchimie... ». — Apollinaire, non plus que Malraux, ne le séduit par tous les aspects de son œuvre. Une bonne moitié des poèmes d'*Alcools,* il le reconnaît, le laissent indifférent. Pour les autres, en revanche... Embusquée au cœur de la chanson qui jaillit si fraîche, si insouciante et si légère, « il y a une magie — une noire magie ». Et il place au-dessus de tout la carte postale envoyée à Lou : « Mourir et savoir enfin l'irrésistible éternité... » Formulaire « de haute conjuration, commente-t-il, phylactère entièrement magique » qu'une amante aurait dû conserver toute sa vie entre chair et chemise « comme Pascal le manuscrit de la Sainte-Epine ». Quant au Nerval, non des *Chimères,* mais des *Petits châteaux de Bohême,* des *Nuits d'octobre,* des *Chansons et légendes du Valois,* de *Sylvie,* ce qui le séduit dans ces œuvres n'est pas le temps retrouvé à la manière proustienne, mais bien le contact aveugle qu'on éprouve en retrouvant la maison et le jardin de son enfance, « évoqué dans sa prose par quelque sortilège »[2].

1. *Ibid.,* p. 286 et 261.
2. *Ibid.,* p. 201, 204, 106, .

Même s'il affirmait, dans le titre de son ouvrage, n'avoir traité en étudiant Breton qu'un certain nombre d'aspects de l'écrivain, Julien Gracq n'a pas jugé nécessaire de l'évoquer à nouveau dans *En lisant, en écrivant.* Pourquoi nous-même, après cette brève revue, ne reviendrions-nous pas cependant à lui — afin de fermer le cercle, si l'on veut, puisque c'est par lui que nous avons commencé, mais afin surtout de mettre en valeur une phrase du livre qui lui est consacré, particulièrement propre à assurer notre démarche? « Comme pour la plupart des poètes, écrit l'essayiste à propos du chef de file des surréalistes, et peut-être plus aisément que pour beaucoup d'entre eux, on pourrait dresser à partir de ses livres une liste de mots clés qui ne manquerait pas d'être instructive. »[1]

Cette phrase, précisons-le en passant, date de 1948. L'avait-il plus ou moins oubliée, dix-neuf ans plus tard, lorsqu'il parlait avec pitié dans *Lettrines* — rappelons-nous — de « ces gens qui, croyant posséder une clé, n'ont de cesse qu'ils aient disposé votre œuvre en forme de serrure » ? Sa pensée, sur ce point, semble à première vue un peu délicate à saisir. Elle s'éclaire si l'on rapproche ces deux passages d'un troisième, encore antérieur, lequel montre tout simplement qu'il existe différentes sortes de clés : clés passe-partout, en quelque sorte, et clés de sûreté — clés d'or, préfère-t-il dire, pour suggérer l'univers transcendant qui les recèle, et au sein duquel il convient de chercher le code secret.

Le troisième passage en question se trouve dans *Un beau ténébreux,* publié en 1945, au centre d'une conversation entre Gérard et Allan. « Ce que j'ai en vue, déclare ce dernier, c'est ce goût inéluctable de chercher à une œuvre *parfaite,* invisible, une clé d'or sur laquelle il suffirait de poser le doigt pour que tout à coup *tout* change. Il est pour moi depuis longtemps hors de doute qu'il existe dans toute œuvre d'art, dans un livre par exemple, une

1. *OC,* p. 479.

telle clé. » Et quelques lignes plus loin : « J'ai parfois l'impression, en feuilletant un livre aimé, de sentir au-dessus de mon épaule l'auteur penché qui, comme dans les jeux de notre enfance, d'un certain clin d'œil m'indique que je "brûle" ou que je m'éloigne. Je suis convaincu que si je pouvais *voir* sous son vrai jour cette phrase, peut-être ce mot central, focal, qui m'échappe toujours et que pourtant me désignent, courant à travers la trame du style, certains orbes grandioses et concentriques comme d'un milan qui plane au-dessus d'une vaste étendue de campagne, alors je sentirais *changer* ces pages dont le secret enseveli me bouleverse, et commencer le voyage sans retour de la révélation. »[1]

Tenons-nous-en donc à la déclaration concernant le pape du surréalisme, et essayons de la transposer. Les annotations qui précèdent ne conduisent-elles pas en effet à penser qu'une liste de mots analogue serait tout aussi instructive pour pénétrer les secrets de l'œuvre du romancier normalien ?

Le lecteur a déjà deviné sans doute que cette possibilité et ce conditionnel ne sont plus, à l'heure qu'il est, que des euphémismes. En ce qui concerne Breton, Julien Gracq semble — encore qu'il ne faille pas toujours se fier aux apparences — avoir seulement esquissé le travail. En ce qui concerne lui-même, je me suis patiemment, scrupuleusement, livré à un inventaire aussi exhaustif que possible, et à l'établissement de ce que certains professeurs de langues anciennes appellent des indices de fréquence. Les pages que l'on vient de lire, on l'a compris, ne constituent qu'un mince, mais particulièrement représentatif échantillon de ce labeur, dont l'étalage risquerait d'être fastidieux, même si quelques détails pouvaient présenter un certain piquant.

Qu'on me permette tout de même d'en citer un. *Les Eaux étroites,* l'un des volumes publiés les plus éclairants, mais aussi l'un des plus courts, comporte exactement

1. *OC,* p. 146.

soixante-quinze pages. Le mot *sortilège* y figure une première fois dès le paragraphe liminaire, une deuxième fois à la page trente-sept — soit non loin du milieu de l'ouvrage — et une troisième fois à l'une des toutes dernières. Entre ces trois apparitions, les mots évoquant la magie se rencontrent neuf fois, les termes concernant le pouvoir d'*envoûter,* de *charmer* ou d'*ensorceler* quinze fois; cinq fois enfin ceux qui ont trait à la *mystique* ou à l'*initiation*. Presque un record d'abondance et de symétrie.

Record, mais non particularité; encore moins exception. A quelques nuances près, qu'il s'agisse de romans, de poèmes, de souvenirs ou des rêveries d'un lecteur solitaire, les mêmes mots se retrouvent dans tous les volumes, avec une égale fréquence. En tête — et de loin — les mots : « magie », « magique », « magicien ». Immédiatement ensuite, le verbe « enchanter » et son dérivé « enchantement ». A peine plus rare, le mot « sortilège ». Eléments majeurs d'une liste relativement longue, comprenant, dans l'ordre : maléfique, envoûtement, ensorceler, rituel, incantation, malédiction, alchimie, philtre, initiation, charme, divination, prodige, exorcisme, conjurer, pouvoir...

Liste effectivement « instructive », pour reprendre le propre adjectif de Julien Gracq — auquel on s'étonne un peu, d'ailleurs, qu'il n'ait pas préféré celui de « suggestive » — dans la mesure où elle nous permet d'envisager plus clairement la façon dont l'écrivain perçoit le monde, ou plus exactement la façon — non pas même dont il se comporte — mais dont il *est,* dans le monde et vis-à-vis du monde, l'essentiel se résumant pour lui dans les réactions de sa sensibilité, la moins superficielle et la plus intimement inquiète.

Plus clairement... Ne nous hâtons pas cependant de crier victoire. Il est toujours ennuyeux de recourir plusieurs fois à la même citation. Un simple coup d'œil à celles qui remplissent les pages précédentes suffira à rappeler que la plupart des éléments de la liste clé sont fondamentalement ambigus. Que l'on pense, en particulier, au double sens des mots « charme » ou « enchantement ». Il existe une magie blanche, certes, mais il existe aussi une magie noire. D'un coup de baguette pour les unes, ou par leur simple apparition pour les autres, les bonnes fées ou les princes charmants opèrent des miracles ; mais les vieilles sorcières se révèlent tout aussi capables des métamorphoses les plus terrifiantes, voire de mises à mort par l'intermédiaire d'une simple pomme particulièrement séduisante.

Et puisque nous parlons de pomme... Le texte sacré de la Bible ne nous révèle-t-il pas qu'il existe même deux sortes d'anges, les uns et les autres messagers d'univers et doués de pouvoirs également surnaturels, mais les premiers envoyés de Dieu aux hommes pour les sauver, les seconds envoyés du diable pour les entraîner à leur perdition ? Plus inquiétant encore : celui qui est devenu Satan peut encore apparaître sous l'aspect du Porte-Lumière qu'il était à l'origine, et brouiller les cartes ou ensorceler le jeu d'échecs des pauvres êtres humains. Adam et Eve, le malheureux Faust, les chevaliers partis à la conquête du Graal, la plupart des grands mystiques en savent quelque chose. D'où l'épreuve que représente la vie, le seul fait d'être au monde, et l'effort pour estimer à leur juste valeur toutes les manifestations, à l'intérieur de ce monde, des puissances qui le parcourent de leurs ondes mystérieuses.

Dans son œuvre du moins — car il n'est question de sonder ni ses reins ni son cœur —, Julien Gracq ne s'attache nullement comme les grands mystiques, voire les simples métaphysiciens, à évaluer les parts respectives de la Vérité et du Mensonge. Collant en quelque sorte étroitement au monde, les mêmes ondes mystérieuses qui parcourent l'univers le parcourent lui aussi. Se heurtant et se bousculant parfois, elles chantent au plus profond de lui-même ; et ce n'est certes pas un hasard s'il se sent tant d'affinités avec les musiciens.

Il a donc parfaitement raison de se hérisser à la pensée qu'un critique littéraire se hasarde à « expliquer » ses livres. Se hasarderait-on à expliquer une mélodie, un concerto, voire une symphonie ? Un jour qu'ils écoutaient ensemble la messe en *si* de Jean-Sébastien Bach, Jean Cocteau se tourna vers Marcel Jouhandeau et lui dit simplement : « Ici, on touche le Ciel. » Ecoutant la symphonie, non point du nouveau monde, mais du monde tout court, Julien Gracq a constaté lui aussi qu'ici on touche *autre chose*. Cet « autre chose », qui ne se limite évidemment pas à la poésie, comme le disait le même Cocteau en des circonstances différentes, appellera dans les chapitres qui suivent notre seul commentaire.

2

La forme d'un Eden

Lorsque parut en 1988 *Autour des sept collines,* un certain nombre de lecteurs purent difficilement dominer une énorme surprise, parfois presque scandalisée. Stupéfaction, d'abord, d'apprendre qu'un ancien élève de l'Ecole normale supérieure, agrégé d'histoire et de géographie, avait pu volontairement attendre sa soixante-sixième année, soit largement sonné l'âge fatidique de sa retraite de professeur, pour s'en aller découvrir la ville de Rome, alors qu'il avait d'ores et déjà prouvé à quel point les voyages le passionnaient. Etonnement ensuite de constater combien une telle découverte, loin de se traduire par l'émerveillement traditionnel des touristes de tous âges et de toutes conditions, avait pu susciter en lui de réactions défavorables, de jugements sévères... Preuve toute simple que ces lecteurs avaient parcouru le livre avec les yeux de leurs préjugés, oubliant de surcroît — en admettant qu'ils les aient connus — les précédents ouvrages du même auteur. Julien Gracq en effet s'est suffisamment expliqué sur ses goûts, ses répulsions, les déceptions même qu'il redoutait, et qui lui avaient précisément fait différer son pèlerinage.

Rien de moins systématique chez lui que l'enthousiasme ou l'allergie. Aucun de ses amours ne saurait être qualifié d'aveugle. André Breton le séduit, ce qui ne l'empêche ni de voir ni de dénoncer ce qu'il considère comme ses défauts. Un opéra de Wagner le transporte aux nues, un autre lui paraît absolument sans intérêt. La Ville éternelle, de son propre aveu, lui inspire un livre où il entre fort peu de respect. Tout en elle cependant ne l'indispose pas de façon indistincte.

A peine y a-t-il passé quelques jours qu'il sent grandir en lui un attrait particulier pour le modeste mamelon du Capitole, « si peu martial avec ses chats errants, avec les amoureux timides de ses bosquets plus délaissés qu'un square de sous-préfecture ». Véritable enchantement : « rien ne capte mieux le soleil d'un après-midi romain qui décline que cette taupinière charmante, truffée de passages dérobés, de raccourcis, de contreforts, d'escaliers, de poternes, de jardinets de curé grands comme un mouchoir »[1].

A l'endroit du Tibre, il avoue qu'une certaine prévention le mettait au départ sur ses gardes. Prévention vite dénoncée, par la surprise ressentie chaque fois qu'il retrouvait « la double et fraîche coulée des quais » du fleuve, « si ombragée, et tout ce froissement de feuilles dans le vent »[2].

Aucune comparaison cependant avec la lointaine banlieue résidentielle, « qui donne seule au site de la ville sa séduction », et sur laquelle s'ouvre le chapitre tout spécialement consacré à Rome. « Montagnes basses aux profils nobles, mer entraperçue à l'horizon, vues lointaines et plongeantes sur la Ville dorée par la poussière du couchant, sentiment immédiat de fraîcheur et d'ampleur que donne l'ascension, pourtant médiocre, des hauteurs de Tivoli ou de Frascati, toute colline se fait belvédère dans cette banlieue spacieuse et étagée. »[3]

Ces spectacles, ces panoramas qui lui plaisent, il sent qu'il les pourrait goûter davantage encore, si leur était épargnée la proximité de tant d'éléments qui chaque jour un peu plus tendent à les agresser. Sa culture, en ce

1. *Autour des sept collines,* p. 55.
2. *Ibid.,* p. 56.
3. *Ibid.,* p. 43.

domaine, lui est à la fois une aide et un refuge. Le vrai charme de Rome tient bien à son passé, mais non celui de l'Histoire — avec une majuscule, ou précisée de l'adjectif « ancienne ». Passé tout juste suffisant pour reporter à l'époque « où aucun visiteur ne se croit tenu d'écrire sur Rome, où nul encore ne songe à désherber le *Campo Vaccino,* où le Caravage laisse en plan une Vénus qu'on vient de lui apporter tout fraîchement déterrée pour croquer une bohémienne dans la rue ». Comme j'aime alors, écrit-il, « cette villette charmante, pleine de laisser-aller et d'imprévu, toute pénétrée par la campagne, tout accidentée de parcs, de fours à chaux, de garennes à lapins et de décharges municipales, (...) livrée en tout à cette *vie immédiate* qui lui fait aujourd'hui tant défaut ! »[1].

Qu'est-ce à dire, sinon que ce qui le séduit dans Rome, c'est tout ce qui permet d'oublier qu'elle est une ville, ou réduit du moins son urbanité au minimum, rappelant qu'à sa place régnait à l'origine la nature, avec toutes ses merveilles, progressivement détruite par les ambitieux caprices de l'homme, lequel a cru, avec sa règle et son compas, faire œuvre de magicien, capable de lui ajouter ou de lui substituer les produits de son art, tandis qu'il ne se révélait rien d'autre qu'un apprenti sorcier ? Mais tant s'en faut que ce sentiment soit exprimé pour la première fois à propos de la capitale de l'Empire méditerranéen. La cité de Nantes, entre autres, lui avait déjà donné maintes occasions de l'éprouver, ainsi qu'en témoignent de nombreux passages de *La Forme d'une ville.*

Ce livre — pour sa parution, du moins — est de quelques années antérieur à celui dont nous venons de parler ; mais il y évoque déjà, à l'occasion d'une analogie, sa découverte de Rome, précisant dans une page rêvée pour nous servir de transition un détail particulièrement révélateur de ses attirances et de ses dégoûts.

Est-ce sa faute s'il s'est « trouvé tout de suite faiblement attiré par le Forum » ? Tel qu'il se présente

1. *Ibid.,* p. 132.

aujourd'hui, ce lieu célèbre n'offrit à ses yeux que l'aspect d'un « chantier encombré de matériaux », où le frappèrent « la qualité pauvre, l'usage mesquin du *contreplaqué* architectural, et dont le premier aspect n'est pas loin d'évoquer pour l'œil non prévenu, plutôt que les éboulis nobles des moellons de Delphes ou de Macchu-Picchu, une foire aux puces de débris historiques ».

A l'opposé, bien qu'à deux pas, l'attirent irrésistiblement, dérivant le cours de ses promenades, « les friches, les pâtis de chèvre semés de chicots rocheux du mont Palatin », auxquels il était à cent lieues de s'attendre, « où le vent inclinait les herbes sauvages en plein cœur de la ville », ou encore, un peu plus loin, « l'immense berceau de gazon inhabité du Circo Massimo » — qu'il nomme volontairement de son nom italien plutôt que latin — « allongé entre les maisons comme un hippodrome désaffecté, prémuni contre les lotissements par quelque tabou municipal ».

Une seule raison pour expliquer cette préférence. « Ces clairières urbaines contre nature, ces enclos de solitude amis du vent, restitués à la sauvagerie et aux plantes folles, et où il semble qu'on ait semé du sel, je ne me lasserais pas aisément de les arpenter : l'air qui les balaie, pour toute la place nette que le hasard a faite ici de l'allusion étouffante du souvenir, a plus qu'ailleurs un goût de liberté. »[1]

Nantes ne possède évidemment pas une quantité de « débris historiques » qui puisse se comparer à l'abondance des vestiges épars sur les sept collines. Comme n'importe quelle cité de France ou de Navarre, elle n'en tire pas moins une certaine fierté de monuments ou objets artistiques dont les différents siècles l'ont prétendument enrichie. Julien Gracq apprécie aussi peu ces réalités que les ruines ou les sculptures romaines. Allergie? Sans doute. Mais allergie justifiée par le caractère artificiel de telles additions. Une vraie ville est un être vivant, qui

1. *La Forme d'une ville,* p. 113.

« pousse » sur un terrain propice et nourricier, grandit certes aussi longtemps que les conditions naturelles lui sont favorables. Monuments ou objets artistiques ne sont en revanche que des apports extérieurs, plus ou moins heureux, et en tout cas factices, comparables à des bagues, des broches ou des colliers, qu'une femme peut, selon sa fantaisie, soit supprimer, soit changer presque à l'infini, et qui, dans une grande mesure, modifient son personnage. A leur égard, l'ancien lycéen nantais ne craint pas de parler de sa « répugnance ».

Répugnance qu'il s'est efforcé de surmonter parfois, « par mauvaise conscience ou par conformisme », mais sans jamais, pense-t-il, en avoir tiré un véritable profit. Incapable de se promener dans une ville autrement que l'on se promène dans un jardin. « Plus sensible à la gîte, à la houle pétrifiée des maisons bâties sur pilotis de l'île Feydeau ou du Port-Communeau qu'au recensement des ferronneries précieuses des balcons, des mascarons et des pilastres des anciens hôtels de la rue Kervégan, et en général à l'odeur, au hâle, au grain de peau d'une ville qu'aux bijoux dont elle s'enorgueillit, si isolés de sa substance qu'ils en donnent parfois l'impression d'être amovibles. »[1]

Que les bijoux — de l'orfèvre, du sculpteur ou de l'architecte — soient des produits de la civilisation, il en convient, certes, mais n'y voit très précisément qu'une circonstance aggravante. Qui dit civilisation, en effet, dit, sous prétexte d'utilisation, de mainmise, de mise en valeur, de passage à une forme prétendue supérieure, une littérale agression. Vérité au niveau de l'histoire des peuples : pensons à nos ancêtres gaulois civilisés par les Romains... Vérité également au niveau de ce qu'il est convenu d'appeler l'évolution, à condition de ne surtout pas considérer que cette évolution résulte de l'ordre naturel des choses. Elle en est très exactement le contraire.

Certaines circonstances, mieux que d'autres, permettent d'en prendre conscience : la reconstruction, par exemple,

1. *Ibid.,* p. 109.

d'un quartier détruit par les bombardements au cours de la guerre. Terme de « reconstruction » d'ailleurs tout à fait impropre, dans la mesure où il supposerait la reproduction exacte des édifices antérieurs. Tel n'est évidemment pas le cas de la place Bretagne, « aujourd'hui méconnaissable, toute béton et vitrages au pied de son gratte-ciel ». L'édification de ces bâtiments, qui se serait sans doute produite de toute façon un jour ou l'autre — et qui se produit effectivement presque chaque jour dans d'autres quartiers et dans la plupart des villes —, est comme une plaie dans un tissu vivant, résultat d'une blessure ; laquelle blessure ne se refermera jamais.

Que d'autres interprètent ce phénomène de l'urbanisme de façon différente importe peu à Julien Gracq. En quelque domaine que ce soit, la singularité ne l'effraie point. « Une déchirure non cicatrisable s'est faite pour moi (...) dans le tissu de la ville : un fragment de Stuttgart ou de Dresde *redivivus* s'est inséré dans sa substance vivante, à la manière d'une prothèse qui fonctionne, mais ne s'intègre pas : tout un climat rural attardé, celui d'une ville de foire drainant les produits du terroir, d'un marché aux grains et au bétail, climat qui baignait encore les bâtisses vieillottes de la place Bretagne, et qui colorait fortement au rythme des saisons l'autre versant — le versant campagnard — de ce grand port d'estuaire, a disparu de la ville et changé sa physionomie. »[1]

Tout au long de ses pérégrinations à travers la ville de son enfance — ou de toute autre ville —, il ne cessera de noter les différentes étapes de cette lutte entre une cité bien vivante, encore étroitement liée au milieu naturel qui lui a donné naissance, et les entreprises de l'homme qui prétend d'un coup de baguette magique la transformer, ne s'apercevant même pas que ses sortilèges sont ceux d'une magie noire, dont le résultat final peut être comparé à celui du Déluge. S'il s'enivre, ce n'est évidemment pas de la même façon que le héros biblique, rescapé privilégié

1. *Ibid.*, p. 104.

de ce déluge, mais au sens figuré, pour goûter jusqu'au transport l'atmosphère de paradis préservé — pour un temps encore — de ces cités menacées.

Où que j'aille aujourd'hui encore, écrit-il, si j'ai dans une ville inconnue une heure à perdre, une dérive complaisante m'entraîne, au long des rues, vers ces placides enclaves chlorophylliennes, cernées de nos jours malheureusement par la ronde des moteurs, et lorgnées de très haut par les *résidences* de béton et les tours à multi-étages qui transparaissent tout autour d'elles à travers le feuillage des cèdres et des catalpas. Je vois dans ces arches de Noé végétales autant de porte-trésors, battus de partout, malmenés, comprimés par la marée de l'urbanisation industrielle, mais dont la déflagration végétale explosive un jour réensemencera les cités abandonnées[1].

Cette dernière affirmation n'est pas dictée par un simple désir. Certes, une foi profonde l'habite en la puissance irrésistible de l'univers végétal. Mais, comme toute foi digne de ce nom, elle puise sa force dans un certain nombre de données concrètes, d'expériences irrécusables. A Truro, par exemple, chef-lieu du comté de Cornouailles qu'il visite en 1933, il constate que, « d'année en année, la croissance de l'aubier minéral rétrécit vers l'intérieur des pièces l'espace disponible »; mais « en même temps la lutte sournoise du génie végétal contre les angles vifs s'observe à plein ». Contemple-t-il *Paris à l'aube* ? Un phénomène parmi d'autres le frappe : « L'étrangeté inabordable de la forêt vierge en une nuit revient expulser l'homme de l'ouvrage de ses mains. »[2] Tout naturellement, ces expériences se retrouveront transposées dans les ouvrages de fiction : voir la chapelle des abîmes investie par la forêt dans *Au château d'Argol*, la « végétation à l'exubérance presque tropicale » qui envahit les ruines du *Château de Roscaër* dans *Un beau ténébreux,* ou les arbres, dans *Le Roi pêcheur,* qui étouffent peu à peu le château de Montsalvage...

1. *Ibid.,* p. 38.
2. *OC,* p. 299 et 308.

Julien Gracq ne se présente pas à la lettre comme un fidèle de la mythologie gréco-latine. Les cours d'eau, en particulier, ne sont pas pour lui des divinités. A cause de l'exemple qu'ils donnent, et de l'initiative qu'il leur reconnaît, il ne les en considère pas moins comme des sortes de conseillers, d'exemples à suivre. A remarquer d'ailleurs que, même dans ses romans, les évocations de paysages sont rarement de pures descriptions, chacun des éléments qui les constitue jouant le plus souvent un rôle de sujet grammatical, donc responsable de l'action indiquée par le verbe qui suit. Il ne s'agit évidemment pas là d'une simple fantaisie stylistique.

Ce rôle des cours d'eau, nous aurons l'occasion d'y revenir, occupe la plus grande partie des souvenirs et méditations des *Eaux étroites*. Dans *La Forme d'une ville,* l'un d'eux concerne cependant de façon plus précise cette lutte engagée entre la nature et les sortilèges de l'urbanisation. Il s'agit de la Chézine, rivulette qui coule du nord-ouest vers le cœur de Nantes, « y fait pénétrer avec elle le long de son lit une traînée verte et humide qui disjoint la mosaïque des pâtés de maisons et se prolonge, à peine morcelée, jusqu'à la rue de Gigant, où son cours, à moins de 1 km de la Loire, devient souterrain ».

Certes, il s'agit d'une sorte de combat d'arrière-garde, vraisemblablement perdu d'avance : « Souvenir d'un temps où la rue et l'étable, l'atelier et la prairie, cousinaient toujours familièrement, où sans sortir de sa ville on pouvait le dimanche déjeuner sur l'herbe. » Charme d'autant plus puissant qu'il se double de pitié et de nostalgie. « Ce refus tenace d'une si petite rivière, jusqu'au dernier moment, de capituler devant la banquise de pierre et de béton qui cherche à se ressouder sur elle, ces bouquets de feuillages frais qu'elle agite encore de loin en loin dans le vent au-dessus des toits, avant de sombrer à l'égout, sont le charme des bas-jardins » qu'elle arrose « au delà de l'avenue Camus »[1].

1. *Ibid.,* p. 67.

Plus les années passent, et spécialement depuis le début du XXe siècle, plus la « banquise de pierre et de béton » tend à s'uniformiser. La magie noire, dont elle est la manifestation, se traduit cependant quelquefois de façon plus sensible, donc plus inquiétante, à l'occasion de constructions beaucoup plus anciennes, voire pratiquement en ruine, comme c'était déjà le cas pour les vestiges du Forum romain. Simples cas particuliers, seulement un peu plus exemplaires à cause de circonstances diverses, sortes d'avertissements, car tout ce qui a été imposé artificiellement sur un site ne peut être que le résultat d'un acte maléfique. Exemple à Nantes : ce que le plan de la ville désigne sous le nom d'*Ancien Observatoire*.

Cloître sans accès, vraisemblablement inhabité quoique encore sommairement entretenu. Une protubérance grossièrement quadrangulaire gonfle le toit, percée de deux ou trois instruments de mesure périmés, dont l'un présente toutes les apparences d'un anémomètre. Le lierre, la mousse recouvrent le mur d'enceinte détrempé. « Le *mauvais œil,* la vigie maléfique de sa logette vitrée », sondent la nuit plus noire qui va bientôt s'amasser autour de la colline. Depuis qu'il a découvert « ce lieu déshérité », Julien Gracq ne peut s'empêcher d'y voir une sorte de maison Usher, de château de Dracula. Il resurgit dans son souvenir au rappel le plus ténu, comme à *Vasterival,* où la première villa qu'il rencontre éclaire à son fronton, « d'une lumière mercurielle, un nom alchimique inattendu : *L'Athanor* ». Autant de figures « exemplairement, puissamment surdéterminées, et par là créatrices d'un champ de forces qui magnétise tout ce qui s'approche de lui » : emblèmes « d'une science clandestine, maléfique ou déviante se superposant, dans le cas de l'Ancien Observatoire, à la malignité passive propre au lieu clos, au *château noir* »[1].

Une ville, cependant, ne se réduit évidemment pas à la quantité de pierre et de béton qui durcit ses artères, réduisant chaque jour un peu plus la surface de ses espaces

1. *Ibid.,* p. 70-72.

verts, naturels ou gauchement reconstitués. Pour le sociologue ou le géographe, l'importance qu'il convient de lui reconnaître se mesure au nombre de ses habitants. Envisagé sous cet angle, Julien Gracq avoue que sa très jeune première expérience lui a présenté la ville sous un aspect difficile à qualifier, mais non entièrement négatif. Si difficile à qualifier qu'il ne trouve rien d'autre pour en parler que des images, et si peu négatif que ces images spontanées appartiennent au domaine de la griserie, voire de l'exaltation érotique. Plongé brusquement, au sortir de sa campagne, dans une vie « furieuse et innombrable », une hâte et une allégresse « endiablée », « le sentiment véhément et tout neuf d'une pression humaine jusque-là jamais ressentie » le bouleverse à la façon d'un de ces moments graves « où la vie monte à la tête comme un vin corsé, (...) aussi troublant presque à sa manière qu'une première puberté ».

Ambiguïté du vocabulaire, aussi bien que des impressions ressenties. Les adjectifs « furieuse » et « endiablée » peuvent-ils être considérés comme innocents ? Quels sortilèges malins se cachent dans les vapeurs d'un vin corsé ou les poussées tumultueuses de l'érotisme ? Bouleversé, objet d'une tentation extrêmement puissante et qu'il ne cherche pas à dissimuler, l'enfant n'en éprouve pas moins, sinon dans le même instant, au plus tard dans l'instant qui suit, la sensation là encore d'une déchirure, d'une agression, d'une blessure inquiétante, aussi grave et du même ordre que celle qui résulte de l'invasion de la nature. « Les rythmes naturels, protecteurs, berceurs, et presque naturellement porteurs, écrit-il aussitôt, cèdent tout d'un coup de toutes parts à l'irruption inattendue de l'*effréné,* au pressentiment de la jungle humaine. »[1] Une nuit en forêt, dans le *Balcon,* donne au contraire à l'aspirant Grange l'impression merveilleuse d'entrer « dans un monde racheté, lavé de l'homme »[2].

1. *Ibid.,* p. 24.
2. *Un balcon en forêt,* p. 97.

L'antithèse fondamentale n'oppose donc pas seulement la nature et la ville. Qu'on l'envisage sous l'aspect de sa population grouillante ou de ses fantasmagories constructives, cette dernière, aux yeux de Gracq, ne sombre dans les folies de la magie noire que par suite de ce qu'il considère comme le véritable péché originel de l'homme : à savoir sa révolte, non contre un Dieu créateur, mais contre une sorte de mère nourricière, qui est tout simplement la Terre, et qui conditionne non seulement sa vie animale, mais les éléments les plus secrets et les plus subtils de sa sensibilité. Révolte qui n'est d'ailleurs peut-être le plus souvent qu'inconscience, oubli, une sorte d'ingratitude, ce qui ne diminue en rien sa gravité, ni sa responsabilité.

« Je me fais de l'homme, écrit-il dans *Les Yeux bien ouverts,* l'idée d'un être constamment replongé : si vous voulez, l'aigrette terminale, la plus fine et la plus sensitive, des filets nerveux de la planète. » En ce qu'il a de plus essentiel, cet être se définit comme une « plante humaine » : expression formulée pour la première fois dans le même paragraphe de ce dialogue fictif en 1954, reprise et développée six ans plus tard dans la conférence donnée à l'Ecole normale supérieure de la rue d'Ulm, et intitulée *Pourquoi la littérature respire mal.* Elle respirait déjà mal à l'époque classique, où le roman psychologique à la française n'envisageait l'homme qu'à la façon d'une « fleur coupée » dont un botaniste pratique la dissection. Elle respire mal surtout en notre temps où tout semble avoir été dit de l'être humain, « sauf ceci tout de même d'essentiel : cette bulle enchantée, cet espace au fond amical d'air et de lumière qui s'ouvre autour de lui et où tout de même, à travers mille maux, il vit et refleurit ».

Le remède ? En revenir à ceux des écrivains qu'il appelle « les *grands végétatifs* », parmi lesquels Tolstoï lui semble un exemple particulièrement éclatant, lui dont une page « nous rend à elle seule le sentiment perdu d'une sève humaine accordée en profondeur aux saisons, aux rythmes de la planète, sève qui nous irrigue et nous recharge de vitalité, et par laquelle, davantage peut-être que par la pointe de la lucidité la plus éveillée, nous communiquons entre nous »[1].

Ne nous étonnons donc pas que dans les œuvres de fiction, lorsqu'une ville est mise en cause, elle soit rarement présentée comme innocente, mais ayant partie liée avec le destin, avec tout ce que ce dernier peut avoir de plus sombre et de plus tragique. Certes, dans toute œuvre aussi bien que dans la réalité — aux yeux de Gracq surtout, peut-être — il n'y a que des cas particuliers. La splendeur de Maremma, au moment où débute l'histoire du *Rivage des Syrtes,* n'est plus qu'un souvenir. Celle dont le surnom la comparait plus ou moins ironiquement à Venise s'en trouve presque rendue « à son suprême échouage » : sorte de nécropole colonisée par les rats morts. Simple question de nuance, si l'on peut dire, ou de degré superlatif d'une malignité foncière, qui n'est pas sans avoir joué un rôle dans sa propre ruine. Une magie noire l'habite, dont Vanessa semble elle-même à la fois victime et prêtresse : « Comme on évoque son ennemi couché déjà dans le cercueil, un envoûtement meurtrier courbait Vanessa sur ce cadavre. Sa puanteur était un gage et une promesse. »[2]

A l'inverse, s'il arrive qu'en un lieu déterminé — ou plutôt indéterminé — toute trace de civilisation ait disparu, et qu'un certain nombre de rescapés aient réussi à échapper au cataclysme (ce terme, précisons-le, désignant la civilisation, et non point son anéantissement), ce qui se passe alors ressemble étrangement à une renaissance, une magie blanche, cette fois, étant parvenue à rendre à ces privilégiés le bonheur de la vie au sein de la terre-mère. A preuve ces petits clans à demi chasseurs, à demi pillards, « qui repoussaient çà et là comme des plantes folles » le long de la Route, si peu embarrassés de regrets pour leur vie ancienne et confortable : « ils s'ébattaient maintenant

1. *OC,* p. 844 et 879.
2. *OC,* p. 625.

au large, un peu étourdis de leur liberté, sur un sol lissé de neuf. Ici la terre avait reverdi, elle s'ébrouait, le poil frais, toute nette des écorchures de ses vieilles sangles desserrées, et l'homme aussi rajeunissait, lâché dans la brume d'herbes comme un cheval entier, ragaillardi de marcher sur la terre sans rides comme sur une grève à peine ressuyée de la mer »[1].

Ne nous étonnons pas non plus qu'aucun des principaux romans gracquiens ne présente ce qu'il est convenu d'appeler un début *in medias res,* mais s'attarde d'abord avec une complaisance confinant parfois à la volupté — même si un personnage a déjà été nommé — à l'évocation de quelque paysage naturel.

Premier paragraphe d'*Au château d'Argol* : « Quoique la campagne fût chaude encore de tout le soleil de l'après-midi, Albert s'engagea sur la longue route qui conduisait à Argol. Il s'abrita à l'ombre déjà grandie des aubépines et se mit en chemin. » Phrases liminaires du Journal de Gérard, sur lequel s'ouvre *Un beau ténébreux* : « Ce matin, promenade à pied à Kérantec. Les abords de la jetée du petit port très déserts, la plage qui s'étend à gauche toute vide, bordée de dunes couvertes de joncs desséchés. Il y avait gros temps au large, un ciel bas et gris, de fortes lames plombées qui cataractaient sur la plage... » Confidences d'Aldo vers le milieu du premier paragraphe du *Rivage des Syrtes* : « Mes journées se partageaient entre la lecture des poètes et les promenades solitaires dans la campagne ; par les soirées orageuses de l'été qui font peser sur Orsenna comme un manteau de plomb, j'aimais à m'enfoncer dans les forêts qui cernent la ville... »[2] Premières lignes d'*Un balcon en forêt* : « Depuis que son train avait passé les faubourgs et les fumées de Charleville, il semblait à l'aspirant Grange que la laideur du monde se dissipait : il s'aperçut qu'il n'y avait plus en vue une seule maison. Le train, qui suivait la rivière lente, s'était

1. *La Presqu'île,* p. 24.
2. *OC,* p. 7, 103, 556.

enfoncé d'abord entre de médiocres épaulements de collines couverts de fougères et d'ajoncs. Puis, à chaque coude de la rivière, la vallée s'était creusée... »[1]

Pas de début *in medias res* ? Voire... Le mot latin *res* est l'un des plus souples qui se puisse rêver. S'il peut désigner, comme on l'admet dans le sens traditionnel de l'expression, l'action qui constituera le squelette d'un roman ou d'une pièce de théâtre, il peut tout aussi bien représenter le sujet essentiel de l'œuvre; et ce sujet pour Gracq, dans n'importe lequel de ses livres, n'est-il pas précisément le rapport entre l'homme et le milieu — non pas au sens balzacien, bien sûr, mais planétaire — au seuil duquel se déroule son existence ? Comme elle l'obsède lui-même — au point qu'il ne peut s'empêcher d'en regretter l'absence chez André Breton — la nature obsède les personnages nés de son imagination créatrice, en raison des correspondances qu'ils perçoivent entre les paysages qui les entourent et les mouvements les plus subtils de leur affectivité.

Plus profondément encore, les obsède le fait que, par sa seule existence, cette nature est une énigme, et chacun des éléments qui la composent un mystère. Loin d'eux, bien évidemment, la pensée de chercher à résoudre une telle énigme, ou, pour reprendre l'image de leur créateur, de chercher à en découvrir la clé. Tout se passe cependant comme si telle forme, telle couleur, tel son, tel parfum, telle donnée perçue par l'un ou l'autre de leurs sens, les mettait en communication — non avec *le* monde des Idées, cela va de soi, c'est-à-dire le monde de *la* Vérité —, mais avec un mystérieux au-delà dont la révélation ne leur est pas donnée de l'extérieur, mais du plus profond de leur « être dans le monde ». Les péripéties qui jalonneront leur aventure ne seront que des occasions, la véritable aventure étant celle de leur *expérience* d'un tel au-delà.

Comme certains visages cependant, pour ne pas dire certains corps de femmes, émettent ou captent des ondes

1. *Un balcon en forêt*, p. 9.

d'une plus grande intensité que d'autres, certaines formes de paysages, de façon analogue, semblent chargés d'une sorte d'électricité privilégiée. Dans son livre consacré aux plantes et jardins médiévaux[1], Jeanne Bourin a magnifiquement rappelé de quelle aura, en particulier, s'entouraient pour nos ancêtres du Moyen Age les « préaux », les parcs, les jardins, enluminés d'une lointaine mais prestigieuse nostalgie de Paradis terrestre. Bien délicate, à vrai dire, serait la tâche consistant à déterminer si cette aura existait vraiment — non seulement à cette époque, d'ailleurs, mais dès la plus haute Antiquité — à cause du souvenir de l'Eden où vécurent nos premiers parents avant leur faute, ou si l'imagination primitive au contraire — car nous ne connaissons le Paradis terrestre que par le texte de la Bible — ne s'est pas représenté l'Eden sous l'aspect d'un jardin, cette forme de paysage lui paraissant précisément à la fois la plus belle et la plus suggestive de perfection absolue.

Julien Gracq, pour sa part, ne songe nullement à récuser le rôle de l'imagination et des souvenirs dans les sensations qu'il éprouve, qu'il s'agisse des souvenirs datant de ses plus jeunes années ou de ceux que lui ont laissés ses contacts avec les œuvres des différents arts. « Mon esprit est ainsi fait, écrit-il dans *Les Eaux étroites,* qu'il est sans résistance devant ces agrégats de rencontre, ces *précipités* adhésifs que le choc d'une image préférée condense autour d'elle anarchiquement; bizarres stéréotypes poétiques qui coagulent dans notre imagination, autour d'une vision d'enfance, pêle-mêle des fragments de poésie, de peinture ou de musique. » Grâce aux connexions qui se nouent en de telles constellations fixes, « l'émotion née d'un spectacle naturel peut se brancher avec liberté sur le réseau — plastique, poétique ou musical — où elle trouvera à voyager le plus loin, avec la moindre perte d'énergie »[2].

1. *La Rose et la mandragore,* Paris, Ed. François Bourin, 1990.
2. *Les Eaux étroites,* p. 30 et 31.

Ainsi cet écrivain, si apparemment étranger à toute foi religieuse, mais qui n'en a pas moins reçu une éducation catholique, présente-t-il parfois des ressemblances frappantes avec les hommes du XIIᵉ ou du XIIIᵉ siècle dont nous parle Jeanne Bourin, évoquant devant tel ou tel paysage, voire ressentant à travers lui, des émotions en rapport étroit avec les textes de l'Ancien ou du Nouveau Testament. Un double exemple dans le *Château d'Argol*. Albert et Heide s'apprêtent à se baigner. « La grève mouillée, écrit le narrateur, était mangée par de longs bancs de brumes blanches que la mer plate, et qui réfléchissait les rayons presque horizontaux du soleil, éclairait par-dessous d'un poudroiement lumineux, et les écharpes lisses du brouillard se distinguaient à peine pour l'œil surpris des flaques d'eau et des étendues unies du sable humide — comme si l'œil enchanté, au matin de la création, eût pu voir se dérouler le mystère naïf de la *séparation des éléments*. » Et dans le paragraphe suivant, au moment où Heide s'avance entièrement dévêtue : « Il semblait qu'elle marchât sur les eaux. »[1]

Cette dernière phrase se réfère-t-elle de façon plus probable au poème verlainien des *Romances sans paroles* intitulé « Beams », et qui commence par l'alexandrin : « Elle voulut aller sur les flots de la mer » ? Comment l'affirmer, ainsi qu'on l'a fait, sans aucune preuve concrète ? En admettant que la vision soit la même, l'expression est légèrement différente. Dans l'évangile de saint Matthieu, au contraire, ce sont bien le verbe « marcher » et le complément circonstanciel « sur les eaux » qui sont employés[2]. Cinq autres fois, d'ailleurs, Julien Gracq reprendra la même image : dans le dernier texte de *Liberté grande* ; à la faveur d'une comparaison dans *La Littérature à l'estomac* ; évoquant paradoxalement Marino assis à son bureau de l'Amirauté dans *Le Rivage des Syrtes*[3] ; rappelant dans *Let-*

1. *OC,* p. 45.
2. Matthieu, XIV, 29.
3. *OC,* p. 323, 547, 712.

trines la marche sur la grande plaine nue des polders de Flandres au lendemain de Dunkerque, en 1940[1]; à propos de l'Aubrac et de cette même plaine des Flandres dans *La Forme d'une ville*[2]. Tant de répétitions quasi littérales ne peuvent guère laisser le moindre doute.

Avec une plus grande précision encore, une autre page du *Château d'Argol* montre l'impact des souvenirs artistiques, doublés de référence aux textes sacrés, sur les impressions ressenties en face d'une vision; ce terme de « vision », qui désigne au départ une simple perception de l'œil, se transformant immédiatement en termes du langage théologique, où, pour reprendre l'expression du poète, l'œil confond ce qu'il voit et ce qu'il a *cru* voir — au sens fort, c'est-à-dire ce qu'il est certain d'avoir vu. Albert et Herminien conversent, à quelque distance de Heide, tandis que le soir tombe. Tout à coup... « L'effet de lumière auquel le soleil couchant les forçait alors à assister acquit à l'improviste sur leurs nerfs tendus une puissance concluante — comme sur les pèlerins d'Emmaüs le rayon de lumière dont Rembrandt a enveloppé son Christ. »[3]

Exemple similaire dans *La Route,* où la vision — au double sens que nous venons de rappeler — s'élargit cette fois jusqu'à l'évocation de scènes surgies de la lecture de l'Ancien Testament. « A une trouée plus claire devant soi dans les buissons, à je ne sais quel alignement soudain plus rigide des arbres dans l'éloignement, quelle suggestion encore vivante de direction, la Route, de loin en loin, désincarnée, continuait à nous faire signe, comme ces anges énigmatiques des chemins de la Bible qui, loin devant, du seul doigt levé faisaient signe de les suivre, sans daigner même se retourner. »[4]

Une simple remarque avant d'aller plus loin. Si nous

1. *Lettrines,* p. 141.
2. *La Forme d'une ville,* p. 122.
3. *OC,* p. 32.
4. *La Presqu'île,* p. 12.

nous en tenons à la forme de la construction grammaticale, force nous est de convenir que nous avons affaire, dans ces dernières citations, à une comparaison. Qui dit comparaison, en effet, dit d'abord deux éléments mis l'un en face de l'autre, puis effort pour établir entre eux des équivalences — effort traduit par la conjonction « comme ». Julien Gracq peut difficilement éviter cette figure de style, dans la mesure où il se sert pour l'exprimer d'une langue possédant déjà ses lois. Dans un autre chapitre, nous montrerons que de telles lois ne sont pas loin de lui apparaître comme les sortilèges d'une magie noire ; d'où ses nombreuses désobéissances volontaires. Pour l'heure, contentons-nous de préciser que ces comparaisons trahissent effectivement l'expérience qu'elles devraient traduire.

L'impression ressentie dans un premier temps ne conduit pas à invoquer dans un deuxième quelque souvenir culturel, afin de préciser ses propres nuances. Au sein de l'expérience vécue, les deux éléments se trouvent intimement, essentiellement mêlés. Les yeux d'Albert et d'Herminien *voient* littéralement dans l'effet de lumière auquel ils assistent le rayon enveloppant le Christ des pèlerins d'Emmaüs. Ceux des personnages de *La Route* voient tout aussi distinctement les anges de la Bible. En cette ambiguïté, qui n'est peut-être qu'une communion, consiste fondamentalement l'effet de magie.

D'autres passages, usant d'un procédé de style différent, confirment cette particularité de vision, à propos de laquelle on ne saurait même pas parler de nostalgie, mais simplement de demeurance, en l'homme du XXe siècle, d'une expérience de l'univers vécue aux premiers âges de l'humanité, qu'elle soit de nature religieuse ou païenne — le paganisme étant déjà, d'ailleurs, une forme de religion primitive. Exemple dans ce même récit précédant *La Presqu'île* : « On eût dit soudain que la Route ensauvagée, crépue d'herbe, avec ses pavés sombrés dans les orties, les épines noires, les prunelliers, mêlait les temps plutôt qu'elle ne traversait les pays, et que peut-être elle allait déboucher, dans le clair-obscur de hallier qui sentait le poil mouillé et l'herbe fraîche, sur une de ces clairières où les bêtes parlaient aux hommes. »[1]

Autre exemple, plus éloigné encore du procédé de la comparaison, dans le poème en prose intitulé « Eclosion de la pierre » : « Les barrières de glace, les planchers réversibles des grottes hypostyles, les ciselures démentes des récifs de corail, tout un *règne* paré des attributs glacés du minéral reparaît frais lavé de la lèpre d'une décomposition quotidienne et, derrière le cerceau de papier crevé par la fantaisie, se dénude à l'infini la solennité magique des paysages de l'âge de pierre, de l'âge de glace. »[2]

Deux autres passages encore, empruntés aux *Eaux étroites,* et propres à lever les derniers doutes. Le premier inspiré par une promenade sur la rivière : « Nulle excursion n'est plus envoûtante que celle où le bien-être inhérent à tout voyage au fil de l'eau se double de la sécurité magique qui s'attache au fil d'Ariane » ; et quelques lignes plus loin : « Ce silence, un doigt sur les lèvres, debout et immobile, et matérialisé à demi au creux de ces étroits pleins de présences païennes, c'est vraiment le *génie du lieu* qui l'impose. » A la page suivante enfin : « Une impression si distincte de réchauffement et de réconfort, plus vigoureuse seulement peut-être pour moi que pour d'autres en de telles occasions, n'est pas sans lien avec une image motrice très anciennement empreinte en nous et sans doute de nature religieuse : l'image d'une autre vie pressentie qui ne peut se montrer dans tout son éclat qu'au delà d'un certain "passage obscur", lieu d'exil ou vallée de ténèbres. »[3]

A s'en tenir au récit littéral de la Genèse, un petit nombre d'éléments de la nature sont l'objet d'une mention tout à fait privilégiée. Le premier jour de la création,

1. *La Presqu'île,* p. 14.
2. *OC,* p. 1003.
3. *Les Eaux étroites,* p. 56-58.

par exemple, alors que seuls avaient encore vu le jour le ciel et la terre, « l'esprit de Dieu planait sur les eaux ». Quelque nostalgie plus ou moins inconsciente de cette béatitude originelle rendrait-elle compte du charme, de l'envoûtement, si souvent éprouvé par l'homme en présence de l'élément liquide ? Les théories de Gaston Bachelard situent la source de cette impression à un niveau nettement inférieur. Peut-être ne serait-il pas trop hasardeux d'imaginer que ces deux explications interfèrent ou se conjuguent, pour éclairer les nuances particulières de la sensibilité gracquienne.

Les Eaux étroites ne sont pratiquement rien d'autre que le récit d'une promenade en barque sur la petite rivière de l'Evre, souvent faite au cours de son enfance, et qui lui a laissé le souvenir, parfaitement conscient cette fois, d'un enchantement transposé plus tard, de son propre aveu, dans tel ou tel passage de ses romans. On pourrait citer le livre presque en son entier, ou recourir au cliché *passion,* afin d'économiser ses efforts de recherche. Contentons-nous du passage consacré au lieu dit la *Roche qui Boit,* véritable « *clou* de la promenade de la rivière ». J'ai toujours aimé ce nom, déclare Julien Gracq : « S'y reflète le sentiment naïf que j'éprouvais si vivement de l'envoûtement de la vallée par sa rivière, de cette gorge immobile penchée comme Narcisse au-dessus de la plaque vénéneuse de son eau plane, le sentiment aussi du sortilège de ce miroir aux teintes fumées dont le simple reflet est déjà comme une succion et dont l'aptitude à réfléchir, pour l'imagination, ne se sépare jamais tout à fait de la propension à engloutir. »[1]

Promenade infiniment moins idyllique : au cours de la fameuse croisière du *Redoutable,* dans *Le Rivage des Syrtes,* c'est tout juste si la lumière ne tient pas la place du Dieu de la Bible sur la mer, « pavoisée comme pour une de ses grandes fêtes », au milieu de laquelle s'avance le navire. « La lumière plus frisante, écrit Aldo, lustrait une mer de

1. *Les Eaux étroites,* p. 37.

soie aux lentes ondulations molles ; une accalmie enchantée paraissait traîner sur les eaux comme une écharpe, paver notre route à travers les vagues. »

Phénomène presque analogue dans *Un beau ténébreux,* noté par Gérard dans son Journal. La scène se passe la nuit, une nuit qui s'installe par grandes masses noires, dans un silence « un peu bâillant autour du sacré », mais où tout soudain change de perspective. « Les cierges ! » Mot déjà révélateur, bientôt suivi de l'expression même employée par l'évangéliste pour parler de la descente de l'Esprit saint sur les apôtres : petite lumière intarissable, « comme le reflet adouci, tremblé d'une langue de feu dans une eau mystique ». Quelque chose alors le fascine, difficile à définir, mais qui ne lui laisse pas le moindre doute sur la nature de la vision. « Ce n'était pas le feu dans la nuit campagnarde, qui parle de la soupe et du lit, c'était plutôt une lumière sur l'eau, qui ensorcelle un gouffre et conjure l'irréparable. »[1]

Pendant ce qu'il est convenu d'appeler « la drôle de guerre », nombreuses sont les reconnaissances effectuées par l'aspirant Grange, dans *Un balcon en forêt,* à travers les espaces boisés des Ardennes. L'eau apparaît parfois au moment où il s'y attend le moins. Chaque fois, sa présence révèle ou souligne la réalité d'un charme, nettement plus éloigné sans doute du mysticisme que dans les deux exemples précédents, mais d'une tonalité toujours séduisante, comme le signe sensible de quelque au-delà tout proche, et fascinant comme l'univers des fées peuplant les légendes des livres pour enfants. Témoin cette expédition en camionnette, aux côtés d'un capitaine : « On n'entendait de ruisseau nulle part, mais deux ou trois fois Grange aperçut une auge de pierre enterrée au bord du chemin dans un enfoncement des arbres, d'où s'égouttait un mince filet d'eau pure : il ajoutait au silence de forêt de conte. »

Témoin encore cette inspection en compagnie d'Hervouët, à travers la clairière de la cote 403, où l'eau n'est

1. *OC,* p. 736 et 162.

45

même plus présente littéralement, mais s'offre spontanément à l'esprit de Grange comme une référence, au cœur de ce qui lui apparaît comme le lieu de sieste d'une « armée au bois dormant » : « Il y avait un charme trouble, puissant, à se vautrer dans ce bateau ivre qui avait jeté par-dessus bord son gouvernail, puis ses rames — le charme étrange du *fil de l'eau.* »[1]

Le ciel et la terre étant créés, et tandis que l'esprit de Dieu planait sur les eaux, les ténèbres, précise le récit de la Genèse, couvraient l'abîme. C'est alors que, toujours en ce premier jour, Dieu prononça la célèbre formule : « Que la lumière soit », et la lumière fut ; et « Dieu vit que la lumière était bonne ». Ce que l'on serait tenté d'appeler la sensibilité primitive de Julien Gracq voit aussi que la lumière est bonne, qu'il émane d'elle un je-ne-sais-quoi, en rapport mystérieux avec quelque réalité qui dépasse l'homme et l'univers.

Nous venons de constater qu'elle est souvent associée pour lui, comme dans le texte de la Bible, à l'eau qui la réverbère tout autant qu'elle contribue elle-même à sa puissance d'envoûtement. Un passage au moins du *Château d'Argol* prouve qu'il ne s'agit dans ce rapprochement ni d'une simple coïncidence, ni d'une interprétation complaisante. La matinée au château, nous dit-on, était souvent consacrée à des promenades solitaires vers la mer et vers la forêt ; « et la féerie du soleil, la fraîcheur qui semblait présider à une nouvelle création du monde au sortir du chaos donnait à croire à chacun avec une malignité insidieuse que la vie à nouveau s'ouvrait à eux libre de toute entrave ; ils puisaient à pleins poumons dans l'atmosphère recréée de la jeunesse du monde ».

La lumière étant apparue, Dieu — poursuit la narration biblique — la sépara des ténèbres. Eut lieu ensuite ce qu'il est à peine exagéré d'appeler le premier baptême de l'histoire du monde, puisque Dieu conféra à la lumière le nom de « jour », et aux ténèbres celui de « nuit ». Sacre-

---

1. *Un balcon en forêt,* p. 19 et 157.

ment dont le Ministre, on en conviendra, peut bien faire oublier l'absence de rituel...

Dans un autre chapitre du *Château d'Argol,* l'évocation de la splendeur du matin appelle sous la plume du narrateur un mot — qui n'est sans doute qu'une image, soit ; le verbe « sembler » l'atteste, mais une image dont le choix peut difficilement paraître gratuit, ce mot « baptême étant d'abord souligné, puis accompagné du terme « onction », dont la résonance ici est nécessairement de nature mystique. « La surprenante lumière qui montait chaque matin des nappes d'eau claire de la rivière les attirait longuement, au travers d'un brouillard léger qui couvrait encore les hautes branches des arbres et, retombant sur eux en gouttelettes, semblait à leur visage mouillé la marque véritable du *baptême* d'une journée nouvelle, et comme l'onction même, rafraîchissante et délectable, du matin. »

Le paragraphe se prolonge très longtemps, brodant presque à l'infini sur le thème à la fois des sensations et des sentiments qui transportent les personnages en face du spectacle qu'ils contemplent. Transport qualifié de « félicité », s'accompagnant d' « inépuisables et absorbantes délices » : autant de termes classiques dans les récits de saints gratifiés de visions, élevés comme saint Paul jusqu'au septième ciel. Ne nous méprenons donc pas sur le sens du mot « sortilège », qui apparaît lui aussi, mais désigne très évidemment ici un effet de magie blanche, ou plus exactement un véritable miracle. « Ils ne *pouvaient* se rassasier de leurs yeux inexorables, dévastants soleils de leurs cœurs, soleils humides, soleils de la mer, soleils jaillis trempés des abîmes, glacés et tremblants comme une gelée vivante où la lumière se fût faite chair par l'opération d'un sortilège inconcevable. »[1] Est-il vraiment besoin de rappeler que les textes religieux, parlant de l'incarnation du Christ, disent qu'il « s'est fait chair par l'opération » du Saint-Esprit ?

1. *OC,* p. 37, 72, 73.

Créée — ou baptisée — au même instant que le jour, la nuit possède également une vertu mystérieuse, sinon égale, au moins comparable à celle de la lumière. N'allons pas jusqu'à évoquer, comme on l'a fait, le souvenir de la « douce et sainte nuit » de Noël, dont nous relevons bien peu de traces dans l'œuvre gracquienne. L'envoûtement nocturne qui exalte l'âme de ses personnages a quelque chose d'infiniment plus lointain, plus primitif, comparable bien plutôt à celui que l'on retrouve chez Euripide, ou dans telle scène célèbre de la première partie du *Soulier de satin,* surtout lorsque viennent l'illuminer la lune ou les étoiles. Exemple dans le *Château d'Argol,* au moment où Albert conduit Heide vers les hautes terrasses : « La lune baignait tout le paysage avec une capiteuse douceur. La nuit dispensait ses trésors. Dans le ciel chaque étoile avait pris sa place avec la même exactitude que dans une carte sidérale et présentait une image tellement probante de la *nuit* telle qu'on la connaissait de toujours et qu'on pouvait à bon droit l'attendre, que leur cœur était touché devant cette scrupuleuse, naïve et presque enfantine reconstitution comme devant l'acte d'une bonté insondable. La nuit dispensait ses trésors. »

Quelques chapitres plus loin, alors qu'il est sorti du château pour s'enfoncer dans les solitudes de la forêt, Albert se trouve à nouveau non pas face mais en plein cœur d'un paysage nocturne. La distinction vaut la peine d'être soulignée ; car, à telle minute particulière, une crise aiguë de conscience lui révèle tout à coup le mystère de ses relations avec le monde. D'une part, les sens qui seuls lui permettent d'entrer en contact avec ce monde sont exacerbés. Mais, d'autre part, s'ils perçoivent, c'est que l'objet de cette perception existe. D'où un phénomène d'osmose, extrêmement difficile à analyser en dehors de ces instants exceptionnels de conscience, mais dont nous pouvons considérer la révélation comme une confession indirecte de Julien Gracq lui-même, attaché à ne jamais livrer que ses *expériences,* et qui refuse de croire avec Descartes que nos sens puissent nous tromper. « Délivré des battements de son cœur, la minutie d'enregistrement, la puissance de suggestion qu'acquéraient peu à peu ses sens l'étonna : l'odeur grisante de la résine du pin, le frissonnement argenté des feuilles, les ténèbres veloutées du ciel l'enfantaient de seconde en seconde à une vie nouvelle qui tenait dans la mesure même de l'incroyable vigueur de ses perceptions. »

Si l'on a pu parler à ce sujet d'une sorte d'image romantique de la nuit, la comparaison ne peut donc être qu'extrêmement superficielle; à moins de limiter ce romantisme au seul Victor Hugo, qui lui aussi était un visionnaire. Elévation, ou ascension? Les deux à la fois, sans doute, la différence entre les deux expériences mystiques étant au reste bien mince. Grâce à la nuit, Albert se sent littéralement transporté vers un autre monde, où « tout n'est qu'ordre et beauté, luxe, calme et volupté ». Ecoutons plutôt : « En silence, vers les branches que la lune éclairait avec douceur, son esprit montait dans une paix légère, se perdait dans la fraîcheur purifiante de la nuit, et telle devenait la capacité d'attention exclusive de son ouïe captivée que le bruit du ruisseau lui paraissait peu à peu s'enfler sur son lit de cailloux et, parvenu jusqu'à la mesure d'un fracas retentissant, remplir la forêt entière de ses harmonies cristallines et transformer en sons mêmes, d'une pureté et d'une transparence indicibles, les flaques d'argent descendues de la lune. »

Même lorsque les circonstances, plus tard, mêleront la nuit à d'horribles cauchemars, le souvenir de telles expériences se révélera si fort qu'il se représentera de lui-même à Albert, presque stupéfait. Alors que de funèbres images le visitaient, après la découverte du corps d'Herminien couché dans l'herbe, « son rêve parut s'orienter très vite vers l'époque lointaine où » — en compagnie d'Herminien, précisément —, « au milieu des nuits calmes d'été, de suggestives promenades l'entraînaient à travers Paris endormi et leur révélaient à tous deux (...) la splendeur des feuillages nocturnes éclairés par les lampadaires électriques et plus enthousiasmants qu'un décor de théâtre »[1].

Citons enfin un autre passage de la « reconnaissance » effectuée par l'assistant Grange en compagnie d'Hervouët. Elle aussi se déroule au milieu d'un paysage nocturne, dont les premières visions sont loin d'être toutes exaltantes. Cependant, « à mesure qu'ils avançaient, la nuit changeait : la torpeur de minuit s'élevait peu à peu au-dessus de la cime des arbres, et l'air plus léger des rêves infusait les sous-bois d'un bleu d'encens vaporeux ; la lune se levait et rendait à perte de vue la terre guéable aussi doucement qu'une embellie sèche les chemins »[2]. Le terme d'*encens* doit-il vraiment être pris avec une valeur d'image uniquement profane ?...

A moins de jouer sur le double sens, propre et figuré, de l'expression, on peut dire qu'aucun *être vivant* n'était sorti des mains du Créateur avant la fin du deuxième jour. Le troisième jour seulement, poursuit le premier chapitre de la Bible, « Dieu dit : Que la terre verdisse de verdure : des herbes portant semence et des arbres fruitiers donnant sur la terre des fruits contenant leur semence ; et il en fut ainsi. » Naturelle, c'est-à-dire avant que l'homme ne se mêle de lui faire subir les caprices d'un art prétendu de la culture, la végétation a donc partie liée avec le surnaturel. D'où la séduction qu'exercent à la fois ses splendeurs et ses mystères.

A la différence toutefois de ce que nous avons constaté pour l'eau, la lumière ou la nuit, cette séduction, chez Julien Gracq, semble fort peu conserver le souvenir prestigieux du récit biblique. Fort peu : ce qui ne doit pas être pris pour une litote, signifiant « pas du tout ». Dans *Lettrines,* par exemple, une séquence se complaît à rappeler le souvenir d'une matinée d'été passée à gravir lentement, non loin de Mazamet, les pentes de la Montagne Noire, à travers la forêt d'Hautaniboul. Relisons la dernière

1. *OC,* p. 32, 64 et 78.
2. *Un balcon en forêt,* p. 99.

phrase : « A chaque lacet qui me hissait plus haut le long de cet espalier tout emperlé d'une rosée baptismale, la respiration se faisait plus légère — au nord, de plus en plus loin, sous les réseaux de la brume, on voyait s'étendre les vastes plaines du Castrais — et de virage en virage il me semblait que je me haussais vers les royaumes du Matin. »[1] La rosée peut évidemment être qualifiée de « baptismale » en référence à la naissance du jour ; mais pourquoi non également au matin de la Création ? Ce mot de Matin, sur lequel s'achève la phrase, est gratifié d'une majuscule ; fantaisie qui peut difficilement être considérée comme gratuite.

La forme privilégiée de la végétation naturelle est bien sûr la forêt. Dans tous les livres de Julien Gracq, de fiction, de souvenirs, voire de critique littéraire, elle occupe une place de choix. Les sortilèges qui l'habitent, et qu'enregistre sa sensibilité exacerbée, sont cependant, pour l'essentiel, de ceux qui ont fasciné les hommes, spontanément, depuis la plus haute Antiquité, et qui continuent à fasciner les enfants sitôt qu'ils y pénètrent. Plutôt que des images d'un texte sacré, s'y trouvent en conséquence mêlées — pêle-mêle — de plus ou moins vagues réminiscences mythologiques ou légendaires, où la crainte même apparaît comme en enchantement.

Qui parle, de l'auteur ou de Gérard, dans cette évocation et cette confidence d'*Un beau ténébreux* ? « Le soir commençait à tomber, et j'aimais cette fuite sous la basse voûte des feuilles, d'où pleuvaient les gouttes, où s'étoilait de soleil le sable doux des bas-côtés, dans une lumière de pierre fine — cette fuite qui donne l'idée si nette d'un voyage sans retour. La traversée d'une forêt, je n'ai jamais pu m'imaginer autrement l'approche d'un pays de légende. Il me semble qu'après elle la vision se décape, devient autre, que les champs découverts étincellent plus tendrement, plus doucement, dans la lueur levée derrière

---

1. *Lettrines,* p. 229.

ce crépuscule des branches. »[1] La seconde de ces trois phrases mériterait évidemment d'être soulignée.

A défaut, rapprochons-la d'un autre passage de *Lettrines,* qui nous emmène cette fois à travers la Sologne des environs de Nouan, sorte de « parc sauvage et varié, où le bouleau domine, associé à quelques châtaigniers et à des sapinaies encore jeunes. Au sein de ce paysage forestier, « où l'on avance le cœur battant un peu au coin de chaque layon », où « le passage de l'homme au milieu de la sauvagerie ne propage (...) à très courte distance qu'une très faible onde d'alarme, vite refermée derrière lui comme un sillage dans la mer », chaque promenade « devient une merveilleuse escapade au royaume des fables »[2].

Il faudrait bien entendu citer de nombreuses pages d'*Un balcon en forêt,* dont le titre même est tout un programme. Il le faudrait surtout si un désir d'exhaustivité inspirait la présente étude. Souhaitant seulement être perçue comme une invitation à la lecture — ou à la relecture —, elle peut se contenter de quelques lignes, plus particulièrement significatives. Cette fin de paragraphe, par exemple, dans lequel l'aspirant note la métamorphose d'une peur panique qu'il vient d'éprouver, en une seule angoisse qui mérite même à peine son nom : « C'était une peur un peu merveilleuse, presque attirante, qui remontait à Grange du fond de l'enfance et des contes : la peur des enfants perdus dans la forêt crépusculaire, écoutant craquer au loin le tronc des chênes sous le talon formidable des bottes de sept lieues. »

Pas plus que dans le même fleuve, on ne se baigne jamais deux fois dans la même forêt. De l'une à l'autre, les différences ne dépassent cependant guère les amplitudes de simples nuances. Quelques pages plus loin, au cours d'une autre sortie — de prospection plus que d'inspection —, l'aspirant tressaille encore soudain en découvrant la preuve d'une présence toute proche de l'ennemi. Il

1. *OC,* p. 154.
2. *Lettrines,* p. 231.

pâlit, se rencogne derrière un sapin; la tête lui tourne. « Il regardait autour de lui, incrédule, bouger le décor d'opéra de la forêt dérisoire. » Mais voici que, parvenu à une certaine distance, il perçoit à nouveau le phénomène d' « enchantement ». Les bruits sinistres se sont tus. « La faible brume de chaleur tremblait encore sur la chaussée rôtie par l'après-midi; une douzaine de corbeaux pâturaient sur la laie, dans le soleil maintenant déchiré par les branches. La pensée du château magique, de l'*île* préservée, refleurissait malgré soi, se glissait encore comme un espoir fou. »

De qui parle encore le roman, de son auteur ou de son héros, dans ce récit d'une expédition à travers bois, suivant « un vrai chemin de contrebandiers », si compliqué de zigzags que la direction se perdait très vite? A mesure de sa progression, « une sensation de bien-être qu'il reconnaissait envahissait l'esprit de Grange; il se glissait chaque fois dans la nuit de la forêt comme dans une espèce de liberté ». Et qui s'étonnera que cette sensation de bien-être et de liberté s'épanouisse en quelque sorte à la vue d'une clairière, espace privilégié, espace à la fois clos et ouvert, pareil à une sorte de sanctuaire réservé à ce que l'on ne sait trop comment nommer, ébats ou cérémonies rituelles de quelques divinités? « La clarté faible de la lune qui s'était levée et que la nuée ne cachait pas encore s'accrochait à cette pente lisse, mêlée encore à un reste de jour, et faisait de la clairière au delà de l'étang de brouillard, derrière les cônes très sombres de ses sapins, un lieu interdit et un peu magique, mi-promenoir d'elfes et mi-clairières de sabbat. »[1]

Ainsi s'explique — pardon! se perçoit mieux — le goût de Julien Gracq pour les grandes places urbaines, mais surtout pour ces lieux préservés que le vocabulaire de l'urbanisme appelle « les espaces verts », et qu'il compare précisément à des clairières. Nous en avons déjà parlé; n'y revenons pas, sinon pour souligner qu'entre ces

1. *Un balcon en forêt,* p. 209, 229 et 159.

espaces et les jardins la distance est bien proche — si proche que certains d'entre eux portent le nom de parcs ou jardins publics. Dieu, dit encore la Genèse, « planta un jardin en Eden, à l'orient et il y mit l'homme qu'il avait modelé ». Quels pouvaient bien être la nature et l'aspect de ce jardin, avant que l'homme, rompu à l'art de l'horticulture, n'y ait imposé sa marque? Tout laisse à penser qu'il ne se différenciait guère de la terre couverte de verdure dont nous parle un verset précédent, d'autant plus que les deux versets appartiennent à deux récits distincts de la Création, le premier attribué à la source « sacerdotale », le second qualifié de « yahviste », ce qui peut fort bien expliquer une simple différence de vocabulaire.

Nos ancêtres du Moyen Age, bien entendu, n'y regardaient pas de si près. Jeanne Bourin a sans doute en définitive raison : leur passion des jardins tire essentiellement son origine des souvenirs plus ou moins conscients du texte sacré. Il faudrait même dire *des* textes sacrés, si l'on songe à la quantité d'images éparses dans les psaumes, les cantiques, voire les évangiles. N'oublions pas que le jour même de sa résurrection le Christ apparaît à Marie-Madeleine sous les traits d'un jardinier...

A en juger par certains de ses propres textes, Julien Gracq n'y regarde pas de beaucoup plus près. Nous avons cité tout à l'heure la séquence de *Lettrines* consacrée à un paysage forestier de Sologne, où chaque randonnée « devient une merveilleuse escapade au royaume des fables ». La séquence en question se termine par la phrase suivante : « Cette longue promenade de fin de journée sous le beau soleil jaune et oblique était à proprement parler délicieuse, et la vue la plus approchée jusqu'ici que je connaisse des jardins d'Eden. » Beaucoup plus récemment, dans une évocation similaire au début des *Carnets du grand chemin,* il raconte avoir pris un jour, entre Caussade et Cahors, la route qui va de Fumel à Périgueux. Le souvenir qu'elle lui a laissé? « Elle suit pendant longtemps une vallée assez resserrée qui me semblait une vallée perdue de l'Eden. » Et quelques pages plus loin, au large de la grand-route d'Yverdon à Neufchâtel, une falaise côtière lui apparaît, qui assure vers l'intérieur l'étanchéité d'un « petit Eden riverain »[1].

Les premiers rudiments de la culture religieuse, comme de toute culture, sont bien sûr inculqués vers l'âge de l'enfance, puis de l'adolescence. Rien d'étonnant donc à ce que leur souvenir se trouve étroitement mêlé à ceux des décors au milieu desquels se déroulèrent ces premières années. Le mot *jardin* revient un nombre impressionnant de fois dans *La Forme d'une ville* — tantôt pour y parler de parcs ou jardins familiers, comme celui des Plantes, ceux de La Gaudinière, de Procé, de Loquidy, du jardin marin d'Avranches « qui glisse à la mer, magnétisé qu'il est par l'immense panorama des grèves », ou de celui de Coutances, « reclus, lui, et palissadé de toutes parts comme un jardin mystique : *hortus conclusus* » — tantôt pour évoquer d'autres sites, auxquels ils ressemblent ou font penser, telles ces rues « plongées dans le sommeil végétal propre aux chemins qui vont se perdre dans les jardins ». Véritable obsession résumée dans l'une des dernières formules du livre : « Je marchais dans la ville comme on marche dans les allées mouillées d'un jardin. » Véritable obsession transposée même au double niveau historique et social : « Il subsista chez moi, enfoui dans les caveaux du souvenir, l'image première d'un Eden social pacifique, d'où quelque épée flamboyante m'a chassé inexorablement depuis l'âge adulte, et où tout retour me semble fermé. »[2]

D'autres textes concernent des paysages plus composites : celui d'une île nantaise, par exemple, bordée d'une belle fourrure de saules, piquée çà et là de plants de vigne abandonnés, « redevenus sauvages, qui grimpent encore et s'entrelacent aux ormeaux », hérissée d'une flore étrange qui « cuirasse les berges », et dont les crues « ont dû charrier jusqu'ici les graines depuis les sucs d'Auvergne et les pentes du Velay », mais illustrée aussi de

1. *Carnets du grand chemin,* p. 12 et 28.
2. *La Forme d'une ville,* p. 39, 52, 174 et 197.

beaux jardins, dont « les cultures mêmes semblent l'objet d'un choix décoratif », « comme si l'homme s'était trouvé forcé de se piquer au jeu de cette nature aimable ». Résumé de ce paysage presque exceptionnel : « Aspects paradisiaques de la terre cultivée dans l'île Batailleuse. »[1]

Même si l'enchantement s'y révèle un peu plus équivoque — elle nous servira alors de transition pour passer au chapitre suivant —, citons encore cette scène d'*Un beau ténébreux,* au cours de laquelle Allan marche lentement vers la fenêtre et se penche au-dessus des arbres du jardin. « De longues ombres vallonnées, somptueuses, lourdes comme l'encre, se posaient sur les pelouses », mais à quelques pas « la lumière devenait chant, vapeur, vibration silencieuse au ras de la terre de millions d'insectes bondissants — une délivrance dansante, réjouie, un allégement ». La lumière grise « effaçait la vie de sa silhouette immobile, la figeait, la purgeait de toute *particularité,* l'incorporait à cette façade silencieuse et aveugle, à ces jardins magiques surpris par un rapide enchantement ». Quelques lignes plus loin : « Le prodige calme de la lune aspirait par les fenêtres la vie de cette chambre ténébreuse, (...) mêlait sans effort la pièce vide aux grottes noires du jardin enchanté. »[2]

1. *Lettrines,* p. 231 et 160 .
2. *OC,* p. 256.

3

Autour des sept péchés capitaux

« Dieu existe, je l'ai rencontré. » La formule d'André Frossard ne manquait pas d'humour. Elle avait au moins le mérite de faire entendre que l'existence de Dieu ne pose pas un problème, dont la solution se situerait en conclusion d'un raisonnement plus ou moins long, à la fois subtil mais appuyé sur de solides preuves — comme chez saint Thomas, par exemple —, mais qu'il est tout simplement l'objet d'une expérience. Semblablement, et pour les mêmes raisons, Julien Gracq ou ses personnages pourraient fort bien dire : « Le mal existe, nous l'avons rencontré », comme ils avaient rencontré, nous l'avons vu, le beau, le merveilleux, le paradisiaque. Rencontré, c'est-à-dire éprouvé, perçu par chacun de leurs sens ; rien à voir avec un quelconque jugement de valeur.

Tels ou tels chants d'oiseaux, tels murmures de rivières sonnent agréablement à l'oreille. Certaines fleurs sentent bon. Certaines plantes comestibles ont un goût qui enchante le palais, une vertu nutritive qui contribue à la bonne santé du corps, parfois un effet bienfaisant sur les plaies ou pour la guérison de maladies. D'autres plantes au contraire sont des poisons violents qui peuvent perturber gravement la santé, voire entraîner la mort. Un tel lieu commun mériterait fort peu que l'on s'y attarde, s'il ne permettait de souligner deux choses. La première : que Julien Gracq hésite aussi peu lui-même à s'y attarder que les gens les plus frustes des campagnes qu'il aime, ou que les êtres les plus primitifs des premiers âges de l'humanité. La seconde : que l'expression « faire du bien » a certes donné naissance au mot « bénéfice », mais dont le sens demeure pratiquement limité au seul domaine matériel ; tandis que le mot « maléfice », dérivé de l'expression « faire du mal », désigne une pratique de sorcellerie, c'est-à-dire une activité mettant en cause quelque puissance surnaturelle animée d'intentions perverses.

Certes, nous l'avons rappelé, la tradition judéo-chrétienne attribue l'existence du monde à un Dieu créateur qui, à chaque étape de sa création, constata que ce qu'il venait de faire était bon. D'où la tendance, tout de même, à voir en certains instants privilégiés, dans le monde qui nous entoure, comme un reflet nostalgique du paradis terrestre. Tendance à laquelle se laisse aller Julien Gracq. Mais cette tradition enseigne également que l'action du Diable s'est manifestée dès les premières heures, à l'intérieur même du paradis terrestre, puisqu'il fut responsable de l'expulsion d'Adam et Eve, et que le combat qu'il livre pour faire sombrer l'humanité dans la géhenne — on n'ose dire grâce aux sept péchés capitaux — se prolongera jusqu'à la fin du monde. D'où le caractère extrêmement complexe, ambigu, de ce monde, à l'intérieur duquel bien et mal se mêlent inextricablement, où les extases sont de courte durée, et où tout, à chaque instant, peut faire craindre le pire. Dans toutes les religions, autres que la religion chrétienne, les divinités malfaisantes pullulent. Dans toute l'œuvre gracquienne, les perspectives inquiétantes donnent le vertige.

Ces perspectives peuvent s'ouvrir à l'horizon d'un paysage donné, sans qu'aucun des détails qui le composent n'en soit particulièrement responsable. Plus exactement, de chacun de ces différents détails, comme d'indices, émane une impression vaguement suspecte ; mais ces impressions s'additionnent, pour aboutir à un sentiment d'ensemble, qui est celui d'une présence aussi réelle qu'impossible à définir, sinon comme celle d'une puissance du mal. Un des exemples les plus typiques nous est fourni par une page du Journal de Gérard, au début d'*Un beau ténébreux* : « Rien que de banal au fond dans tout ce qui m'entoure, confesse-t-il, mais le lieu, cette plage blême, ces landes confuses, le silence des avenues ensevelies dans les feuilles, a sans doute quelque chose de maléfique. »[1]

Julien Gracq a beau se proposer pour idéal de cultiver la « plante humaine », il sait pertinemment que l'activité de cette plante ne saurait se réduire — comme d'aucuns l'ont plus ou moins innocemment prétendu — à de simples tropismes. En tant qu'humaine, elle possède un certain nombre de facultés intellectuelles. Parmi ce nombre, il déplore que telle ou telle fasse l'objet d'un usage exagéré — celles qui ont le plus recours à l'abstraction — mais il en dédaigne si peu d'autres qu'il les associe au contraire étroitement à sa sensibilité et leur reconnaît même le droit de raisonner. Tel est, en particulier, le cas de l'imagination. Son nom, littéralement, signifie : la faculté de se représenter des images. Elle se situe donc, si l'on peut dire, dans le prolongement du sens de la vue. Dans une grande mesure, c'est elle qui intervient pour *faire voir,* au-delà d'un objet, d'un être ou d'un paysage, les réalités menaçantes que ses apparences laissent seulement à deviner. Faculté qui manquait sans doute à Adam et Eve pour identifier le serpent tentateur.

Plusieurs textes illustrent ce phénomène particulier de perception. Dans les premières pages de *La Presqu'île,* par exemple, vient de nous être évoqué le trajet qui va conduire Simon à travers l'ancien pays de ses vacances d'enfant, dont il se rappelle les moindres détails, qu'il s'agisse d' « îlots de terres basses mangées de toutes parts par les marais » ou des « friches mornes de l'intérieur ». Quand il y pensait, nous dit le narrateur, « son imagination se les représentait toujours hostilement comme une Terre Gâte, un pays muet, prostré dans sa disgrâce, et que

1. *OC,* p. 122.

devait avoir touché une espèce d'anathème, puisque, créé à quelques lieues à peine de la mer, il avait dû se dessécher loin d'elle sans jamais la voir »[1].

Remarquons au passage cette expression de « Terre Gaste », dotée de majuscules, qui ajoute une dimension particulière à ce rôle de l'imagination. Le mot « gaste » est en effet un mot d'ancien français, tout comme l'adjectif « méhaignée » que Julien Gracq lui associe parfois, et qui sonne inévitablement comme un écho du mythe du Graal. Leur seule présence prouve que l'imagination peut être nourrie par le souvenir de faits historiques ou de légendes appartenant à des époques très anciennes, le phénomène qui se produit alors ressemblant à ces montages dans lesquels, à la photo d'un paysage actuel — le Forum romain, par exemple —, on superpose à l'aide d'une feuille partiellement transparente la figuration reconstituée du même site, tel qu'il se présentait voici des siècles.

A la fin du livre de Jean Carrière se trouvent trois textes inédits, sans titre. Le premier parle une nouvelle fois de l'Ardenne, à propos de laquelle il emploie tout justement les expressions « terres méhaignées », « pays gât ». Et il explique : « J'ai parlé autrefois de l'existence de *paysages-histoire,* qui ne s'achèvent réellement pour l'œil (...) qu'en fonction d'un épisode historique, marquant ou tragique, qui les a singularisés. » Tel est le cas de l'Ardenne. « Elle ne parlerait pas, quand je la revois et que je la traverse, aussi fort qu'elle fait à mon imagination, si, à la seule image de la forêt d'Hercynie sans chemins et sans limites que nous ayons conservée chez nous, elle ne superposait celle de la forêt de Teutobourg, inquiétante à force de silence, par trois fois grosse des légions d'Arminius. »[2]

On hésite à employer le terme légèrement prétentieux de *culture,* d'autant plus — nous le constatons chaque jour — qu'il s'agit d'une notion extrêmement difficile à

1. *La Presqu'île,* p. 51.
2. Jean Carrière, *Julien Gracq, qui êtes-vous ?,* Lyon, La Manufacture, 1986, p. 179.

définir, et dont il s'avère fort malaisé de déterminer à partir de quel moment on peut parler d'elle. Contentons-nous de souligner que pour Julien Gracq, sa sensibilité ayant vibré au cours de ses lectures, et dès son plus jeune âge, les lectures en question se sont à leur tour étroitement mêlées à sa sensibilité, au point d'informer ses perceptions ; et comme il est peu de textes qui ne troublent, inquiètent, effraient — fût-ce délicieusement, lorsqu'on est un bambin —, de là part souvent l'impression de maléfice ressentie au contact d'un paysage quelconque.

La rivière qui traverse la contrée d'Argol a pour modèle, il nous le confie simplement, la rivière de l'Evre, souvent descendue au cours de son enfance, à travers un décor où régnait un silence oppressant, « vaguement maléfique ». Au milieu de la promenade, un site presque classé : la *Roche qui Boit*. Dans ce seul nom, explique-t-il, se reflète « le sentiment naïf que j'éprouvais si vivement de l'envoûtement de la vallée par sa rivière, de cette gorge immobile penchée comme Narcisse au-dessus de la plaque vénéneuse de son eau plane, le sentiment aussi du sortilège de ce miroir aux teintes fumées dont le simple reflet est déjà comme une succion et dont l'aptitude à réfléchir, pour l'imagination, ne se sépare jamais tout à fait de la propension à engloutir »[1].

Autre exemple, plus significatif encore peut-être : celui d'un paysage nantais aujourd'hui victime de l'urbanisme. Au début du siècle, le ruisseau du Cens formait la limite de la ville. Des carrières de schiste en exploitation bordaient ses rives, au pied desquelles l'enfant « situait en imagination les terrains vagues — si peu parisiens — où Edgar Poe localise inductivement le théâtre du meurtre de *Marie Roget* ». Il y voyait descendre les menaçantes ombres du soir « qui, selon Poe, ramenaient les promeneurs en deçà de la Seine, abandonnant bosquets et *sièges de verdure* aux opérations délictueuses des rôdeurs de barrière ». Ainsi, avoue Julien Gracq, « ce paisible quartier-

1. *Les Eaux étroites,* p. 37.

61

dortoir en 1983, du seul fait qu'à douze ans je transférais sur les bords du Cens l'image fantaisiste que se faisait Poe de la *barrière du Roule,* reste-t-il encore pour moi obstinément marqué d'un signe maléfique »[1].

De telles précisions ne nous sont évidemment pas toujours fournies. Elles demeurent plus ou moins implicites, nous permettant de comprendre que tant d'occasions, et d'une si grande diversité, donnent à l'écrivain ou à ses personnages tantôt la simple impression, tantôt la certitude que le mal est là, présent ou imminent. Occasions si nombreuses même, au total, que les instants de grâce dont nous avons parlé au précédent chapitre finissent par apparaître comme de simples répits — voire comme des leurres —, et le monde dans son ensemble — ou bien peu s'en faut — comme un lieu frappé de malédiction.

Dans le texte du dialogue radiodiffusé qui ouvre le recueil *Préférences,* un aveu sur ce point nous apporte une confirmation intéressante. Il nous montre en même temps que la lecture de la Bible, comme on pouvait s'y attendre, fournit à Julien Gracq — non pas en tant qu'écrivain, mais en tant que spectateur, aux *yeux* et à tous les sens *bien ouverts* — autant d'images diaboliques que paradisiaques. Il vient de confesser combien l'attirent les sommets de montagne, les falaises, les marches d'escalier qui découvrent un vaste pays, les très hautes tours. Cependant, ajoute-t-il, « je dois dire qu'en même temps que cette situation, imaginaire ou réelle, me captive violemment, elle me paraît toujours douée d'une suggestion maléfique, et je crois qu'ici se retrouve un très vieux pli de la sensibilité collective; le sentiment qu'au fond c'est toujours le démon qui vous ravit sur la montagne »[2].

Parfois un simple objet, au moment où l'on s'y attend le moins, concentre en lui toute la force de suggestion. Tel est le cas de l'apparition au cours de la « croisière », dans *Le Rivage des Syrtes.* Tandis que le navire avance, une

1. *La Forme d'une ville,* p. 55.
2. *OC,* p. 852.

« accalmie enchantée » semble « traîner sur les eaux comme une écharpe », les eaux d'une mer « pavoisée comme pour une de ses grandes fêtes ». Et voici que soudain — il s'agissait donc bien d'un simple répit, voir d'un leurre — un « signal insolite » paraît, « présage indéchiffrable » : une fumée, « singulière et immobile », « engluée et tenace ». Pourquoi présage ? « Il émanait de sa forme je ne sais quelle impression maléfique, comme de l'ombelle retournée au-dessus d'un cône renversé qui s'effile, que l'on voit à certains champignons vénéneux. »

La valeur de signe de cette fumée ne tarde pas à se confirmer. La montagne au sommet de laquelle elle vient d'apparaître est le Tängri, un volcan que l'on croyait éteint depuis de nombreuses années. La prise de conscience de cette réalité décuple aussitôt chez Aldo et chez Fabrizio le sentiment, ou plus exactement la sensation d'une proximité immédiate du mal, sensation exacerbée par leurs souvenirs plus ou moins conscients des légendes mythologiques, du Pentateuque, ou de l'Apocalypse de saint Jean. « Son panache qui ondulait maintenant dans la brise fraîchissante en s'y diluant semblait assombrir plus que la nuit le ciel d'orage, maléficier cette mer inconnue ; plus qu'à quelque éruption nouvelle après tant d'autres, il faisait songer aux pluies de sang, à la sueur des statues, à un signal noir monté à cette hampe géante à la veille d'une peste ou d'un déluge. »[1]

Dans le premier texte inédit publié à la fin du livre de Jean Carrière, un autre paragraphe nous parle de la gorge de la Meuse, ou plus précisément d'une petite portion de cette gorge, célébrée par Rimbaud, où le poète de Charleville entendait comme une « vraie et bonne voix d'ange ». Sensation radicalement différente de Julien Gracq, pour la simple raison que ce qu'il *sait* se superpose à ce qu'il voit ou entend, et que le mal qui a été demeure pour lui indissociablement lié à cet endroit, au point de le transformer en signe de menace permanente à la façon d'un sorti-

1. *OC,* p. 737 et 738.

lège, d'une malédiction. « Pourtant, écrit-il, comme elle reste maléfique, cette étroite rainure lovée dans le plateau, toute bâillonnée d'arbres, quand le crépuscule descend et qu'une brumaille transparente commence à couler au fil de la rivière : (...) Fissure insidieuse, menace couverte, à l'image de cette rivière au silence si peu sûr, et qui prépare et présage, deux jours à l'avance, le tonnerre de Sedan. »[1]

A quelle bataille fait allusion cette dernière formule? Au désastre de 1870, qui entraîna la chute de Napoléon III, et termina la première phase de la guerre franco-allemande? Le souvenir de Rimbaud pourrait le laisser supposer. Mais ce désastre eut lieu le 1er septembre 1870. Les deux phrases que nous venons de citer en encadrent une troisième, qui précise la date du 11 mai 1940, jour où les premiers soldats allemands passèrent la Semois, décidant du sort de la campagne de France.

Une telle remarque ne présenterait à vrai dire qu'un maigre intérêt, si elle ne nous invitait à un rapprochement et une réflexion. L'ancien combattant de la seconde guerre mondiale *sait* ce qui s'est passé à Mouvaize ce jour-là. Cette connaissance peut jouer *rétrospectivement* pour lui donner, face au paysage où s'est déroulé le fait historique, la sensation d'un sombre présage — tout autant que sa connaissance des faits historiques antérieurs, où furent mêlées les légions d'Arminius. De façon analogue, l'écrivain connaît bien sûr déjà les tragédies dont seront victimes ses personnages. Parce qu'ils lui ressemblent comme des frères, cette même sensation de présage peut être — sans qu'ils le sachent — éprouvée par eux rétrospectivement, servant alors de façon particulièrement heureuse l'économie de la construction romanesque.

Quoi qu'il en soit de cette dernière considération, l'expérience du mal apparaît comme si universelle qu'elle finit presque par devenir pour Julien Gracq une véritable

---

1. Jean Carrière, *Julien Gracq, qui êtes-vous ?,* Ed. La Manufacture, 1986, p. 177 et 178.

obsession, qu'il le voit, le sent, à peu près partout, y compris derrière des données parfois extrêmement vagues, à la limite quasi immatérielles. Vision d'Albert et de Heide dans le *Château d'Argol*, où un maître, dans une salle d'école, frappe soudain au tableau noir par « la maléfique et inquiétante orgie de ses imprévisibles mouvements ». Conversation d'Allan et Irène, dans *Un beau ténébreux*, au cours de laquelle la jeune femme reproche à son interlocuteur sa « figure de malchance, d'enterrement ». Je suis tout à fait convaincu, lui répond-il, « que ce maléfice curieux vous épargne ». Cependant, l'entretien terminé, dans le parc « soudain cerné par le tumulte et le silence », le soleil « pétrifiait Irène, la changeait en l'une de ces statues de cendre, envoûtées, maléfiques, des jardins pompéiens... ». Et quelques pages plus loin, pour Henri, à l'heure du dîner, « la soirée de l'hôtel se déroulait avec l'enchaînement implacable, le cérémonial maléfique d'un ballet funèbre »[1].

Derrière la vitre de son wagon, Simon, dans *La Presqu'île*, regarde se dérouler en guise de paysage une « catastrophe grise qui semblait s'ennuyer — comme si le Chaos même, frappé de quelque malédiction absurde, eût continué loin de tout œil à rouler son rocher »[2]. La relecture d'un poème de Rimbaud, dans *La Forme d'une ville*, permet à Julien Gracq de retrouver le sentiment doux-amer « d'une dérive engourdie, frileuse, le long d'un vaste corps vivant dont on perçoit la respiration toute proche, mais qu'un sort malin empêche de rejoindre »[3]. Une méditation sur le théâtre, dans *Lettrines*, lui fournit l'occasion de dénoncer ce qu'il appelle son « côté *serre chaude* » : lorsqu'une pièce est représentée — « génies sacrés, enterrés en deux heures » —, tous les mécanismes du contrôle et du jugement se desserrent; « c'est ici le royaume maléfique de l'emballement ». Réfléchissant, dans une autre

1. *OC,* p. 79, 241, 242, 250.
2. *La Presqu'île,* p. 88.
3. *La Forme d'une ville,* p. 43.

séquence du même recueil, sur le *Journal* de Benjamin Constant, et plus précisément sur les pages consacrées à la passion pour Mme Récamier, il note son impression personnelle de lecteur : « de ce qu'il n'est pour Constant qu'un autre genre de saison en enfer entre deux tripots, écrit-il, le passage tire pour moi sa valeur et son éclairage maléfique »[1]...

La liste des réflexions pourrait se prolonger longtemps. Bien qu'un ancien élève de la rue d'Ulm ne soit pas allergique à l'humour, sans doute risquerions-nous par la démesure, de frôler le comique des innombrables *plus* de La Flèche au deuxième acte de *L'Avare,* ce qui ne serait peut-être pas du meilleur goût pour traiter d'un sujet aussi grave. Sujet qui conduit inévitablement à l'évocation du diable, comme au cours de la conversation entre Albert et Henri, dans *Un beau ténébreux,* ou d'une autre conversation, dans le même roman, entre Jacques et Christel, dont Gérard a surpris un lambeau où il était question d'un mystérieux *lui.* « Pris dans ce sens, note-t-il dans son Journal, avec cette intonation suspecte que l'un et l'autre craignaient trop visiblement d'accentuer, ce *lui* si tacitement, si infailliblement appliqué, semblait tout à coup se hausser à une désignation presque fabuleuse, d'une façon à peine sacrilège atteindre jusqu'à l'ennoblissement de cette Majuscule qui se garde de cerner de trop près le grand rôdeur suspect, mal définissable, et désigne le cas échéant, profondément ambiguë, aussi bien que l'ange, le Malin. »[2]

« Aussi bien que l'ange, le Malin »... Le Malin, en effet — quel que soit le nom dont on veuille le désigner : diable, Satan ou autre —, est par nature un ange : ainsi l'enseigne la tradition. Ange rebelle et devenu malfaisant, mais qui a conservé tous ses pouvoirs. Pouvoir de séduction, en particulier, dont il use essentiellement pour *tenter,*

1. *Lettrines,* p. 79 et 175.
2. *OC,* p. 169 et 179.

c'est-à-dire pour appâter le piège dans lequel il se propose de faire tomber l'homme qu'il a choisi pour victime. D'où la redoutable ambiguïté ressentie — ou non ressentie parfois, au départ — face aux données de l'existence. Que l'on songe, par exemple, au héros gidien de *La Symphonie pastorale,* devenu responsable de tant de malheurs pour avoir cédé à la tentation du devoir en apparence le plus généreux. Dieu, dit la Bible, s'est réservé le fruit de l'arbre de la *connaissance* du Bien et du Mal. Ce fruit ayant été refusé à l'homme, il lui est souvent bien difficile d'opérer la distinction, surtout s'il s'en tient aux simples données de ses sens et de son imagination, si violemment et cyniquement sollicités au moment des tentations.

Autre source de confusion : le châtiment. Par définition, le châtiment, même non corporel, fait mal. D'où la tendance, au moment où on le subit, à oublier sa justification, et à considérer celui qui l'inflige comme un être méchant. Or, si l'on s'en réfère une fois de plus à la Bible, il arrive qu'un ange soit délégué comme exécuteur d'une punition exemplaire, désigné alors sous le nom brutal d' « ange exterminateur ». Les personnages des romans gracquiens étant rarement des héros de sainteté, la distance est souvent bien faible qu'ils établissent alors entre le Malin et l'un de ces anges exterminateurs.

A un moment où Albert, dans le *Château d'Argol,* pénètre dans la chambre que vient de quitter Herminien, « les rayons jaunes du soleil ruisselant par les hautes fenêtres l'accueillirent sur le seuil de cette chambre qu'ils parcouraient dans toute son immense longueur et semblaient glorieusement *dévaster* comme le glaive même de l'ange exterminateur ». Au milieu d'une cour sinistre de château, promise à « devenir dans quelques minutes un séjour d'épouvantement », Henri, dans *Un beau ténébreux,* voit un homme s'avancer dans sa direction. « Au moment de fermer sur lui la poterne, de bannir la dernière trace d'humanité de ce royaume de ténèbres, de le séparer de ce qui allait se passer *là,* il lui tendit la main. Mais la main se leva comme chargée du glaive flamboyant de l'archange. »

Quant à Vanessa sur laquelle se penche Aldo, dans *Le Rivage des Syrtes,* elle lui paraît soudain « extraordinairement belle — d'une beauté de perdition —, pareille, sous sa chevelure lourde et dans sa dureté chaste et cuirassée, à ces anges cruels et funèbres qui secouent leur épée de feu sur une ville foudroyée »[1].

Aussi bien, si le mal règne à peu près partout dans le monde, certains éléments semblent-ils plus particulièrement le rendre sensible, qui sont à peu de chose près les mêmes que ceux derrière lesquels paraissait d'abord briller quelque lumière paradisiaque. Spontanément, le verbe de cette dernière proposition s'est trouvé conjugué à l'imparfait, tandis que ceux des premières l'étaient au présent. Il ne s'agit évidemment pas là d'un simple hasard. *Passer* de l'impression de magie blanche à celle de magie noire — comme le mot l'indique — c'est essentiellement suivre le cours du temps. Ce temps, qui peut paraître celui de la béatitude aux heures brèves, même si elles semblent parfois suspendre leur vol, où la vie s'épanouit, mais qui conduit inexorablement vers la mort, dont l'expérience finit par persuader qu'elle est le dernier mot sur tout. D'où le mouvement de bascule irrésistible, au terme duquel la présence réelle du sacré, perçu en filigrane derrière les objets et les paysages, devient celle d'un au-delà de ténèbres et de malédiction — « ténèbres extérieures », dit l'Evangile pour désigner l'enfer. D'où également la hantise des lieux et des circonstances où ces ténèbres s'imposent et enveloppent.

Le deuxième roman publié par Julien Gracq a pour titre *Un beau ténébreux,* et dans toutes ses œuvres de fiction, la liste serait longue des scènes qui se passent la nuit. Les reconnaissances effectuées par l'aspirant Grange en compagnie d'Hervouët, par exemple. A certains moments, nous l'avons vu, le calme et la beauté qui s'offrent à leurs yeux peuvent leur faire oublier la situation dans laquelle ils se trouvent. Mais comment oublier longtemps

1. *OC,* p. 82, 248, et 700.

ce que représente le mot « guerre », unique raison de leurs missions commandées, et réédition de tant d'affrontements, inévitablement meurtriers, depuis les premiers âges de l'humanité? Reprise de conscience soudaine : « La nuit sonore et sèche dormait les yeux grands ouverts; la terre sourdement alertée était de nouveau pleine de présages, comme au temps où on suspendait des boucliers aux branches des chênes. »

Les instants où il se livre, aveugle, à sa passion pour Mona peuvent aussi procurer à Grange une sensation — pour le moins lamartinienne — de béatitude et d'éternité. Sensation évanouie, bien sûr, sitôt retombée l'exaltation de l'étreinte, mais dont il lui faut un moment pour admettre la banalité. Lorsqu'ils regagnaient la cabane, la nuit tombait. Frissonnant sous sa courte veste fourrée, Mona « s'embrumait tout à coup aussi vite qu'un ciel de montagne, tout entière ouverte aux avertissements de l'heure et de la saison. — Je n'aime pas les fins de journée, faisait-elle en secouant la tête quand il l'interrogeait. Et, quand il lui demandait à quoi elle pensait : — Je ne sais pas. A la mort... » Brutalement alors, Grange sentait le froid le saisir. « Il n'aimait pas les mots qui montaient à cette bouche de sibylle enfant, soudain pleine de nuit. » Les pressentiments de Mona le gagnaient : « Il sentait la journée basculer d'un coup au fond d'un puits noir. »[1]

Scène presque similaire dans *Un beau ténébreux,* où Jacques tient le rôle de l'aspirant Grange, et Irène celui de Mona. Ils se sont aimés, puis se sont endormis. Tout à coup, au milieu de la nuit, Jacques se retourna vers Irène. « Dressée à son côté, immobile comme un marbre, l'œil grand ouvert dans l'ombre, le visage ravagé par une attention maniaque, panique, elle tendait l'oreille — soudain au delà d'un abîme, séparée par des lieues, comme ces *attrapes* lugubres du songe où l'on s'éveille, allègre, une statue de pierre à ses côtés. » Epouvanté, « Jacques soudain déchirait le voile, perçait les maléfices de cette

---

1. *Un balcon en forêt,* p. 100 et 121.

nuit fausse, sentait monter en lui une violence, une fureur ».

Selon la méthode adoptée tout au long du roman, une simple ligne de pointillés, presque aussitôt, suffit à traduire un changement de séquence, sans transition, comme dans un film. Une transition, d'ailleurs, serait-elle nécessaire ? Assis devant sa table, Allan, cette fois, regarde la nuit. « La lumière calme de la lune entrait du côté du parc par la fenêtre, jetait sur le lit une grande croix noire. » Alliance intime de cette lumière et de cette croix, sensation poignante d'un sacré dont la splendeur ne parvient pas à couvrir les menaces, sorte de mystère aussi inquiétant que ceux d'Eleusis ou des cérémonies d'initiation au culte de Mithra. « Les grandes coupoles de lumière, argentées, veloutées, cuirassées, montaient comme des gradins de rêve vers cette nuit sacrée, encensées de la fumée bleue des sacrifices, trouées, jusqu'au fond de leurs verdure noire, de grottes mystérieuses comme des déchirures de nuages. Parfois une feuille descendait, voletante, rapide, petit fantôme menu, apeuré au milieu de cette extase pesante. »[1]

La nuit, par excellence, est le domaine du sommeil, et, par voie de conséquence, celui du rêve ou du cauchemar. Autrement dit, le domaine d'une seconde vie, dont Gérard de Nerval, au début d'*Aurélia*, déclare n'avoir pu percer sans frémir les portes d'ivoire et de corne — dont parlait déjà Homère dans l'*Odyssée* — qui lui donnent accès. Expression poétique devenue aujourd'hui lieu commun de la psychanalyse. Les perceptions sensorielles, transmises à l'esprit et interprétées par lui, transforment le monde invisible en univers visible, mais visible sur fond de ténèbres, avec tout ce que cette notion peut impliquer d'hallucinations et de craintes. Même pour le personnage éveillé, tout spectacle nocturne est déjà par lui-même un rêve, ou un début de rêve, le plus souvent inquiet, peuplé

---

1. *OC*, p. 255.

de créatures ou de scènes surgies du fond d'une mémoire ancestrale ou livresque.

Une page du *Château d'Argol* illustre ce phénomène avec un maximum de détails, montrant le rôle précis des données sensorielles opposé au vague des « visions » oniriques, dont seul importe en définitive le caractère de quasi-certitude en face d'une présence de mystérieuses forces du mal. Albert vient de quitter le château et s'est enfoncé dans les funèbres solitudes de la forêt. L'horreur de ces bois écartés, « avec l'approche de la nuit », est devenue profonde. « A cette heure trouble de la fin du jour, il semblait que partout, dans les craquements de l'écorce surchauffée, la chute étrangement retentissante d'une branche morte dans une avenue déserte, le brouillard qui flottait autour des massifs épais des arbres, les cris espacés d'un oiseau attardé volant paresseusement de branche en branche comme un guide hasardeux, fussent sensibles derrière d'impénétrables voiles une redoutable alchimie, la lente préparation par la forêt de tous ses mystères nocturnes. »[1]

Cette page, par ailleurs, souligne le lien étroit, la similitude profonde entre la forêt et la nuit. Non moins que la nuit, en effet, la forêt est le domaine des ténèbres et de l'illimité, autrement dit, le domaine de tous les possibles et de tous les effrois. Depuis la plus haute Antiquité, innombrables sont les mythes dont la fabulation l'a peuplée, et qui presque tous ont pour origine la terreur éprouvée en face de ses profondeurs, au plus obscur desquelles vivaient au reste des bêtes sauvages bien réelles, mais facilement transformées en monstres par l'imagination : Lothan ongaritique, « serpent tortueux à sept têtes », devenu le Léviathan dont Isaïe prédit le châtiment par l' « épée dure, grande et forte » de Yahvé — ou à une époque infiniment plus récente, rappelons-nous la célèbre bête du Gévaudan. Les contes pour enfants ont atténué, certes, la hideur de ces monstres. Un ogre ou une vieille

1. *OC,* p. 63.

71

sorcière n'en demeurent pas moins eux aussi des êtres maléfiques, dont le souvenir, si enchanteur soit-il, continue de faire trembler lorsqu'il se représente au cœur d'une forêt traversée. Exemple, parmi quantité d'autres, ce fragment d'épisode d'*Un balcon en forêt* : « C'était une peur un peu merveilleuse (...) qui remontait à Grange du fond de l'enfance et des contes : la peur des enfants perdus dans la forêt crépusculaire, écoutant craquer au loin le tronc des chênes sous le talon formidable des bottes de sept lieues. »[1]

Dès les premières pages du *Château d'Argol,* nous est présenté le haut pays de Storrvan. Impression d'ensemble, avant que l'œil ne s'attarde sur les différents arbres, l'oreille à écouter les divers bruits mystérieux : « C'était une forêt triste et sauvage, un bois dormant, dont la tranquillité absolue étreignait l'âme avec violence. » Pourquoi triste ? Pourquoi exerçant sur l'âme cette étreinte violente ? La belle qui dort au bois s'est assoupie du sommeil de la mort. Par souci de litote — ou sous l'effet de quelque superstition —, le mot n'est pas prononcé ; mais une tradition vieille de combien de siècles a transféré sur le bois lui-même ce sommeil du trépas. Comment, en lisant ces lignes, ne pas penser à telle réplique de Perceval, au deuxième acte du *Roi pêcheur* : « Des années j'ai cherché à travers des forêts sans mystère, des châteaux où l'on s'asseyait bêtement à la nuit pour veiller au coin du feu. Mais un autre soleil éclaire ce pays. Les bois rêvent, les eaux sont silencieuses, les herbes profondes, l'ombre pesante comme la mort. »[2]

Deuxième notation à propos du haut pays de Storrvan, dès la phrase suivante : la forêt « enserrait le château comme les anneaux d'un serpent pesamment immobile, dont la peau marbrée eût été alors assez bien figurée par les taches sombres des nuages qui couraient sur sa surface ridée ». Ne parlions-nous pas, voici quelques instants, du

1. *Un balcon en forêt,* p. 209.
2. *OC,* p. 357.

Lothan ongaritique, devenu le Léviathan de la Bible?...
Deux ou trois lignes plus loin, enfin, les mots soigneusement soulignés dans le texte nous dispensent de tout nouveau commentaire : « Il semblait bizarrement à Albert
que cette forêt *dût* être animée et que, semblable à une
forêt de conte ou de rêve, elle *n'eût pas dit son premier
mot.* »

Vérités premières sans doute, mais il n'est pas toujours
inutile de les rappeler : le mot « animé », en vertu de son
étymologie, qualifie pour la définir un être vivant; d'autre
part la mort même divinisée par les Anciens — dieu ou
déesse, selon les mythologies —, était par eux considérée,
aussi paradoxal que cela puisse paraître, comme un être
vivant, capable de sentiments et de comportements pareils
à ceux des humains. N'apparaît-elle pas d'ailleurs encore
sous cette forme dans certains films de Cocteau?... A la
différence du poète d'*Orphée,* Julien Gracq propose rarement des visages pour peupler sa propre mythologie. Lui
suffit d'exprimer les impressions profondes ressenties en
présence indubitable d'un être sans nom ni forme, mais
aux manœuvres aussi malignes que celles du Thanatos des
Grecs, et dont les événements futurs seuls — au moins
dans le *Château d'Argol* — révéleront qu'il est effectivement la Mort.

Dans la même page, indépendamment l'un de l'autre,
Albert et Herminien se sentent en proie à une égale
frayeur. Pour le premier, comme fasciné et paralysé à la
fois, « des rouages délicats, comme polis par un long
usage, une machinerie ailée, lui semblaient se mettre en
branle avec une fatale lenteur et l'entraîner (...) avec l'insistance d'un envoûtement vers un dénouement pour lui à
tous les égards imprévisible ». Quant à Herminien, la
forêt « animée » polarise de façon particulièrement douloureuse son horrible pressentiment : « Son esprit impi-
toyablement lucide lui représentait avec une vigueur
aiguë l'image de Heide et d'Albert errant ensemble au
sein de la forêt embaumée et rendue pour lui impénétrable par le plus barbare des sortilèges. »

Pour l'un comme pour l'autre, en fait, ces lugubres bois de Storrvan, au sein desquels ils sont comme condamnés à vivre, pareils à des prisonniers au fond d'une caverne, dont ils n'ont aucune chance de sortir, concentrent en eux toute la puissance du mal qui les menace. Au cours d'un après-midi, tandis qu'il les regardait depuis la haute salle dominant les terrasses, il parut soudain à Albert « que cette mer d'arbres où nul repère n'arrêtait la vue jusqu'aux limites de l'horizon se fût détachée complètement d'un monde dont la séparait la malédiction d'un charme, et se fût mise à tourner autour du château comme une roue dont rien ne pût arrêter le mouvement ». Dans ces bois mêmes, Heide sera violée par Herminien, et Herminien poignardé par Albert[1].

Le fait que la mort ait pu être divinisée — au même titre que le soleil, l'amour, la beauté, la végétation printanière —, le fait que tous les éléments du monde en définitive, visibles ou invisibles, aient été un jour ou l'autre, par tel ou tel peuple, telle ou telle religion, considérés comme autant de puissances divines, ne prouvent-ils pas le caractère essentiellement équivoque de cet au-delà qui frange le domaine de nos perceptions? Le terme *sacré,* souvent employé — non pas pour le définir mais pour le nommer simplement — exprime le respect, certes. Mais il n'est guère de respect qui ne s'accompagne, ou qui ne naisse, d'un sentiment de crainte. Le Dieu de la Bible même, capable de faire disparaître des villes comme Sodome ou Gomorrhe, voire de noyer sous un déluge la quasi-totalité des hommes et des animaux peuplant la Terre, n'est-il pas un dieu redoutable? Des deux côtés du verbe « être », chacun des mots « mal » et « sacré » peut presque indifféremment servir de sujet ou d'attribut. D'où une multitude d'impressions, comme celle ressentie par Grange et par Hervouët au sein de la forêt des Ardennes : « Un fantôme obscur, effrayant, du *sacré* resurgissait tout à coup en pleine forêt des profondeurs de la caserne : ils avaient

1. *OC,* p. 16, 42 et 63.

porté la main sur les arcanes. Les conséquences étaient imprévisibles. »[1]

D'autre part, comme il existe pour les croyants d'un grand nombre de religions un lieu qualifié précisément de *consacré,* où, par un privilège, la présence réelle de la divinité se trouve plus particulièrement sensible, la forêt, dans les œuvres de Julien Gracq, semble souvent abriter dans ses profondeurs quelque « saint des saints », demeure de cet ambigu sacré, à la fois redoutable et séduisant comme la plus diabolique des tensions, et dont l'apparence est celle d'un château. Château évidemment resurgi de souvenirs lointains de lectures. Exemple, ce paysage traversé par Simon dans *La Presqu'île* :

L'atmosphère de luxe spacieux, de fête aérée et battante qui baigne même les plus pauvres campagnes aux approches de la côte ne pénétrait pas cette feuillée tapissée de bouses ; mais à mesure qu'il avançait (...), son esseulement abruti prenait pour Simon le charme d'un piège ; c'était presque les fourrés d'épines et les landes plus mornes que d'habitude qui égarent les voyageurs aux lisières mêmes du Château Périlleux[2].

Autre exemple, où la similitude entre le sanctuaire religieux et ce Château Périlleux se trouve soulignée de façon particulièrement précise : la visite d'Albert, dans le *Château d'Argol,* à la « Chapelle des abîmes ». Découverte à l'endroit même où « la forêt de tous côtés l'enserrait comme un manteau étouffant », elle l'emplit tout à coup d'une terreur violente. « De bizarres rapprochements, nous dit le narrateur — soucieux aussitôt de dénoncer les nuances et de réduire au maximum l'étrangeté —, et moins ceux de la ressemblance que ceux à tous égards plus singuliers de l'Analogie », se frayèrent dans son cerveau une route rapide et ineffaçable, « tendant tous à impliquer que cette visite très précisément déroutante n'eût pas été en réalité dirigée vers une chapelle perdue

1. *Un balcon en forêt,* p. 234.
2. *La Presqu'île,* p. 85.

dans la forêt, mais exactement vers quelque château enchanté par la menace des armes louches du Roi pêcheur »[1].

Dans les *Lettrines,* ce n'est plus un personnage de roman qui parle, mais Julien Gracq lui-même. Son langage est rigoureusement identique. A telle page, il se remémore le jour où il s'est arrêté, sur la route de Lacaune à Saint-Pons, pour explorer « le bois le plus étrange qu'il ait jamais vu ». Etrange, en effet, dans la mesure où *toutes* les impressions dont nous avons déjà parlé s'y trouvent comme concentrées : celle de la mort, bien sûr, mais aussi d'une *demeurance* des âges les plus voisins de celui de la Création, avec tout ce qu'ils impliquaient — et impliquent toujours — de présences terrifiantes, mi-réelles, mi-surnaturelles — en admettant que ce dernier adjectif ait pour lui un sens.

Quand on se glisse dans ce sous-bois, écrit-il, à trois mètres à peine de la lisière, l'obscurité est complète, nocturne — une nuit méphitique, immobile, imprégnée d'une odeur submergeante de caveau mortuaire, de champignon et de bois pourri, qui semble reculer dans les âges, et qui parle en nous à une âme très ancienne à la fois des bois de cyprès « titanesques » hantés des goules » d'Edgar Poe, et des futaies écrasantes du carbonifère. Quiconque a traversé ce petit bois — il n'a pas deux cents mètres de large — s'est fait une fois pour toutes une idée des puissances maléfiques de l'Urwald[2].

Les paysages naturels ne sont cependant pas les uniques lieux où se perçoive la présence réelle du mal. Dans l'entretien fictif des *Yeux bien ouverts,* Julien Gracq aborde le thème, ou plus exactement l'image, considérée par lui comme particulièrement importante dans son œuvre, de la *chambre vide.* Vide au moins en apparence, car il précise aussitôt qu'il faut entendre sous cette expression « la pièce habitée familièrement par quelqu'un, où on entre pendant qu'il s'est absenté — opération toujours fortement mar-

1. *OC,* p. 56.
2. *Lettrines,* p. 115.

quée pour moi d'un caractère d'*interdiction,* même s'il s'agit de l'intrusion la plus innocente ». Quelle expérience en effet vit-il alors ? « J'ai toujours l'impression dans ce cas-là que l'être absent *surgit* du rassemblement des objets familiers autour de lui, de l'air confiné qu'il a respiré, de cette espèce de suspens des choses qui se mettent à rêver de lui tout haut. » D'où la croyance à la réalité des *revenants,* dont il ne récuse pas l'évocation dans les romans policiers. D'où surtout cette impression capitale : « Tout geste dans cette pièce vide me semble alors prendre un vague caractère d'envoûtement. »

Ce terme d'*envoûtement* revient une quantité impressionnante de fois à travers tous ses livres. Il lui arrive d'être nimbé d'une auréole de séduction, comme nous ont habitués à le voir les clichés du langage amoureux. Mais la séduction n'est-elle pas l'une des armes les plus courantes dont use le Malin ? En son sens premier, le mot « envoûtement » désigne une opération magique, qui consistait — et consiste peut-être encore — à former une figurine de cire (latin *vultus*) ressemblant plus ou moins à une personne à laquelle on voulait nuire, et à pratiquer sur cette figurine des blessures censées atteindre la personne visée. « Je crois que là-dessus, continue Julien Gracq à propos du mystère de la chambre vide, je m'accorderais assez avec la façon de sentir des bâtisseurs de pyramides. Je comprends fort bien les maléfices qu'ils ont accumulés contre ceux qui pénètrent dans le *réduit central.* »[1]

Essayant de qualifier l'univers qui entoure les personnages, une page d'*Un beau ténébreux* ne parle pas de revenants, mais d'un « monde de fantômes », ce qui n'est peut-être pas foncièrement différent. A l'intérieur de ce monde, un lieu particulier : l'hôtel après le dîner. Son caractère d'envoûtement est présenté de façon absolument littérale :

Toutes portes fermées sur des chambres remplies de pas fébriles, d'un cliquetis de bijoux et d'épingles maniées comme on envoûte, de froissements de traînes, de cet affairement

1. *OC,* p. 853.

77

aiguisé, étouffé, de guet-apens et d'embuscade, où s'accumulent le magnétisme puissant, le léger délire sec et cliquetant, la solennité un peu fatale et grave des plus grands soirs — ces portes derrière lesquelles ressembleraient un instant toutes les femmes surprises seules à autant de maniaques répétant une scène de meurtre devant leur miroir, l'hôtel parut un instant sommeiller...

Ailleurs, dans le même roman, le décor d'un parc étouffé se substitue à celui des chambres, les statues de pierre aux figurines de cire et les jardins de Pompéi aux pyramides d'Egypte — ce qui n'est peut-être pas non plus foncièrement différent, et restitue une nouvelle fois, dans ce que l'on n'ose appeler toute sa pureté, le phénomène de magie noire. « Dans ce parc soudain cerné par le tumulte et le silence, un nuage subit jetait un voile d'ombre, une poussière grise où le soleil se noyait comme une prunelle qui chavire — pétrifiant Irène, la plombait, la changeait en l'une de ces statues de cendre, envoûtées, maléfiques, des jardins pompéiens... »[1]

Par leur plus grande richesse en détails et en références, ces deux passages éclairent peut-être rétrospectivement un épisode antérieur, noté par Gérard presque au début de son Journal. Intrigué par le personnage d'Allan, au sujet duquel il sait encore si peu de choses, il a harcelé Gregory de questions. Ce dernier, avant de partir, lui a laissé une lettre assez volumineuse, s'efforçant en apparence de satisfaire sa curiosité. Mais... « pour témoigner à quel procès — pour aider à quelle enquête obscure ? » L'éclairage soudain lui paraît louche. Une impression sinistre s'empare de lui. Gregory ne parle-t-il pas, lui aussi, de « fantômes » ? Gérard, de son côté, ne prononce point celui de « revenant » ; mais se produit devant ses yeux, à mesure que se prolonge sa lecture, le même phénomène que dans la chambre vide : « l'impression qu'une ombre se meut, invisible et pourtant à l'aise, au milieu d'un attroupement inexplicable d'objets où tout la dénonce ».

1. *OC,* p. 225 et 242.

Le cliquetis des phrases de cet étrange dossier finit par ressembler à son tour à celui d'épingles maniées au cours de quelque pratique de sorcellerie. « Avec cet air, notera-t-il plus tard, qu'a toujours cette lettre de me regarder du coin de l'œil — cette lettre qui m'envoûte. »[1]

Au troisième acte du *Roi pêcheur,* s'adressant à Perceval, Kundry parlera une fois encore de fantômes, afin de dénoncer le malheur qui s'est abattu sur les habitants de Montsalvage. « N'as-tu pas compris, lui dit-elle, que Montsalvage est peuplé de fantômes ? La vie nous a quittés. Amfortas les envoûte. » Comment se peut-il que Perceval ne se soit aperçu de rien ? A partir du moment où l'on peut parler d'un envoûtement littéral, une épingle piquée dans l'œil de la figurine... Le sang qui coule de la plaie d'Amfortas est évidemment beaucoup plus efficace. « Ce sang m'aveuglait, m'envoûtait — cousait mes paupières. »[2]

Cet échange de répliques aussi peut être considéré comme éclairant rétrospectivement telle page d'une œuvre antérieure — en l'occurrence *Au Château d'Argol.* Il y est, en effet, également question de l'envoûtement d'un œil, sans qu'aucune cause précise en soit suggérée. Les conditions extérieures de claustration, de menace, n'en demeurent pas moins, toujours à peu près similaires. L'expérience vécue de la présence du mal ne serait-elle en définitive — c'est bien le cas de la dire — qu'un *trompe-l'œil* ? En d'autres termes, la certitude de cette présence ne nous serait-elle communiquée que par le truchement d'un regard, maléficié dès l'origine par quelque mystérieuse puissance surnaturelle, victime d'un traumatisme désormais aussi inguérissable que la plaie d'Amfortas ou la cécité d'Œdipe ?

La phrase est un peu longue. Relisons-la : elle en vaut la peine. « Le salon entier avec la fin du jour s'emplissait de l'ombre des branches, de leur foisonnement ténébreux,

1. *OC,* p. 133, 143, 180.
2. *OC,* p. 383.

et plongeait avec eux au cœur de la forêt dans un silence qui ne les défendait plus de son étreinte envahissante, et les taches jaunes et brillantes du soleil glissant au travers des vitraux sur les murs paraissaient à l'œil envoûté indiquer non plus l'heure à chaque instant plus avancée du jour, mais au contraire à la façon d'un *niveau* minutieux les oscillations bouleversantes de l'entière masse du château engagé comme un navire en détresse au travers des houles puissantes de la forêt. »[1]

Une impression analogue, dans *Le Rivage des Syrtes,* pèse sur l'Amirauté, au moment où Aldo la découvre, en compagnie du capitaine Marino. « Colosse perclus » — sous l'effet de quelle piqûre d'épingle ? —, « ruine habitée » — comme une *chambre vide* où l'on pénètre par effraction —, « ruine de cyclope »... Le chant paisible d'un coq semble d'abord « apprivoiser dérisoirement » ce lieu victime de quelque sortilège; et il revient aussi étrangement à l'oreille d'Aldo « le très bref et très sec "Voilà !" avec lequel Marino parut clore la visite et rompre l'envoûtement » — de façon tout aussi dérisoire, bien sûr — « en martelant plus fort le talon de sa botte ».

Un autre passage du même roman demande une explication un peu plus détaillée : celui où Aldo se trouve devant la table sur laquelle sont étalées les cartes de la mer des Syrtes. « Je m'asseyais, écrit-il, toujours un peu troublé par cette estrade qui semblait appeler un auditoire » — l'éternelle *chambre vide* —, « mais bientôt enchaîné là comme par un charme ». Certes, dans une interview, Julien Gracq confesse : « la carte est pour moi un objet vraiment magique », et les explications qu'il donne semblent indiquer qu'il s'agit en la circonstance d'une sorte de magie blanche. Mais fixe bientôt l'attention sur la carte de la mer des Syrtes « une ligne pointillée noire : la limite de la zone des patrouilles ». Dans *Lettrines 2,* il commente très précisément ce passage, expliquant qu'il s'agit de la transposition d'une expérience authentiquement vécue

1. *OC,* p. 71.

pendant la deuxième guerre mondiale, alors qu'il habitait Caen, et que cette expérience est très exactement celle d'un *interdit*. « Peut-être, note-t-il — sans fausse modestie —, la ligne des patrouilles qui sabre dans mon roman la carte de la mer des Syrtes est-elle fille de cette ligne de démarcation — moins connue que l'autre, et d'ailleurs peu surveillée — qui verrouilla pour moi pendant deux ans l'accès de la bande côtière. »[1]

Au reste, dans bien d'autres pages du *Rivage des Syrtes* il est question de cartes. L'impression d'envoûtement qui se dégage d'elles est parfois précisée en des termes qui rappellent la confidence des *Yeux bien ouverts,* et renouent une fois de plus avec les traditions de l'Egypte pharaonique. Ces cartes, tout d'abord, sont rassemblées dans une chambre pratiquement vide, si l'on excepte aux murs la présence luisante de leurs panoplies. Au moment où Aldo, après avoir traversé des tunnels dont le « silence était la signification d'une hostilité hautaine », pénètre à l'intérieur de cette chambre : « Comme le cri figé par l'ombre des sculptures de cavernes que libère soudain sous leur glaise de siècles le dégel d'une lampe allumée, les panoplies des cartes luisantes se ranimaient à travers la nuit, y rajustaient par places le réseau d'une fresque magique, aux armes de patience et de sommeil. » Ensuite, à la manière d'une révélation, le langage de ces cartes s'avère comme possédant, au-delà de son symbolisme banalement topographique, un sens caché, à traduire de quelque volonté pour le moins suspecte et sans doute maléfique : « Il me semblait soudain que l'énergie même qui désertait mon esprit dissocié venait recharger ces contours indécis et — me fermant à leur signification banale, — m'ouvrait doucement en même temps à leur envoûtement d'hiéroglyphes, dénouait une à une les résistances conjurées contre une énigmatique injonction »[2].

Le « cri figé par l'ombre des sculptures de cavernes »

1. *Lettrines 2,* p. 6.
2. *OC,* p. 568, 577, 1371, 618.

peut faire penser aux silhouettes d'animaux fléchés, blessés d'épieux et perdant leur sang, dans la grotte du Pech-Merle, dans le Lot; à l'homme percé de flèches et de javelots de la grotte de Cougnac, également dans le Lot. Quant aux Egyptiens, l'un de leurs dieux, nommé Typhon Seth, était particulièrement invoqué par les envoûtements, dont sont parvenues jusqu'à nous quelques formules rituelles. Toutes les peuplades primitives à la surface du globe ont exercé cependant de semblables pratiques, dont certaines fondées sur l'ouïe, et non plus sur la vue. A elles se réfère aussi parfois tel personnage de Julien Gracq, comme Simon dans *La Presqu'île*. Tandis qu'il traverse un village, lui parviennent « le gong lointain d'une casserole heurtée, passant par une porte ouverte, l'épais froissement de roseaux d'une toue invisible, le relâchement mou, étouffé, de la proue plate glissant pour l'accostage sur la vase de la berge, et le bruit final de bois heurté de la gaffe reposée sur les planches ». Interdit, « il écouta encore une minute, envoûté, comme s'il avait prêté l'oreille aux calebasses d'une clairière africaine »[1].

Ces diverses références prouvent à quel point l'impression d'envoûtement revient comme une obsession à travers les différentes œuvres de Julien Gracq. Aucune cependant ne le met en scène avec une telle acuité de sensations, un tel luxe de détails, que *Le Roi Cophetua,* dont l'analyse minutieuse risquerait malheureusement de hernier le développement du présent chapitre, et dont nous ne retiendrons que les signes les plus sensibles.

La première pièce dans laquelle pénètre le narrateur est une *pièce vide,* où « une rigidité mortuaire » saisit le désordre épousseté. Le geste de la femme qui l'introduit — et dont il ne verra pratiquement jamais le visage, ombré sous une luxuriante chevelure de ténèbres — élevant un flambeau à deux bougeoirs, le fait penser à « une ronde de nuit qui s'assure de la présence d'un prison-

---

1. *La Presqu'île,* p. 151.

nier ». Chaque monosyllabe qu'elle prononce ressemble tantôt à un « exorcisme », tantôt à un « aveu ». Le souvenir d'une gravure de Goya lui revient irrésistiblement, *La mala noche,* dans les profondeurs de laquelle on ne sait trop ce qui se passe : « sabbat — enlèvement — infanticide ». La flamme d'une bougie évoque à son regard désœuvré « ce qu'est pour l'oreille qu'elle ensorcelle une mélopée arabe ». Dans une glace, au-dessus d'une crédence, les menus objets de la pièce se reflètent « avec cette même netteté de chambre noire qui envoûte les tableaux des intimistes hollandais ». Tout à coup, enfin un tableau précisément polarise son attention : *le roi Cophetua* amoureux d'une mendiante...

A une table toute proche, depuis des années, travaille Jacques Nueil, mystérieusement absent ce jour-là, en dépit du rendez-vous qu'il a lui-même fixé. Faut-il l'imaginer « gestes et regards noués dans un malaise tendre et oppressant que le tableau condensait et consacrait comme un miroir recharge et envoûte le visage qui s'y reflète » ? Soudain, l'impression d'un *revenant* : « Il me sembla qu'une ombre allait et venait avec moi dans le salon : c'était le début de cet hiver parisien où tant de familles de morts commencèrent à s'asseoir en cercle à la nuit tombée et à joindre les doigts silencieusement autour des tables » ; il me sembla « qu'on disposait étrangement de moi », qu'il m'était impossible de demeurer plus longtemps « dans cette pièce hantée ». Figé dans une solitude de musée, « le tableau faisait toujours sa tache sombre sur le mur, (...) irradiant la pièce comme une figurine transpercée d'épingles ».

Lorsque la servante-maîtresse reparaît, sans nom comme sans visage... « Elle semblait tenir à la ténèbre dont elle était sortie par une attache nourricière qui l'irriguait toute. » Aucun mot, ni aucun moyen de résister. « Depuis que j'étais entré à La Fougeraie, elle m'imposait son rituel sans paroles : elle décidait, elle *savait,* et je la suivais. » Penché sur elle, une fois l'irréparable accompli, « je me sentais entrer dans un tableau, prisonnier de l'image où m'avait peut-être fixé ma place une exigence singulière »[1]...

Après toutes ces références, qui songerait à considérer comme un simple hasard le fait que la minuscule place romaine des Chevaliers de Malte, sur l'Aventin, soit baptisée par Julien Gracq *camera oscura*? Chambre obscure, c'est-à-dire essentiellement *chambre,* aussitôt qualifiée de *vide,* en dépit des monuments qui la bordent. Qu'il s'agisse en effet de sang coulant d'une blessure, de cartes, de gravures, de tableaux, de sculptures, de mélopées ou hiéroglyphes, et même si le véritable auteur du mal perpétré est une « exigence supérieure », l'agent de l'envoûtement n'en demeure pas moins un homme; et les réalisations qu'il considère orgueilleusement — l'orgueil, numéro un des péchés capitaux — comme les chefs-d'œuvre de sa civilisation apparaissent bien souvent comme autant d'instruments de ses pratiques de sorcellerie. Cette placette sans issue, confesse très précisément le visiteur de Rome, « est restée pour moi le lieu de quelque sorcellerie : le nom de Piranèse, qui l'a dessinée, n'est pas pour trop rassurer là-dessus; brusquement on sent ici qu'on a autour de soi non seulement la ville des césars et des papes, mais aussi celle des livres sibyllins, des rites de fondation secrets, de la *jettature* et du mauvais œil, et que sa vie repose peut-être sur une géométrie cryptique aussi mal famée que celle des Pyramides »[2].

... Ainsi, par un bien innocent sortilège, se trouve refermé le cercle ouvert voici quelques dizaines de pages...

1. *La Presqu'île,* p. 200-246.
2. *Autour des sept collines,* p. 142.

84

4

Variations
pour l'étrangère

Le premier personnage féminin qui apparaisse dans l'œuvre de Julien Gracq est évidemment l'héroïne du *Château d'Argol*. Elle se nomme Heide, prénom allemand que le romancier prétend avoir choisi pour son unique sonorité, sans en connaître la signification. Admettons alors que le hasard a bien fait les choses. Avant d'être un prénom, le substantif germanique *Heide* signifie en effet tout simplement la lande. Dans les toutes premières pages du livre, Albert a traversé précisément la lande du haut pays de Storrvan. Dominant cette lande, il a pénétré à l'intérieur du château d'Argol. Et voici qu'en une manière de couronnement a lieu l'apparition. Car il s'agit bien d'une apparition, comme celle de l'archange au sommet du mont Saint-Michel, à cette différence près que Heide ne semble pas descendre du ciel, mais s'élever plutôt de cet environnement, de ce décor, à la façon d'une fleur plus ou moins mystique qui s'épanouit : « En une seconde, Heide peupla la salle, le château et la contrée d'Argol tout entière de sa radieuse et absorbante beauté. » Comme Eve au jardin d'Eden, un lien profond unit donc la femme à la nature, dont elle serait une sorte de cas particulier, mais au sens le plus fort de cette expression : celui de place à part — à la fois immanence et transcendance.

Qui dit « beauté » suppose bien entendu une perception des sens. A la seule exception des étoffes *blanches* dont elle est vêtue, et de ses mains *roses,* aucun détail concret ne nous est cependant fourni dans ce que l'on serait tenté d'appeler une longue description, si tous les mots dont elle se compose, toutes les images n'étaient qu'abstraction. Rien de plastique, encore moins de rationnel en cette splendeur. « Toute idée de proportions ou de lignes, auxquelles on s'est accoutumé à rattacher les notions communes de la beauté, devait être chassée dès qu'on essayait d'apprécier le rayonnement sans égal de ce visage, qui semblait fait pour rendre éclatante aux yeux les moins prévenus la distinction essentielle de la *qualité* et du *degré.* » Dans la mesure où l'on peut parler de perception, ce terme ne saurait traduire en la circonstance qu'une garantie d'authenticité, non un enregistrement de données précises. Quant au sens qui perçoit, il s'agit d'un sens que l'on pourrait qualifier d'intime, presque indépendant de tout organe de transmission, à moins que l'on ne range dans cette catégorie une sorte d'esprit divinatoire. « Cette figure à peine terrestre : nul peintre, nul poète n'eût essayé d'en rendre l'éclat surnaturel sans un intime sentiment de *dérision* — mais, par contre, c'était à certains contours mélodiques rares et profondément ambigus, et particulièrement à certaines phrases presque incantatoires de *Lohengrin* (...) que l'esprit recourait en dernier ressort pour essayer de s'assimiler une beauté devant laquelle dès l'abord capitulait le jugement. »[1]

Le même terme de *beauté,* dans le langage courant, est utilisé indifféremment pour qualifier la perfection physique ou morale, au point de rendre indispensable l'ajout de l'un ou l'autre de ces adjectifs pour préciser à quel domaine on se réfère. Le sentiment religieux le plus naïf considère spontanément que l'éclat des vertus morales — chez les plus grands saints — s'accompagne, de façon presque nécessaire, d'une splendeur épanouie sur le visage : voir la longue tradition concernant la Vierge Marie. Chez Heide, les deux domaines au contraire sem-

1. *OC,* p. 29.

blent s'opposer. Les propos qu'elle tient prouvent une indifférence totale à ce que le narrateur appelle les « préjugés moraux et sociaux les plus uniformément admis » : comprenons qu'il s'agit d'une litote. D'où la double impression, malgré la lumière extraordinaire qui avait accompagné son apparition, d'un lien mystérieux entre sa beauté et un univers où règne la nuit — le second roman aura pour titre *Un beau ténébreux* — et d'une sorte de dichotomie essentielle à sa nature, ou plus exactement d'une sorte de possession, que l'on ose à peine qualifier de diabolique. « Dans les ténèbres de sa beauté comme projetée en dehors d'elle et qui l'environnait comme de voiles palpables, elle s'ensevelissait et renaissait sans cesse avec l'éclat d'une totale nouveauté, passant et repassant un seuil magique interdit aux hommes autant que le rideau à jamais inviolable d'un théâtre, et derrière lequel elle s'approvisionnait d'armes neuves, de poignards et de philtres, et d'impénétrables cuirasses. »[1]

Le second roman, venons-nous de rappeler, aura pour titre *Un beau ténébreux*. Allan, cependant, n'y sera pas le seul personnage à mériter ces deux qualificatifs. Au cours d'un tête-à-tête avec Christel, alors qu'il vient de prendre sa main et de la baiser longuement, avec ferveur, il regardait, nous dit-on, « son visage transfiguré par la lune, suavement flotté sur la nuit, d'une beauté stupéfiante, à retarder le cœur de battre — perdu dans un étonnement douloureux ». Et lorsqu'elle lui déclare qu'elle est à lui, à cette heure même, s'il le désire, il improvise pour toute réponse une fable : « Il y avait une fois un homme qui vendit son âme au diable, et grâce à ses enchantements il gagna en retour le cœur d'une jeune fille. Et maintenant, gagné par la pureté de son amour, il crut que par cet amour il serait sauvé et briserait le piège — mais il comprit combien le diable était plus fort, car maintenant c'était *elle* dans son innocence qui serrait les nœuds du piège... »[2]

1. *OC,* p. 30 et 31.
2. *OC,* p. 231 et 232.

La beauté de Vanessa, dans *Le Rivage des Syrtes,* n'est pas exactement pour Aldo l'objet d'une apparition; d'une sorte de révélation plutôt — ce qui, on en conviendra, ne constitue pas une nuance fondamentale. Révélation, à la faveur de circonstances particulières, d'une réalité jusque-là interdite à la perception et bien difficile à identifier sans risque d'erreur, la seule certitude étant celle de l'alliance intime entre sa puissance de séduction et son caractère inquiétant, comme si cette puissance résultait d'un envoû-tement. On n'ose encore parler ni de transfiguration ni de beauté du diable. Rappelons-nous seulement les lignes déjà partiellement citées : « Elle me paraissait soudain extraordinairement belle — d'une beauté de perdition —, pareille, sous sa chevelure lourde et dans sa dureté chaste et cuirassée, à ces anges cruels et funèbres qui secouent leur épée de feu sur une ville foudroyée. »[1]

« Donner un sens plus pur aux mots de la tribu », disait Mallarmé à propos d'Edgar Poe, comparé à un ange de la Bible. Le langage de Julien Gracq, lecteur passionné d'Edgar Poe, obéit au même impératif. Le mot « charme », devenu presque désuet dans son acception courante, retrouve sous sa plume toute sa valeur de sor-cellerie. Nous l'avons vu à propos des éléments de la nature. Nous le voyons encore à propos de la femme, dans *Un beau ténébreux,* par exemple, lorsque Gérard, s'adressant fictivement à Gregory à telle page de son Journal, l'interroge presque avec angoisse : « Quels secrets te lient à celle que tu as amenée ici, dressés comme une apparition sur la mer au cœur d'un cyclone mysté-rieux, qui la charment? » Car elle aussi est belle, d'une beauté dont l'éclat semble trahir l'appartenance à un autre monde. « Et toi, lui demande tout aussi fictivement Gérard, plus belle que le jour, de cette beauté irréparable et perpétuellement comme vacillante à la cime d'une falaise, (...) quels rivages as-tu quittés pour celui-ci, dont la *présence* va me devenir miraculeuse? (...) quelle lumière

1. *OC,* p. 700.

a-t-il allumée en toi que tu projettes ces ombres géantes, espaces le jour et la nuit au gré de tes apparitions et de tes éclipses, et fasses désormais de ma vie ce rapiècement de lumières et d'ombres... ? »[1]

De façon analogue, l'adverbe « extraordinairement », employé pour suggérer plutôt que pour préciser la beauté de Vanessa, doit être entendu avec toute sa force étymologique et littérale, qu'un trait d'union soulignerait, mettant en valeur le préfixe. Cette beauté, en effet, appartient elle aussi à un monde étranger au nôtre. Les quelques détails qui la reflètent, extrêmement vagues, et tout aussi impossibles à saisir pour un peintre ou un artiste quelconque que dans le cas de Heide, confirment cette appartenance mystérieuse. Exemple, son sourire : « ce sourire d'ange noir qui semblait flotter sur un vertige ». Exemple, son regard : « regard aiguisé de jeune démon », confirmé quelques lignes plus loin par « un clin d'œil énigmatique » — adjectif au sens une nouvelle fois *purifié* — glissé vers Aldo. Exemple, sa voix, qui s'élève tout à coup « bizarrement impersonnelle, une voix de médium ou de somnambule, qui semblait en proie à l'évidence d'un délire calme ». Exemple, sa main, douée d'un pouvoir mystérieux : « « Baigneuse sur la plage », « châtelaine à son rouet », « princesse sur sa tour », c'étaient les termes presque emblématiques qui me venaient à l'esprit quand j'essayai plus tard de me rendre compte du pouvoir de happement redoutable de cette main ensorcelée ».[2]

Bien qu'elle ne soit qu'une femme — ou plus exactement dans la mesure précise où elle est une femme —, Vanessa entretient avec ce qui l'entoure des rapports exceptionnels, radicalement étrangers aux hommes, et qui font d'elle un être, non pas même de nature, mais d'essence différente. « Les choses, à Vanessa, étaient perméables. D'un geste ou d'une inflexion de voix merveilleusement aisée, et pourtant imprévisible, comme s'agrippe

1. *OC,* p. 128 et 129.
2. *OC,* p. 728, 774, 775, 699, 595.

infaillible le mot d'un poète, elle s'en saisissait avec la même violence amoureuse et intimement consentie qu'un chef dont la main magnétise une foule. » Et cependant...

Cependant, il ne s'agit plus cette fois de mots, auxquels redonner un sens plus pur, mais presque d'un lieu commun, auquel restituer toute sa force de vérité première — de première vérité plutôt, c'est-à-dire en définitive de vérité tout court. Rappelons-nous l'aparté du brave personnage de Vincent dans la célèbre *Pastorale des petits santons de Provence* : « Les femmes, c'est tout de même bien difficile à comprendre... » A peine venons-nous de noter que Vanessa entretient avec ce qui l'entoure des rapports exceptionnels, qui font d'elle un être d'essence différente, une méditation d'Aldo nous la fait apparaître comme tellement inséparable de la nature, intimement unie à elle, que l'idée s'impose presque d'une complicité — dont il resterait, bien sûr, à déterminer dans quelle mesure elle en est responsable ou esclave — responsable *et* esclave. « Le dos tourné aux bruits de la ville, elle faisait tomber sur ce jardin, dans sa fixité de statue, la solennité soudaine que prend un paysage sous le regard d'un banni ; elle était l'esprit solitaire de la vallée » (soulignons tout en lisant), « dont les champs de fleurs se colorèrent pour moi d'une teinte soudain plus grave, comme la trame de l'orchestre quand l'entrée pressentie d'un thème majeur y projette son ombre de haute nuée ».

A la fois étrangère par conséquent à la nature, hétérogène par rapport à elle, et dans le même temps unie à elle de façon si intime qu'elle semble appelée à y jouer un rôle déterminant. « Dans le singulier accord de cette silhouette dominatrice avec un lieu privilégié, dans l'impression de présence entre toutes appelée qui se faisait jour, ma conviction se renforçait que la *reine du jardin* venait de prendre possession de son domaine solitaire. » L'expression, cette fois, est expressément soulignée dans le texte, comme une sorte d'invitation à nous rappeler le jardin d'Eden, dont Eve apparaît d'abord effectivement comme la fleur la plus fine, une véritable souveraine — le dernier mot de la Création —, en attendant de s'y révéler comme responsable de mal et de mort, agent du serpent, lui-même créature à part entière en même temps que sujet d'un univers surnaturel, objet de l'aspiration la plus ardente et la plus perfide. « Je ne devais me rendre compte que bien plus tard, continue Aldo, de ce privilège qu'elle avait de se rendre immédiatement inséparable d'un paysage ou d'un objet que sa seule présence semblait ouvrir d'elle-même à la délivrance attendue d'une aspiration intime, réduisait et exaltait en même temps au rôle significatif d'*attribut*. »[1]

Mona, dans *Un balcon en forêt,* va-t-elle nous apparaître véritablement différente ? Le premier jour où il l'aperçoit devant lui, à quelque distance, rien ne capte l'attention de l'aspirant Grange que sa présence. Aucun détail qui la particularise, ou permette d'entrevoir qu'elle puisse jouer, dans un avenir proche ou lointain, un quelconque rôle de premier plan. Enfouie dans une longue pèlerine à capuchon, chaussée de bottes de caoutchouc, pataugeant avec hésitation entre les flaques — anonyme, bien sûr —, elle est perçue d'abord comme une simple écolière en chemin vers sa maison, à moins qu'il ne s'agisse d'une gamine faisant l'école buissonnière. Une quelconque, parmi des centaines ou des milliers d'autres, les traditions seules de l'art romanesque suggérant au lecteur que sa rencontre n'est sans doute ni fortuite ni surtout gratuite. Une sorte de sixième sens avertit néanmoins Grange : « C'est une fille de la pluie, pense-t-il, une fadette, une petite sorcière de la forêt. »

A mesure qu'il s'approche d'elle, il s'aperçoit en effet que sa démarche est le « manège gracieux, captivant » d'une jeune bête au bois ». Les mouvements de son cou, « extraordinairement » juvéniles et vifs, « étaient ceux d'un poulain échappé, mais il y passait par moments un fléchissement câlin qui parlait brusquement de tout autre chose ». (Comment résister à la tentation de souligner ces

1. *OC,* p. 595 et 596.

deux derniers mots?) Tantôt elle s'adonnait à « son sautillement de jeune bohémienne et de dénicheuse de nids » — « et tout à coup elle paraissait extraordinairement seule, *à son affaire* ». Encore, et pour la deuxième fois en quelques lignes, cet adverbe « extra-ordinairement »... « Une petite fille », se répète Grange; mais il le dit maintenant « avec malaise ». Enfin, il arrive à sa hauteur, se rend compte qu'il s'agit en réalité d'une jeune femme. Sous le capuchon qui se lève vers lui, il aperçoit « deux yeux d'un bleu cru, acide et tiède comme le dégel ». Surtout, au fond de ce capuchon, « comme au fond d'une crèche » (...) une paille douce de cheveux blonds ». Qui pourrait ne pas penser aux connotations mystiques de ce mot *crèche*?... « Ce n'est pas une fille de la campagne », se dit alors Grange. Il n'ose cependant l'interroger : « Il avait peur de rompre le charme. »

L'intimité qui s'établira par la suite entre eux ne parviendra à aucun moment à réduire la distance qui les sépare, car elle est celle en vérité qui sépare deux mondes, presque dramatiquement irréductibles l'un à l'autre. Lui lissant parfois les sourcils de son doigt, il se sentira « désarçonné par sa beauté mieux que par un coup de vent, clignant des yeux sous une lumière trop vive ». Son âge même, en admettant qu'elle en ait un, jamais il ne réussira à le connaître. Il le lui demandait parfois, « mais il comprenait que sa question n'avait pas de sens et que la jeunesse ici n'avait pas affaire avec l'âge; c'était plutôt une espèce fabuleuse, comme les licornes ». Certes, il l'avait trouvée dans les bois, mais comme on y trouve un fossile, ou une météorite. « Il y avait un signe sur elle : la mer l'avait flottée jusqu'à lui sur une auge de pierre, il sentait combien précairement elle était prêtée; la vague qui l'avait apportée la reprendrait. »[1]

La mer, en vérité, se situe fort loin des Ardennes; mais non, bien sûr, de l'aspirant Grange ou de Julien Gracq — ce qui revient au même — le souvenir de

1. *Un balcon en forêt,* p. 53, 54, 116, 117.

l'*épée du perron,* dans la légende de la *Quête du Graal.* Un matin de Pentecôte, un serviteur se précipite vers le roi Arthur : il vient de voir, flottant sur l'eau, une énorme pierre portant une épée fichée en son milieu. Epée miraculeuse, réservée au meilleur chevalier du monde, que Galaad seul pourra en conséquence libérer de son support, mais qui, aux présomptueux, infligera de cruelles blessures. Fille des bois par son apparence et sa réalité charnelle, Mona n'*appartient* donc pas à ce monde. Venue d'un mystérieux ailleurs vers lequel elle retournera, disparue, évanouie, elle se révélera capable elle aussi, sans doute, du meilleur comme du pire, du bien ou du mal — si tant est que cette distinction possède une valeur objective. A l'extrême fin de l'aventure, Mona ne sera plus en effet qu'un souvenir, et l'aspirant Grange aura lui aussi reçu une blessure fatale.

Faut-il parler des femmes apparues aux dernières pages de *La Route* ? Tout autant que Mona, elles semblent au premier regard ne faire qu'un avec la nature sauvage au sein de laquelle les voyageurs les rencontrent. Cet environnement, ce milieu, nous dit le narrateur, « leur avait donné peu à peu une espèce d'uniforme ». Au temps de Pâques, elles mordillaient une branche fleurie. « Les bois dans le brouillard de verdure jaune étaient pleins d'appels de coucous, mais c'étaient ces bouches seules tout à coup sur le chemin plein de fondrières et d'eaux neuves qui nous apprenaient que la terre fleurissait. » Leur beauté, qui les faisait un peu ressembler à des filles de paysans, présentait cependant quelque chose d'étrange, de mystérieux, comme « le mépris d'un ordre presque spirituel pour le tout-venant vautré de la glèbe ». Certes, elles offraient leur corps dans le noir, mais comme si elles en étaient « embarrassées », voulant « gauchement rejoindre » sans doute « un reflet » sur les voyageurs « passionnément recueilli de choses plus lointaines — de cela seulement peut-être où la Route les conduisait ». D'où une sorte de tendance irrésistible à les considérer comme « moitié courtisanes, moitié sibylles », « bacchantes inapaisées dont le désir essayait de balbutier une autre langue »[1].

Aucune des femmes qui peuplent l'univers romanesque de Julien Gracq ne ressemble donc à la princesse de Clèves, à la Sanseverina ou à Mme Bovary, en ce sens qu'elles ne sont ni des types sociaux ni des caractères, objets d'analyse. Tout au plus pourraient-elles présenter quelque ressemblance avec telle héroïne balzacienne. Il nous est déjà arrivé de citer une phrase de *Préférences* relative à *Béatrix de Bretagne,* et plus précisément, à l'intérieur de ce roman, à Camille Maupin — Mlle des Touches —, qualifiée, derrière les buissons enchantés, de « cerveau ordonnateur de ces sortilèges ». Sans doute n'est-il pas sans intérêt de préciser maintenant qu'aux yeux de Gracq « le manoir des Touches, isolé par sa légende, dresse la silhouette même du Château Périlleux », et que, même légèrement différente, Camille Maupin, « qui tient encore par plus d'une fibre (...) à ce qu'on pourrait appeler, sans outrepasser le sens d'une expression maintenant célèbre, le côté de Guérande », ne peut manquer d'évoquer en lui le souvenir de Kundry, l'héroïne du *Roi pêcheur,* qui « se fait parfois la messagère du Graal »[2].

Ce terme de *messagère,* en lui-même, a l'air anodin. Associé au Graal, vase contenant le sang du Christ, il l'a déjà beaucoup moins. Il l'a infiniment moins encore, si l'on se rappelle que le mot grec signifiant messager est le mot *angelos,* devenu en latin *angelus,* d'où dérive le français *ange.* Devenu lui aussi terriblement désuet dans le langage amoureux, il retrouve en la circonstance toute la force de sa signification — que l'on n'ose appeler pure, étant donné l'ambiguïté de ces créatures parfois rebelles — mais au moins mystique. A des degrés divers, l'héroïne gracquienne est un ange — ange ou démon, qu'importe!

---

1. *La Presqu'île,* p. 26-31.
2. *OC,* p. 952.

serions-nous d'ailleurs tentés de dire avec Baudelaire — véhicule d'une révélation.

Si l'auteur du *Château d'Argol* se nommait Jules Romains, peut-être oserait-il ici — la paupière légèrement plissée et la lèvre supérieure malicieusement relevée en esprit de facétie normalienne — parodier Tartuffe et nous prévenir : « Ah! pour être ange, elle n'en est pas moins homme. » Homme, au sens d'être humain, cela va de soi — ou plus exactement de plante humaine. Si l'on en croit les théologiens, les anges de la Bible se présentent parfois sous une apparence humaine; mais il ne s'agit de rien d'autre que d'une apparence, Dieu les ayant créés comme de purs esprits. Même si elle possède également un esprit, la femme au contraire est d'abord un être de chair. « Reine du jardin », dit Julien Gracq : elle l'est moins en qualité de souveraine qui se promène dans ses allées qu'en qualité de fleur, la plus belle sans doute, mais douée surtout d'une sorte de tropisme, ou plutôt d'une de ces particularités à peu près impossibles à définir qui lui permettent de capter, afin de les transmettre, des ondes difficilement perceptibles aux sens des autres créatures. « La femme, note le narrateur de *La Route,* tressaille plus vite que l'homme à ce qu'il se passe d'important dans certains souffles qui se lèvent sur la terre. »[1] Cette sorte de don l'apparente aux sorcières, et rend compte d'abord des sortilèges qui lui sont associés.

Dans *Le Rivage des Syrtes,* Aldo avait déjà noté ce don exceptionnel, grâce auquel la femme seule *perçoit* des réalités cachées, s'exerçant uniquement lorsque le spectacle de l'existence quotidienne se trouve bouleversé par quelque mystère. Au retour de son expédition lointaine, une expression jamais vue se lit sur les visages : « On eût dit ces prunelles tendues par l'effort d'une *accommodation* inusitée, braquées sur un point si éloigné de leur champ d'observation normal que, comme dans l'extrême fatigue, il leur prêtait une expression désarmée et inhabituelle

1. *La Presqu'île,* p. 30.

d'absence. » Mais une sélection s'opère d'elle-même parmi ces visages, précisée en une très longue phrase, impossible à résumer, et dont tous les termes méritent d'être pesés soigneusement.

Les femmes surtout, poursuit-il, s'y abandonnaient sans retenue ; à suivre l'étincellement de leurs yeux magnétisés au fil de mon récit, et le ressentiment contre moi qui se lisait dans ceux des hommes, je comprenais qu'il y a dans la femme une réserve plus grande d'émotion et d'effervescence disponible, à laquelle la vie banale n'ouvre pas d'issue et que libèrent les seules révolutions profondes qui changent les cœurs, celles qui pour venir vraiment au monde semblent avoir besoin de baigner longuement dans la chaleur aveugle d'une accouchée : ainsi l'*aura* qui cerne les hautes naissances historiques se lit-elle pour nous d'abord dans les prunelles prédestinées des femmes.

La conclusion dès lors s'impose d'elle-même. Parmi ces femmes, Vanessa joue évidemment un rôle privilégié. Parlant d'elle, il n'emploie pas le terme de « messagère », mais celui de « guide », ce qui revient au même. Dans la Bible, l'ange Raphaël ne se présente-t-il pas à Tobie au moment précis où celui-ci sort de la maison de son père, « en quête d'un bon guide capable de venir avec lui, en Médée » ? « Je comprenais pourquoi maintenant, confesse Aldo, Vanessa m'avait été donnée comme un guide, et pourquoi, une fois entré dans son ombre, la partie claire de mon esprit m'avait été de si peu de prix : elle était du sexe qui pèse de tout son poids sur les portes de l'angoisse, du sexe mystérieusement docile et consentant d'avance à ce qui s'annonce au delà de la catastrophe et de la nuit. »[1]

S'agit-il d'une influence ou d'une simple rencontre ? Bien inutile se révélerait l'enquête nécessaire pour en décider. Chacun, pour l'ordinaire, ne se sent-il pas enclin à goûter d'abord chez autrui ce qui correspond à ses propres façons de penser et de sentir, heureux d'y trouver, sinon une justification, du moins une sorte de garantie — quitte même parfois à s'imaginer découvrir chez lui ce

1. *OC,* p. 807.

qu'on a commencé par y mettre soi-même? Parlant du surréalisme en général, et de Breton en particulier, Julien Gracq ne peut manquer d'évoquer la femme telle qu'elle apparaît dans les œuvres de ces écrivains. Il le fait en employant un langage tout à fait parent de celui que nous venons d'employer. L'un de ses paragraphes essentiels ne se termine-t-il point par une phrase où la femme, dans l'univers des amis de Breton, est qualifiée à la fois d'agent d'une transfiguration et d'intercesseur? Le paragraphe en question se trouve dans le texte de la conférence intitulée *Le Surréalisme et la littérature contemporaine*. « Un des plus beaux titres de gloire du surréalisme, déclare-t-il, est dans cette recréation très belle et très neuve d'un des thèmes majeurs de toutes les littératures (...) : dans cette transfiguration de la conscience et du monde qui reste leur objectif dernier, ils se sont tournés vers la femme comme vers un des plus puissants intercesseurs. »

A propos d'incroyants résolus, de telles expressions pourraient évidemment surprendre, si l'on ne se souvenait une fois de plus du goût de Julien Gracq pour le retour à l'étymologie. En vertu de sa double racine latine, le mot « intercesseur » signifie très exactement : celui qui marche entre deux mondes, entre lesquels il assure la liaison. La notion de « messager » n'est pas loin, celle d' « au-delà » non plus; mais on comprendra qu'il évite ici le mot *ange,* en raison de ses connotations mystiques. Il lui préfère le mot *fée.* « Il y a pour les surréalistes, écrivait-il quelques lignes plus haut, venant de parler d'Eluard, un *au-delà* de la présence féminine qui nous apporte le monde, qui le dénoue pour nous, qui fait vraiment de la femme, au sens plein du terme, une *fée.* » Et de se réjouir du goût de Breton pour les fées de la littérature médiévale, et plus particulièrement des romans arthuriens : « Viviane, Esclarmonde, ou Mélusine, dont les noms reviennent sans cesse sous la plume de Breton, elles détiennent le secret du rythme qui unit l'esprit aux choses et qu'il appelle la royauté du sensible. »[1]

1. *OC,* p. 1019.

Cette conférence fut donnée pour la première fois à l'Université de Lille, lors de la rentrée universitaire de 1949. L'année suivante, à la demande de Marc Eigeldinger qui préparait un recueil d'essais et de témoignages sur André Breton, Julien Gracq rédigeait un article intitulé « Spectre du "Poisson soluble" », repris plus tard dans *Préférences*. Changeant à peine parfois ses expressions, il y brodait avec complaisance sur le même thème. Un mot nouveau cependant apparaissait : celui de *médiatrice*. Chacun sait qu'un esprit rigoureux refuse d'admettre l'existence de véritables synonymes. Les tractations diplomatiques n'en prouvent pas moins à l'évidence qu'un médiateur ne se distingue guère d'un porteur de messages. Variations de vocabulaire par conséquent, plus que sémantiques, comparables dans les arts plastiques à de subtils changements d'angles de vue. « La médiatrice naturelle, est-il cette fois précisé, celle dont la fonction par excellence est de rapprocher les choses de l'homme, de se dissoudre dans ce rapprochement même, *réalisé* (...), c'est bien entendu la femme. »[1]

Jamais toutefois Julien Gracq ne s'est considéré comme un disciple. Si la femme chez lui apparaît bien comme une médiatrice, ce qu'elle rapproche de l'homme est à la fois infiniment plus complexe et mystérieux. Certes, pour lui, les choses existent, dans la contemplation desquelles il se complaît — plus encore peut-être, d'ailleurs, dans ses livres de souvenirs que dans ses œuvres romanesques. La femme, dans une certaine mesure, les rapproche de l'homme, surtout lorsqu'elle se présente à ses yeux comme une sorte d'émanation de la nature. Nombreux sont cependant les cas où sa présence révèle que les choses ne sont pas seules à exister, qu'un autre monde existe aussi, qui doit bien entretenir avec l'homme et avec ces choses un certain nombre de rapports, mais des rapports si peu logiques, si peu naturels, que la première impression qu'il donne est celle d'une étrangeté

1. *OC,* p. 913.

totale, pareille à celle de la nuit. Plus encore que dans la célèbre *Prose* qu'il lui a consacrée, la femme est alors véritablement pour lui l'*Etrangère*.

Au chapitre intitulé « Noël » — ce n'est peut-être pas tout à fait un hasard —, Aldo, dans *Le Rivage des Syrtes,* revient en pensée vers les journées et les nuits de Maremma, dans lesquelles il trouvait une sorte de délectation lugubre, et passées parfois tout entières auprès de Vanessa. Etrange créature qui, en dépit de la solitude où se trouvent comme sertis les deux amants, semble d'abord ne pas se limiter à elle-même. « Je ne me sentais jamais tout à fait seul avec Vanessa. » Etrange créature surtout qui emporte, guide — sans qu'on le lui ait demandé —, conduit dans son sillage vers une Médie inconnue — peut-être sa vraie patrie —, portée par les eaux d'un fleuve auquel il est à craindre que ne ressemble le Styx. « Couché contre elle, il me semblait parfois de mes doigts pendant au bord du lit dans ma fatigue défaite sentir glisser avec nous l'épanchement ininterrompu d'un courant rapide : elle m'emportait comme à Vezzano, elle mettait doucement en mouvement sur les eaux mortes ce palais lourd — ces après-midi de tendresse rapide et fiévreuse passaient comme emportés au fil d'un fleuve, plus silencieux et plus égal de ce qu'on perçoit déjà dans le lointain l'écroulement empanaché et final d'une cataracte. »

A certains instants, sa qualité d'étrangère devient plus sensible encore. Non seulement, pour employer une expression familière, elle échappe, sphinx aussi indéchiffrable que les énigmes qu'il peut poser. L'image se revêt tout à coup d'impudeur. Alors même qu'il vient de pénétrer au plus intime de ce corps, tout se passe comme si lui était soudain révélé qu'il n'avait pénétré qu'au cœur d'une apparence, la forme de Vanessa n'ayant pas plus de réalité que celle des anges de la Bible, à la fois si inquiétante et si impossible à percevoir qu'aucune autre notion ne se présente à l'esprit pour la qualifier que celle de la nuit — la nuit qui règne précisément au-delà du Styx. « Vanessa sous ma main reposait près de moi comme l'accroissement d'une nuit plus lourde et plus close : fermée, plombée, aveugle sous mes paumes, elle était cette nuit où je n'entrais pas » (soulignons mentalement), « un ensevelissement vivace, une ténèbre ardente et plus lointaine, et toute étoilée de sa chevelure, une grande rose noire dénouée et offerte, et pourtant durement serrée sur son cœur lourd »[1].

Plus encore que dans la *Prose pour l'étrangère,* avonsnous écrit — peut-être un peu vite. Certes un poème, fût-il en prose, ne permet pas de développements circonstanciés comme une page de roman ou de souvenirs. Le cumul de ses notations, en revanche, peut produire un effet de persuasion plus pénétrant, surtout lorsque s'y déchaîne la fougue d'une passion dont il est faible de dire qu'elle atteint à un paroxysme. Le même vocabulaire en tout cas se retrouve pour évoquer le véritable univers auquel appartient cette femme anonyme, dont le corps, aussi ardent qu'il se manifeste, n'est rien d'autre qu'un leurre — un leurre néanmoins destiné à suggérer, non à tromper.

Si le poète a succombé à sa séduction, c'est bien entendu d'abord en vertu de la beauté irradiant son visage. Beauté combien étrange, pourtant! « Visage qui brouille les repères du cœur et les saisons de la tendresse » — semblant venu d'ailleurs, de Transbaïkalie peut-être, comme le suggère un autre poème, du recueil *Liberté grande* — « visage en désarroi, plus frais, plus emmêlé, plus trouble que les chantiers bousculés du dégel ». Visage illuminé du « bleu durci de tes yeux de pensionnaire qui saute le mur du couvent » — comme on franchit une frontière, s'évadant de la caverne où l'on était retenu prisonnier. Longs cheveux que l'on peigne, assise sur le lit, « plus ensorcelante qu'une naufragée qui emménage sur la grève » — sorte de déesse née de la mer, ou de « perron » porteur de l'épée redoutable. « Main clandestine » qui s'éveille « comme une poignée de porte »

1. *OC,* p. 696 et 698.

— ouvrant sur quel univers? « Cils fermés », sous lesquels le poète épie « le scintillement revenu de l'étoile étrangère » — étoile de Vénus, ou des mages venus d'Orient pour adorer le Sauveur?...

Une chose est certaine : « Tu changes les signes. » Par la seule vertu de ta présence, le monde cesse d'avoir la signification qu'on lisait en lui, naïvement. A moins que, tout simplement, il ne se mette *à signifier,* que tu ne sois la clé de son véritable langage — la clé en même temps que la porte —, mais une clé dont on ne saurait se servir sans posséder le code secret qui lui est associé. Car tu apparais bien comme un printemps, un printemps « qui me rameute à tes sources » et « m'introduit dans tes énergies, comme la toute-puissance d'un fleuve naît aux épaules de qui nage à contre-courant ». Il n'est, hélas! que « le printemps brouillé de tes eaux troubles ». Dans ce fleuve toutpuissant où l'on nage à contre-courant de la vie ordinaire, il arrive que l'on perde bientôt pied, et voici que « je sombre avec toi dans » une « grande angoisse ». En admettant que tu sois un ange, messager de quelque paradis, cet Eden me paraît soudain si étranger que « je t'aime comme un paradis perdu ».

Poursuivons le style indirect libre... Les signes que tu changes, en dépit des efforts que concentre ta seule présence — ô combien irrécusable —, me demeureront irrémédiablement indéchiffrables. « Ta pureté est sans nom (...) Tu ne seras jamais d'ici. » Un soleil brille peut-être dans le monde auquel tu appartiens; sa lumière ne saurait parvenir jusqu'à moi. En dépit de mes propres efforts d'amour pour te pénétrer, tu demeureras toujours pour moi aussi impénétrable, aussi mystérieuse qu'un univers nocturne, même constellé d'éclairs. « Dans la nuit de mes bras fermés, il y a cette autre nuit qui se soulève vers ses heures légères, et ses astres déjà qui montent sur la mer. » Certes, « à chaque heure, à chaque minute, ta vie alerte ma vie comme une cloche fondue dans le matin qui fait bondir le jour plus clair et traverse le cœur du pressentiment d'une grande fête ». Cependant... « Je marche comme un aveugle » ; « au soleil du plein juillet, je m'avance la face couverte de ton grand pan d'ombre ». Ce que tu me laisses entrevoir n'est rien qu'une « nuit trouvée, comme un ciel de cruelles étoiles ». Il se peut que tu m'aies été envoyée pour me sauver. Savais-tu qu'il en résulterait cette plaie inguérissable ? « Dans la tendresse (...) qui me noue à toi, il y a le flot tiède d'un coup de poignard (...) Je ne te prendrai jamais que sur la bouche de ma blessure. »[1]

> Viens-tu du ciel profond ou sors-tu de l'abîme,
> O Beauté ? ton regard, infernal et divin,
> Verse confusément le bienfait et le crime.

Après avoir lu et médité les pages qui précèdent, peu s'en faut que ne reviennent chanter en nos mémoires ces premiers vers baudelairiens de l' « Hymne à la Beauté » ; et ces autres qui leur répondent vers la fin du poème :

> Que tu viennes du ciel ou de l'enfer, qu'importe (...)
> Si ton œil, ton souris, ton pied, m'ouvrent la porte
> D'un Infini que j'aime et n'ai jamais connu.

La toute dernière strophe, s'adressant à la Beauté — c'est-à-dire à la Femme — la qualifie à la fois d'*Ange,* de *Sirène* et de *fée.* L'ultime séquence de la *Prose pour l'étrangère* déclare : « J'ai marché avec toi sur les sentiers de la sainte montagne (...) souviens-toi du pain et de la nuit partagée — souviens-toi de l'archange qui terrasse le dragon. »

Tous les textes de l'Ancien ou du Nouveau Testament qui font allusion à Satan ou à la damnation parlent de « ténèbres extérieures ». L'insistance de Julien Gracq à qualifier de nuit le surréel, à la fois immanent et transcendant, dont la femme apparaît comme la médiatrice, signifie-t-elle que cet au-delà est l'enfer ? Certains épisodes, certaines expressions employées peuvent à coup sûr le laisser croire. D'une part, cependant, nous avons vu qu'il est peu de nuits gracquiennes que ne mette indirectement en valeur quelque lumière, si équivoque ou inquiétante

---

1. *OC,* p. 1035-1040.

soit-elle. Rappelons-nous d'autre part que la femme repré-sente à ses yeux la plante humaine par excellence. L'ambi-guïté essentielle qui caractérise la nature a donc de grandes chances de se retrouver en cet être privilégié. Tout comme celle d'André Breton, sa conception du monde est en rapport direct avec le sacré ; ce qui ne signi-fie nullement — on s'en doute — qu'il s'agisse d'une quelconque mystique. Afin d'emprunter une image à la langue des mathématiciens, disons que seule compte à ses yeux la valeur absolue ; peu lui importent le plus ou le moins, le signe positif ou négatif.

Rien de plus éclairant peut-être à cet égard que le poème en prose de *Liberté grande* — liberté grande, ici, dans la vision et l'interprétation — intitulé « Transbaïkalie ». La femme aimée du poète n'a pas de nom. Plus exactement, il ne sait plus la nommer que par des noms de « splendides rivières mongoles », chacune correspondant à l'un de ses divers aspects, de ses divers dons. « Nenni, c'est le nom que je lui donne dans ses consolations douces, ses grandes échappées de tendresse comme sous des voiles de cou-vent (...), c'est la petite sœur des nuits innocentes comme des lis, la petite fille des jeux sages, des oreillers blancs comme un matin frais de septembre. » Sagesse, blancheur, fraîcheur, innocence, mais surtout sœur, couvent, lis : est-il vraiment besoin de tendre l'oreille aux harmoniques reli-gieuses ?... « Kéroulèn, ce sont les orages rouges de ses muscles vaincus par la fièvre, c'est sa bouche tordue (...), les grandes vagues vertes où flottent ses jambes houleuses (...) quand je sombre avec elle (...) et ce grand bruit de cloches secouées qui nous accompagne sur la couche des profon-deurs. » Tempête, hideur, chute au fond de l'abîme, glas... Sélenga, « c'est quand elle descend dans mes rêves par les cheminées calmes de décembre ». Au cours de quelle nuit, et pour quelle rédemption ?... Enfer *ou* ciel, infernale *et* divine : beauté qui ne peut en tout cas pas se dire belle comme un rêve de pierre[1].

1. *OC,* p. 272 et 273.

Un autre poème du même recueil brode — si l'on peut dire — sur le même thème. Il a pour titre « Isabelle Elisabeth ». Une seule et unique femme, bien sûr, mais qui est à la fois l'une et l'autre ; presque la même et pourtant différente, comme les deux formes d'un seul nom de baptême — et dont la séduction s'accroît de cette impossibilité à l'identifier, à la définir. Incontestablement réelle : « une encolure choisie, faite pour les nobles harnais du cheval de bataille, ses seins plantés comme des chevilles pour l'escalade d'un bel arbre, la prise qu'ils appelaient de deux mains ouvertes et accueillantes ». Insaisissable cependant : « des yeux compliqués et préhensiles comme la vrille du pois de senteur, des volontés brutales et folâtres comme un coup de mer contre une jetée par le jour du plus beau temps ». Incontestablement réelle, mais aussi étrange — étrangère — qu'un personnage de conte objet de sortilèges. « Par-dessus toute qualité, j'admirais qu'elle pût être à ce point ambiguë — ses mains changent comme le vent, ses pieds lisses se posent par le monde sur je ne sais quel sonore ouragan de tuiles, et, singulière comme ces transmutations à vue qu'un prince charmant d'un haussement de sourcil encourage dans les enlacements de la Belle et de la Bête. »[1]

Pour un certain nombre de détails — dont il nous est déjà arrivé de mentionner quelques-uns —, Vanessa, dans *Le Rivage des Syrtes,* n'est pas loin d'apparaître comme une proche parente de Kéroulèn. Rappelons-nous ce passage où Maremma se voit qualifier de « pente d'Orsenna », « ostension abominable de son sang pourri » et « gargouillement obscène de son dernier râle ». Sans aucune transition : « Comme on évoque son ennemi couché déjà dans le cercueil, écrit Aldo, un envoûtement meurtrier courbait Vanessa sur ce cadavre ». Plus récemment, l'occasion nous était donnée d'entendre le même Aldo parler à son sujet d'une « beauté de perdition », la comparer à des « anges cruels et funèbres », évoquer son « sourire

1. *OC,* p. 277 et 278.

d'ange noir » et son « regard aiguisé de jeune démon ». Essayant ailleurs de résumer en une formule l'influence qu'elle exerce sur lui, les termes employés ne sont pas moins éloquents : « Vanessa desséchait tous mes plaisirs, et m'éveillait à un subtil désenchantement ; elle m'ouvrait des déserts, et ces déserts gagnaient par taches et par plaques comme une lèpre insidieuse. » A la page précédente, elle était déjà qualifiée elle aussi d'*Etrangère* — avec une majuscule — étrangère avec laquelle « ces longues entrevues m'entraînaient dans une dérive sourde et dissolue »[1].

Mona non plus, dans le *Balcon en forêt,* n'est pas sans parenté avec Kéroulèn. Bien que fille de la forêt, sa nature d'étrangère se traduit par un certain nombre de *bizarreries,* « sur lesquelles Grange n'osait l'interroger ». Sous l'effet de quelle crainte, ou de quelle inquiétude ? Euphémisme : « il y avait toujours plus d'un moment où elle l'intimidait ». A telle ou telle minute, « il n'était pas loin de croire qu'elle détenait le secret de certaines pratiques à moitié magiques de la vie sauvage ». Lorsqu'ils dévalent en luge le flanc raide d'une colline, elle s'écrase d'abord doucement contre son dos ; mais voici que soudain il sent sa bouche « refermer sur sa nuque ses dents fraîches ». Roulés quelques instants plus tard dans la neige, « ils luttaient, collés l'un à l'autre (...), et très vite, de nouveau, il sentait les dents de Mona qui cherchaient sa nuque ». Au moment où ils se relevaient, « il pensait à ces guêpes qui savent d'instinct la piqûre qui peut paralyser ». Lui arrivait-il de parler, « il n'aimait pas les mots qui montaient à cette bouche de sibylle enfant, soudain pleine de nuit »[2].

Quant à Penthésilée... Certes, Penthésilée n'est pas un personnage gracquien. La pièce à laquelle son nom sert de titre a été écrite en allemand, au début du XIXe siècle, par Heinrich von Kleist. A la demande de Jean-Louis Barrault — qui ne s'en est finalement même pas servi —, Julien Gracq n'en a réalisé que l'adaptation française.

1. *OC,* p. 625, 700, 728, 774, 598, 597.
2. *Un balcon en forêt,* p. 119-121.

Parce que le thème exerçait sur lui une fascination particulière, Nora Mitrani lui posa la question à l'époque. « J'ai admiré cette pièce, lui répondait-il, peut-être dans la mesure même où ses personnages me restent assez étrangers. » Peut-être..., assez... le sens de la nuance! Dans le même temps, il écrivait d'ailleurs : « A prendre ou à laisser — oui — pour ma part je prends. »[1] Preuve qu'il s'agissait sans doute d'un peu plus que d'une quelconque indifférence — à l'égard au moins de l'héroïne principale. Comment, en tout cas, ne pas être frappé par les manifestations d'une parenté, aussi paradoxale soit-elle, entre ce personnage de la Reine des Amazones et celui de Mona, sur lequel nous venons de nous attarder?

Vers Achille, dont elle tombe éperdument amoureuse, Penthélisée n'est pas venue de la mer, portée sur une auge de pierre. Mais elle descend des cieux, étant fille d'Arès. Divine, par conséquent; et cependant charnelle à un rare degré, comme toutes les amazones, ses sœurs en même temps que ses sujettes, qu'elle qualifie elle-même de « chiennes chaudes », dénonçant leur « fringale de mâles » et leur « rut de meute déchaînée ». Femme miraculeuse, dira d'elle Achille, « moitié Grâce, moitié Furie ». Au moment de sa victoire, vautrée au milieu de ses chiens, « elle déchire le corps d'Achille; elle le dépèce. Avec les dents... ». Insistance du récit de Méroé : « Elle fend, elle ouvre la cuirasse d'Achille, elle découvre sa poitrine blanche, elle y plante ses dents (...) Quand je suis arrivée, le sang lui dégouttait de la bouche et des mains. » Instant d'égarement, peut-être, qu'elle ne parvient pas à croire quand la grande prêtresse lui raconte son comportement, mais qu'elle assume très vite :

Désirer... déchirer... cela rime (...) Il y a tant de femmes pour se pendre au cou de leur ami, et pour lui dire : je t'aime si fort — oh ! si fort ! que je te mangerais. Et à peine ont-elles dit le mot, les folles, qu'elles songent, et se sentent déjà dégoûtées.

1. *OC,* p. 1121 et 975.

Moi, je n'ai pas fait ainsi, bien-aimé ! Quand je me suis pendue à ton cou, c'était pour tenir ma promesse — oui — mot pour mot. Et tu vois — je n'étais pas aussi folle qu'il a semblé[1].

Moitié Furie... Moitié Grâce, pourtant, au double sens du mot. « Une fille comme elle, Hermia !, gémit la première prêtresse. Si douce ! (...) Si pleine de sens, de grâce et de raison ! (...) On l'aurait crue née des rossignols qui chantent autour du temple de Diane. Elle aimait se jucher dans le haut des chênes, emplir de ses chants la nuit tranquille — et le voyageur qui l'entendait de loin sur la route se sentait battre le cœur... Je l'ai vue remettre dans son carquois la flèche qui allait percer le sanglier : rien qu'à voir la brume de la mort passer sur les yeux de la bête, transpercée de pitié, elle serait tombée à genoux ! » Lorsqu'elle découvre Achille, tué de ses propres mains, alors qu'elle n'en conserve pas le souvenir : « Ah !, s'écrie-t-elle, ces roses sanglantes ! Ah ! cette couronne de blessures à son front ! » Prothoé, alors, attendrie : « Et pourtant, c'est l'amour qui l'a couronné. »[2]

Mona, elle aussi, plantait ses dents au cou de l'aspirant Grange. A ce dernier, il faudra longtemps pour comprendre que, si elle possédait sans doute quelques secrets de la vie sauvage — si elle était moitié Furie —, elle était également Grâce ; n'était la crainte d'être accusé de sacrilège, on serait presque tenté de dire : grâce comme un sacrement, dont elle aurait été le signe sensible. Sa prise de conscience a lieu un jour où la terre lui paraît « belle et pure comme après le déluge » — donc lavée de toute faute — où le monde semble « se rendormir après s'être secoué de l'homme d'un tour d'épaules paresseux » — donc débarrassé du responsable de la tache originelle. « Je suis peut-être de *l'autre côté* », songe-t-il alors « avec un frisson de pur bien-être ». *L'autre côté* souligné dans le texte, comme pour attirer l'attention sur la similitude entre cette expression et *l'au-delà*... Ce passage de la frontière, un guide, un interces-

1. *OC,* p. 1072, 1102, 1106, 1108, 1117.
2. *OC,* p. 1108 et 1115.

seur, un envoyé — un ange — le lui a permis : il s'en avise enfin, maintenant qu'il a disparu. « Le souvenir de Mona lui traversa la tête avec le parfum des branches de mai : il commençait à comprendre (...) ce que sans le savoir elle était venue démuseler dans sa vie : ce besoin de faire sauter une à une les amarres, ce sentiment de délestage et de légèreté profonde qui lui faisait bondir le cœur et qui était celui du *lâchez tout.* »[1]

« Grâce comme un sacrement, dont elle aurait été le signe sensible »... Sans aller jusqu'à parler de sacrilège, l'expression est en effet un peu audacieuse, appliquée à Mona. Elle l'est à peine dans l'absolu, si l'on s'en réfère à telle page du *Château d'Argol.* Au cœur de l'avant-dernier chapitre, Albert pénètre dans la chambre que vient de quitter Herminien. Quelques gravures anciennes se trouvent incidemment placées sur une étagère de la bibliothèque. Il se met à les feuilleter d'une main lente et pensive. Rapidement, il s'aperçoit que les plus attachantes réussites de l'art humain « acharné à fixer les expressions d'un visage ravagé par une passion violente et anormale » sont réunies là; « et tout particulièrement les figurations des ardeurs mystiques de la *grâce* inondant un visage de femme, et faisant ruisseler un court instant à sa surface de secrètes splendeurs soudain libérées du grain lourd de la peau comme une essence volatile »[2]. Le mot « grâce » est souligné dans le texte. Il faudrait presque souligner également l'article indéfini — ou substituer une majuscule à la minuscule initiale du mot « femme »...

Par quantité de détails, *Le Roi Cophétua* apparaît comme une véritable séance d'envoûtement. Mais le rôle secret de la mystérieuse servante-maîtresse dans cette séance? Tandis qu'il regarde, songeur, « dormir la gisante énigmatique », le narrateur laisse son imagination tenter de deviner son rôle essentiel. Nueil, l'absent, qui lui a laissé la place, en quelque sorte, « peut-être ne cherchait-il

---

1. *Un balcon en forêt,* p. 210-212.
2. *OC,* p. 83.

qu'à ressusciter pour lui à travers les autres un enchantement perdu : l'éblouissement de la beauté qui lui avait été livrée à l'improviste sous un tablier dans sa maison ». Quant à elle, sorte d'*ange* privé de mémoire sitôt qu'incarné, et condamné au dur effort d'une sorte de réminiscence, « peut-être de son côté y cherchait-elle chaque fois la vérification neuve de ce qu'elle avait dû éprouver alors magiquement comme un pouvoir ».

Ange : elle l'est, bien sûr, en vertu de sa beauté éblouissante. Mais elle l'est surtout, beaucoup plus simplement, en sa qualité de femme. « Le sommeil d'une femme qu'on regarde intensément conjure autour d'elle une innocence, une sécurité presque démente. » A mesure qu'il songe, l'évidence en lui s'installe : comme Raphaël pour Tobie, elle lui a été donnée pour guide. « Je commençais à marcher sur une route qu'elle m'avait ouverte, et dont je ne savais trop encore où elle me conduirait. » Dans l'univers des ombres ? Peut-être. Le nom de Raphaël ne se présente pas à son esprit, mais plutôt celui d'Orphée. « Je songeais qu'on pouvait suivre Orphée très loin, dans le sombre royaume, tant qu'il ne se retournait pas. Elle ne se retournait jamais. Je l'avais suivie. Encore maintenant je la suivais presque, protégé de tout faux pas tant que je mettais les miens dans les siens l'un après l'autre — étrangement pris en charge, étrangement charmé. » Mais les Enfers d'Orphée contiennent aussi les Champs Elysées, plus ou moins équivalents de notre paradis. « Le silence qu'elle avait gardé tout au long de cette soirée y projetait après coup une pureté préservée, un sortilège puissant. »[1]

Souvenons-nous encore, dans le *Château d'Argol,* de la scène extraordinaire du bain, qui se présente très exactement comme la scène d'une transfiguration. Au moment où Heide paraît, « dans sa radieuse nudité », le soleil l'illumine de tous ses feux. « Dans le paysage miroitant que composaient ces longs reflets mouillés, dans l'*horizontalité*

1. *La Presqu'île,* p. 247-249.

toute-puissante de ces bancs de brume, de ces vagues plates et lisses, de ces rayons glissants du soleil, elle surprit l'œil tout à coup par le miracle de sa verticalité. » La nudité physique est évidemment — et paradoxalement — symbole de l'essence. Quant aux deux mots soulignés, peuvent-ils viser à autre chose qu'à suggérer la transcendance? Transcendance ordinairement et jusque-là cachée, mais devenue tout à coup sensible, évidente, sous l'effet d'une opération dont aucun phénomène naturel ne saurait rendre compte, pas plus que les lois de la nature ne sauraient expliquer qu'un être humain foulât de ses pieds l'élément liquide sans y sombrer. « *Il semblait qu'elle marchât sur les eaux.* » Contrairement à ce que laissent entendre certains commentaires — répétons-le —, cette phrase, elle aussi soulignée — et dans un tel contexte — renvoie plus sûrement à l'épisode célèbre de l'Evangile qu'au poème « Beams » des *Romances sans paroles.*

« En face d'Herminien et d'Albert, (...) elle se découpa juste sur le disque du soleil levant. » Comme se découpe sur le disque de la Lune le personnage du *Soulier de satin...* « Elle éleva ses bras, et soutint sans effort le ciel de ses mains comme une vivante cariatide. » Qui peut soutenir le ciel de ses mains, s'il n'est un être surnaturel — et ne ressemble, encore une fois, à Celui qui marcha sur les eaux?... « Il semblait que le flux de cette grâce prenante et inconnue ne pût se prolonger un instant de plus sans rompre les vaisseaux du cœur à son rythme étouffant. » La substitution du mot *grâce* au mot « beauté » ne saurait évidemment se justifier par une simple préoccupation stylistique... Alors, brusquement, la transfiguration cesse.

« Saisis » eux aussi « d'une grande crainte », à la vue de Jésus dont le visage était devenu « brillant comme le soleil, et ses vêtements blancs comme la lumière », Pierre, Jacques et Jean, si nous en croyons le récit de saint Matthieu, étaient tombés le visage contre terre. Quand ils relevèrent les yeux, « ils ne virent plus que Jésus »[1]. Sem-

1. Matthieu, XVII, 6-8.

blablement, aux yeux d'Herminien et d'Albert, Heide vient de se révéler comme appartenant à un autre monde, lorsque soudain... « Elle rejeta la tête en arrière, et ses épaules se haussèrent d'un mouvement frêle et doux, et le froid de l'écume qui vola sur sa poitrine et son ventre fit bondir en elle une volupté si insoutenable que ses lèvres se replièrent sur ses dents — et à la surprise des spectateurs jaillirent à l'instant de cette silhouette exaltante les mouvements désordonnés et fragiles d'une femme. »[1]

De l'aveu même de Julien Gracq, *Au Château d'Argol* doit être lu comme une version démoniaque du Parsifal de Wagner. *Le Roi pêcheur* lui est relativement plus fidèle. Faut-il en conclure à une inversion dans l'ordre de préséance des deux natures qui habitent leurs héroïnes respectives, Heide et Kundry ? Question qui risque fort de se révéler bientôt purement rhétorique.

Une loi profonde régissait Wagner : celle qui impérativement unit et sonde les contraires, en particulier le pôle charnel, diabolique de l'existence et son pôle surnaturel. Ainsi était-il tout naturellement conduit à concevoir son personnage de Kundry comme marqué à la fois par une impureté abyssale et une vertigineuse sainteté : Hérodiade et Marie-Madeleine, selon la formule qui en a été suggérée. Une telle conception n'était pas de nature à hérisser Julien Gracq *a priori*. Ces deux pôles du personnage de Kundry, il les a tout naturellement conservés ; mais quel déséquilibre dans leur mise en œuvre ! Certes, sa luxure demeure la cause de la blessure d'Amfortas et de tout ce qu'elle entraîne. Mais, d'une part, elle ne donne lieu dans la pièce qu'au rappel de son souvenir — quelques répliques. D'autre part, cette luxure ne nous est nullement présentée comme inhérente à sa nature, mais bien comme le fait du magicien Clingsor, qui lui a imposé ses sortilèges. Enfin, dès le premier acte, lorsque ce magicien entend les lui imposer une fois de plus, il se heurte à un *non* catégorique, assorti de ce commentaire : « Les gens comme toi,

1. *OC,* p. 45.

111

on les paie et on se lave les mains, on se décrasse la mémoire de leur voix et de leur visage, comme les prostituées, comme les avorteuses, comme tout ce qui salit à voix basse, à gestes hideux et rapides, dans les coins noirs. »

« On se lave » : l'expression ne peut manquer de faire penser au baptême. Kundry effectivement reçoit le baptême dans l'opéra wagnérien. En raison de son caractère extrêmement équivoque, sans doute, Julien Gracq n'a pas conservé cette cérémonie sacramentelle. Tout au long du *Roi pêcheur,* en revanche, Kundry ne cesse, par ses paroles et son comportement, de prouver la profondeur de ce qu'il n'y a pas lieu d'hésiter à appeler sa conversion : tout entière désormais tournée vers la Pureté, le Pur, qu'il soit simple messager comme Perceval, ou le Christ lui-même, dont le sang a été recueilli au fond du Graal. Elle sait ce qu'il en coûte de voir le Graal, surtout lorsque l'on en est indigne. « Je sais que lorsqu'il brillera ici, je n'y vivrai plus. Mais même à ce prix (...) je le désire! (...) Qu'il brûle la terre comme une lave — qu'il lave les cœurs comme un ruisseau de feu! et même si le monde en gémit d'épouvante, même si c'est pour quelques-uns seulement — même si c'est pour un seul — qu'une fois au moins les voiles tombent, la bouche se désaltère, le rêve se fasse pain solide, et que le cœur soit rassasié! »[1] Qui donc disait, parlant de son corps : « quiconque mange de ce pain, n'aura plus jamais faim »?...

Au cours d'un entretien avec Jean Carrière, en 1986, Julien Gracq déclarait : « Dépourvu que je suis de croyances religieuses — je reste, par une inconséquence que je m'explique mal, extrêmement sensibilisé à toutes les formes que peut revêtir le sacré, et *Parsifal,* par exemple, a pris pour moi sans qu'il y ait déperdition de tension affective — au contraire — la relève d'une

1. *OC,* p. 341 et 379.

croyance et d'une pratique qui se desséchait sur pied. »[1] Prononçant ces paroles, avait-il encore présente à l'esprit la dernière phrase de son *Avant-propos* au *Roi pêcheur* : « Si peu d'intérêt qu'en définitive cela représente, je tiens tout de même à dire que c'est Kundry qui porte mes couleurs »[2]? Si oui, on comprend vraiment mieux qu'il ait du mal à s'expliquer l'inconséquence de son incroyance...

1. Jean Carrière, *Julien Gracq, qui êtes-vous ?,* Lyon, Ed. de la Manufacture, 1986, p. 124.
2. *OC,* p. 333.

5

Les instances secrètes
de la vie

Ancien élève d'Alain, reçu à l'Ecole normale supérieure en 1930, Louis Poirier décide immédiatement et sans hésitation de se spécialiser en géographie. Le goût de l'histoire ne naîtra chez lui qu'un peu plus tard, et il l'attribuera... à la lecture de Jules Verne. De toute façon, à l'époque, histoire et géographie étaient obligatoirement unies en un seul concours d'agrégation, auquel il se présenta avec succès en 1934. Son service militaire achevé, il commença donc à enseigner conjointement les deux disciplines dès 1935, et ne cessa pratiquement point cet apostolat jusqu'à l'année de sa retraite, en 1970. Est-ce à dire que l'histoire n'a point de secrets pour lui ? Disons au moins que ses secrets lui sont sans doute plus aisément perceptibles qu'à d'autres — encore que cette perception soit en la circonstance aussi celle de sa sensibilité plutôt que de sa connaissance intellectuelle. Telle phrase d'*En lisant, en écrivant,* contient cet aveu dépouillé d'artifice : « Il y a dans l'Histoire un sortilège embusqué. » A savoir ? « Un élément qui, presque mêlé à une masse considérable d'excipient inerte, a la vertu de griser. »

Conviendrait-il de dénoncer ce sortilège comme l'origine, pour Julien Gracq, sinon tout à fait de sa vocation générale d'écrivain, au moins de certains de ses livres, et surtout, selon toute vraisemblance, du fait que sa première inspiration fut d'ordre romanesque ? Immédiatement après la phrase que nous venons de citer, il répond presque à cette question. L'élément de l'Histoire qui a la vertu de griser, « les tableaux et les récits du passé en recèlent une teneur extrêmement inégale, et, tout comme on concentre certains minerais, il n'est pas interdit à la fiction de parvenir à l'augmenter ». Mieux encore, quatre pages plus loin, et comme pour prévenir toute méprise : « Puisqu'on parle (avec raison), écrit-il, d'influences qui s'exercent sur les écrivains — on a écrit là-dessus sur moi comme sur les autres — je propose celle-là ; il arrive qu'en cette matière la seule chose qu'on ne voie pas est celle qui crève les yeux. Il y a dans l'Histoire un poète puissant et multiforme, et la plupart du temps un poète noir, qui à chaque époque prend pour l'écrivain un visage neuf, mais qu'aucune majuscule ne désigne, afin d'alerter le critique en mal de sources : il faut savoir le détecter parmi, et au-dessus de tant de souvenirs de lecture actifs, qui n'ont eu parfois pour lui qu'une saison. »[1]

Rien de plus malicieux cependant qu'un sortilège, rien de plus trompeur, puisque ceux contre lesquels il a été conçu s'en retrouvent inévitablement victimes. Même avertis par l'intéressé, les critiques ont intérêt à demeurer extrêmement vigilants ; et puisque Gracq lui-même parle de majuscule, prenons garde à celle que possède ou ne possède pas le mot *histoire*. « Un roman, disait Jean Dutourd, est une bonne histoire que je me raconte, et que je ne connaissais pas encore. » Tout humour mis à part, un roman est en effet d'abord une histoire, c'est-à-dire qu'il a partie intimement liée avec le temps ; mais ce temps est-il bien le même que celui dont s'occupent les historiens ? Simple question de concentration, suggère encore Julien Gracq. A la lumière d'une analyse quelque peu attentive, la différence pourrait bien se révéler légèrement plus considérable.

Pour l'essentiel, l'historien s'efforce de ressusciter le passé, éclairant, autant que faire se peut, les éléments qui en

1. *En lisant, en écrivant,* p. 216, 217 et 221.

paraissent les plus obscurs. Certes, la relativité joue aussi dans cette perspective. Toute époque, pour celle qui la précédait, était un futur ; et de l'une à l'autre, les années, les jours, les heures s'écoulaient. Mais cet écoulement n'intéresse l'historien que de façon intellectuelle — théorique, ou même abstraite, si l'on peut dire — dans la mesure où ces anciens passé, présent et futur se trouvent désormais étalés devant lui, sur le même plan, comme sur sa table de travail. Tout élément de sensibilité, qu'il s'agisse de nostalgie, de pressentiment, d'appréhension, d'espoir, a disparu. A moins de s'attacher à faire *revivre* un personnage historique, voire une époque ; auquel cas le travail, tout à fait différent, devient pratiquement celui d'un romancier, dont on sait, depuis Proust, ce qu'il faut entendre lorsqu'il parle de quête à la recherche du temps perdu. La formule employée par Julien Gracq, de « sortilège embusqué » au sein de l'Histoire, doit se comprendre sous un tel éclairage. Embusqué ne signifie-t-il pas caché ? Caché aux yeux de l'historien, dont l'objectivité nécessaire implique une totale insensibilité. Le romancier seul, l'écrivain peut le débusquer, qui ne s'intéresse qu'aux vibrations de la vie, aux délices et aux effrois nés de ce fleuve dans lequel, en dépit des apparences, on ne se baigne jamais deux fois.

Première conséquence : l'attitude de Gracq à l'égard du passé, volontairement dépouillé de l'auréole que lui confère l'éloignement. Attitude originale, il faut bien le reconnaître, de la part d'un spécialiste d'histoire. En tant que tel, le passé, proche ou lointain, non seulement n'exerce sur lui aucun prestige particulier, mais va même souvent jusqu'à l'irriter. Rappelons-nous les pages fracassantes d'*Autour des sept collines*. La Rome qui subjugue tant de touristes béats n'est rien d'autre à ses yeux qu'une « machine à remonter le temps » ; une machine qui le hérisse. Le passé n'y apparaît présent que sous la forme de sculptures ou de monuments, c'est-à-dire d'objets totalement dépouillés de vie. Plus lui plaît — non son petit Liré — mais la Bretagne (ou la ville de Naples) que le mont Palatin, parce que ni l'une ni l'autre n'offre de monuments à visiter[1]. Un sortilège est bien embusqué à l'intérieur de ces vestiges, mais un sortilège correspondant à une sorte de magie noire, dans la mesure où ils ressemblent à s'y méprendre à des sortes de monuments funéraires. Le sortilège exaltant, qui le fait vibrer, est celui de la vie, qui s'épanouit — nous l'avons vu — dans les espaces urbains protégés où la nature continue à respirer, et à l'intérieur desquels la « plante humaine » que nous sommes peut se sentir dans son vrai domaine.

Un jour, devenu adulte, il semble partir lui aussi à la recherche du temps perdu, évoquant plus que complaisamment *la* promenade par excellence de ses jeunes années, en barque, sur la rivière de l'Evre ; une promenade, en outre, qui lui permet de découvrir des paysages lourds d'une histoire plus ou moins mystérieuse. Rien à voir cependant avec la démarche proustienne. Qui dit passé dit désormais absence, vide, mort ; et, selon la formule célèbre, Julien Gracq estime qu'il convient de laisser les morts enterrer leurs morts. A quelques nuances près, c'est le langage même de Christel, au début du *Beau ténébreux,* priée par Gérard d'évoquer ses souvenirs d'enfant : « Que le temps perdu soit au moins perdu. Que ce qui fut vide au moins ne puisse en aucun cas être tourné à profit. » Seule, de son propre aveu, la hante « l'obsession des mille possibles, de la vie enchanteresse et libre défendue par un sortilège »[2].

Prononçant ces mots, Christel sent l'animer — ce sont ses propres termes — « une espèce de rage ». L'ancien petit vagabond des bords du ruisseau nantais est évidemment plus calme. Sa sérénité ne l'en conduit pas moins à des affirmations du même ordre, pour ne pas dire de même nature. « Ce n'est pas une trace fabuleuse que je viens chercher dans ces landes sans mémoire, écrit-il, c'est la vie plutôt sur ces friches sans âge et sans chemin qui largue ses repères et son ancrage et qui devient elle-même une légende anonyme et embrumée. » Certes, cette promenade a été pour lui, à sa

1. *Autour des sept collines,* p. 20.
2. *OC,* p. 110 et 112.

manière, une sorte de « voyage initiatique ». En dépit cependant de l'étymologie, ce n'est pas le « début » qui conserve pour lui un charme, mais la suite — laquelle n'est rien d'autre que la vie. « La puissance d'envoûtement des excursions magiques, comme l'a été pour moi celle de l'Evre, tire sa force de ce qu'elles sont toutes à leur manière des "chemins de la vie". » Rien par conséquent du prestige que confère l'éloignement dans le temps. « Le présent et l'imparfait, inextricablement, se mêlent dans le défilé d'images de cette excursion que j'ai faite vingt fois, que rien ne m'interdirait encore aujourd'hui de refaire. » Sorte de « journée en dehors des jours »[1].

Combien d'autres pages à travers l'œuvre s'inspirent de la même expérience : celle du passé, sinon confondu, du moins étroitement lié à l'idée de la mort. L'animation d'une ville, dont les derniers échos se sont tus à la tombée du jour, une représentation théâtrale, une fois le rideau baissé et la salle vidée de ses spectateurs, une plage déser-tée par ses estivants, lorsque l'été se termine : autant de sources de souvenirs, mais également autant d'images d'une vie disparue, comme une collection de portraits d'ancêtres ou de photos de ruines à l'intérieur d'un album de famille. Presque tout le prologue d'*Un beau ténébreux* constitue une variation sur ce thème : « J'évoque, dans ces journées glissantes, fuyantes, de l'arrière-automne, avec une prédilection particulière les avenues de cette petite plage, dans le déclin de la saison soudain singulière-ment envahies par le silence (...) tout ce qui, d'être sou-dain laissé à son vacant tête-à-tête avec la mer, faute de frivolités trop rassurantes, va reprendre invinciblement son rang plus relevé de fantôme en plein jour. » Quelques lignes plus loin : « Le bleu usé, lessivé, des volets clos sur des fenêtres aveugles recule soudain incroyablement dans le temps le reflux de vie responsable de cette décrépi-tude. » Et presque en guise de conclusion : « Des rues une nuit vides, un théâtre qu'on rouvre, une plage pour

1. *Les Eaux étroites,* p. 68, 74 et 72.

une saison abandonnée à la mer tissent d'aussi efficaces complots de silence, de bois et de pierre que cinq mille ans, et les secrets de l'Egypte, pour déchaîner les sortilèges autour d'une tombe ouverte. »[1]

Il est cependant deux façons au moins d'envisager la mort. Certains êtres, certaines civilisations, certains objets même ont vécu, dont nous constatons aujourd'hui que la vie s'est retirée. Mais nous-mêmes, qui avons vécu telles années, telles heures, telles minutes, et qui continuons à vivre au moment où nous rappelons le souvenir, l'expérience des autres, que l'on appelle quelquefois la sienne, nous enseigne que nous sommes également destinés à mourir un jour, la vie ayant cessé de nous animer. Paradoxalement, si l'on veut, l'évocation du souvenir, en tant que rappel d'un aspect de la vie qui n'existe déjà plus, est la façon la plus douloureuse de prendre conscience de cette destinée. L'évolution, aime à dire un humoriste noir, n'est rien d'autre qu'un processus naturel, conduisant inéluctablement du berceau à la tombe. Dans l'organisme de l'enfant qui naît — à plus forte raison, dans l'exaltation turbulente de ses jeunes années —, la mort se trouve déjà inscrite. Quel adulte ne connaît le serrement de cœur qui accompagne la célébration de chacun de ses anniversaires ?

Le soir de Noël, Aldo, dans *Le Rivage des Syrtes,* décide d'assister à la cérémonie religieuse en l'église de Saint-Damase. Une première voix frappe ses oreilles : celle de la foule chantant un étrange cantique de circonstance, inspiré par l'anniversaire de la naissance du Christ. Quelques vers seulement nous en sont donnés, mais dont le sens est suffisamment éloquent :

> Il vient dans l'ombre profonde,
> Celui dont mes yeux ont soif.
> Et sa mort est la promesse (...)
> O Rançon épouvantable,
> O Signe de ma terreur,
> Le ventre est pareil à la tombe.

1. *OC,* p. 99 et 100.

Un peu plus tard, le prédicateur monte en chaire pour prononcer son sermon ; un sermon particulièrement lugubre, au milieu duquel une phrase se détache, malgré son allure trompeuse de parenthèse : « Il est vrai que la naissance aussi apporte la mort, et le présage de la mort. »[1]

Un autre chapitre du *Rivages des Syrtes* contient presque des variations sur ce même thème — on pourrait aller jusqu'à dire sur ce même lieu commun ou cette même image. Dans une conversation avec Aldo, le vieux Danielo s'efforce de lui faire part de son expérience. La catastrophe qui viendra sûrement existe déjà à l'état virtuel. Le prouvent un certain nombre de faits irrécusables, qui constituent comme autant de signes, de signes sensibles, pour employer une expression à laquelle il convient de redonner la force de son sens littéral. « Cela s'annonce de très loin (...) par des espèces de clignements rapides, encore à peine plus clairs, comme dans une fin de journée d'été les premiers éclairs de chaleur. » Aldo feint-il de ne pas comprendre ? Ce qu'a la ville ? « Un destin, dit Danielo en détournant la tête, comme un médecin laisse échapper le diagnostic qui condamne. N'as-tu pas remarqué les Signes ? » Et le médecin en question parle bientôt comme un gynécologue qui vient de diagnostiquer une grossesse, c'est-à-dire une naissance future assimilée à une mort à venir : « Cette chose endormie, dit-il, dont la Ville était enceinte, et qui faisait dans le ventre un terrible creux de futur. »[2]

Il ne s'agit là — si l'on ose dire — que d'un roman. *Les Eaux étroites* constituent un récit autobiographique, c'est-à-dire un récit où *Je* n'est pas un autre — à moins de considérer comme un autre l'enfant que l'on a depuis longtemps cessé d'être, et dont on s'efforce de rappeler un souvenir précis. De quel ordre ? La première phrase nous le définit : souvenir d'un voyage — aller seul. « Pour-

1. *OC*, p. 709 et 710.
2. *OC*, p. 828-832.

quoi, écrit Julien Gracq, le sentiment s'est-il ancré en moi de bonne heure que, si le voyage seul — le voyage sans idée de retour — ouvre pour nous les portes (...), un sortilège plus caché, qui s'apparente au maniement de la baguette de sourcier, se lie à la promenade entre toutes préférée ? » La forme interrogative est-elle ici vraiment sincère ? Peut-il échapper à celui qui écrit ces lignes que le voyage sans idée de retour est très exactement une image de la vie ? Non, bien sûr ; et les deux dernières phrases du livre, cette fois, nous laissent sur un aveu qui peut difficilement ne pas nous émouvoir. Les prestiges matériels prêtés à l'Evre, « peut-être les trouverais-je encore intacts au long de cette promenade rétrospective que j'envisage quelquefois. Mais tout ce qui a la couleur du songe est, de nature, prophétique et tourné vers l'avenir, et les charmes qui autrefois m'ouvraient les routes n'auraient plus ni vertu, ni vigueur : aucune de ces images aujourd'hui ne m'assignerait plus nulle part, et tous les rendez-vous que pourrait me donner encore l'Evre, il n'est plus de temps maintenant pour moi de les tenir »[1].

En dépit des analogies, un souvenir n'est jamais une photographie. En mesurer l'objectivité s'avère une tâche infiniment délicate, pour ne pas dire pratiquement impossible, dans la mesure où il ne peut s'agir que d'une perspective. Même quand l'idée de la mort ne s'y profile pas de façon rigoureusement explicite, le temps écoulé depuis le moment que l'on croit revivre modifie presque inévitablement sa nuance, à la manière d'un sortilège à peine embusqué. Seule compte en définitive l'impression que l'on en conserve ; et cette impression s'avère fréquemment dans l'œuvre gracquienne comme celle d'un pressentiment, d'une prémonition de la catastrophe finale. « Quand je reviens en pensée sur ces journées unies et monotones, écrit un jour Aldo dans *Le Rivage des Syrtes,* et pourtant pleines d'une attente et d'un éveil, pareilles à l'alanguissement nauséeux d'une femme grosse » — c'est

1. *Les Eaux étroites,* p. 9, 74 et 75.

du moins ce qui lui semble aujourd'hui — « ces après-midi de tendresse rapide et fiévreuse passaient comme emportés au fil d'un fleuve, plus silencieux et plus égal de ce qu'on perçoit déjà dans le lointain l'écroulement empanaché et final d'une cataracte »[1].

Disserter sur les lieux communs n'est-il pas encore un lieu commun? Mieux vaut donc nous en dispenser. Que mille autres s'en soient déjà servis avant lui, une image ne saurait être usée pour Julien Gracq. Comment penser arriver trop tard pour la faire sienne, aussi longtemps qu'elle correspond à une authentique expérience? D'où la récurrence, à travers toute son œuvre, de celle de l'eau qui coule inexorablement, à laquelle s'ajoute celle du sable qui s'égrène, l'un et l'autre étant en quelque sorte perçus comme des signes sensibles de la mort, à laquelle l'être humain se trouve condamné dès, et en vertu même de sa naissance. Allan et ses amis, dans *Un beau ténébreux,* se trouvent un jour réunis à une table, toute proche d'une baie. « Un long moment, nous dit le narrateur, ils restèrent silencieux, semblant écouter fuir les secondes, ce temps soudain plus irréparable, ces dernières minutes qui glissent plus vite, comme le sable au fond du sablier. » Au second chapitre, du *Château d'Argol,* déjà, Albert découvrait par hasard les restes d'un cimetière abandonné. Des croix de pierres massives émergeaient du sol, sans ordre apparent. Aucune inscription n'y était plus lisible, « et l'agent de cette impitoyable et deux fois sacrilège destruction était révélé par le sifflement incessant des grains de sable dont le vent, seconde après seconde, et avec un acharnement atroce, projetait la fine poussière sur le granit. Il paraissait couler de *Sa* paume inépuisable, c'était le sablier horrible du Temps »[2].

Aussi bien tout l'effort de Gracq, lorsqu'il rappelle un souvenir, se développe-t-il dans le sens d'une élimination de la perspective, de la restitution intégrale d'un présent,

1. *OC,* p. 696.
2. *OC,* p. 237 et 26.

suspendu en quelque sorte; ce qu'il appelle, en empruntant le mot à André Breton, un *ressouvenir*. Aux toutes premières pages d'*Un beau ténébreux,* Gérard vient d'avoir avec Christel une fort singulière conversation. « Je sens déjà combien, note-t-il dans son Journal, je serai inhabile à en rendre la couleur — l'ambiance nocturne et lunaire dans laquelle elle ne cessera de baigner dans mon souvenir. Il faudrait pour cela évoquer Poe, cette atmosphère de naissance et de ressouvenir, de temps encore à l'état de nébuleuse, de série réversible — une oasis dans le temps aride. »[1]

Un instantané photographique, une séquence filmée même, est bien, si l'on veut, un moment surpris et figé, inexorablement. Mais en tant que tel aucune sensibilité ne le fait vibrer; d'où la mélancolie qui accompagne inévitablement sa contemplation. Ce que recherche Gracq, au contraire, en ce quoi il se complaît, c'est presque une expérience faustienne : le miracle d'un fragment de passé *revécu,* avec toutes les vibrations qu'implique cette notion de vivre. Exemple : cette expérience de l'aspirant Grange, dans *Un balcon en forêt.* « Ce qui lui rappelait le mieux l'exaltation dans laquelle il vivait aux Falizes », c'était « lorsqu'il était tout enfant, le débarquement des vacances dans le grand vent au bord de la plage — cette fièvre qui s'emparait de lui dès que par la portière du train, à plusieurs kilomètres encore de la côte, on voyait les arbres peu à peu rabougrir et se rapetisser — l'angoisse qui lui venait soudain à la gorge à la seule pensée que sa chambre à l'hôtel, peut-être, ne donnerait pas directement sur les vagues. Et le lendemain il y aurait aussi ces châteaux de sable où le cœur battait plus fort qu'ailleurs de seulement se tenir, parce qu'on savait, et en même temps on ne croyait pas, qu'y battrait bientôt la marée »[2].

Autre exemple : celui d'Aldo, dans *Le Rivage des Syrtes,* racontant la fameuse « croisière » qu'il effectua un jour à

---

1. *OC,* p. 106.
2. *Un balcon en forêt,* p. 140.

bord du *Redoutable,* et qui le conduisit presque en vue des rivages interdits du Farghestan. Le souvenir qu'il en conserve n'a rien de recomposé. Les sensations éprouvées ce jour-là, chaque fois qu'il y repense, il les éprouve encore, intactes. Jamais le mot de *rappel,* employé pour un souvenir, n'a reçu de signification plus littérale — au point que l'on se demande s'il était vraiment nécessaire de recourir à un néologisme pour parler de « ressouvenir ». L'acuité de ces sensations est même telle qu'elle se confond pratiquement avec celle d'un temps échappant à ce qu'il est convenu de considérer comme les lois de son déroulement. « Quand le souvenir me ramène, écrit-il, à cette veille où tant de choses ont tenu en suspens, la fascination s'exerce encore » (soulignons en lisant) « de l'étonnante, de l'enivrante *vitesse mentale* qui semblait à ce moment pour moi brûler les secondes et les minutes »[1].

Presque une expérience faustienne, avons-nous dit. Même si elle a l'air d'être une simple image, l'expression n'en doit pas moins être prise à la lettre. Enfreindre les lois du temps qui se déroule, ou plus exactement constater, par toutes les données de son être, que ce temps se trouve en infraction par rapport aux dites lois : une telle expérience est bien sûr tout à fait exceptionnelle; et dans la mesure précise où elle correspond à un manquement, à une sorte de *ré-volte,* par rapport à l'ordre traditionnellement admis des choses, la tentation devient grande d'en attribuer la responsabilité à quelque puissance *sur-naturelle* — il vaudrait sans doute mieux dire « extra-naturelle » — bref d'y voir la main, sinon d'un Méphistophélès, au moins de quelque être mystérieux doué de pouvoirs semblables, et jouant avec la mort. A moins qu'il ne s'agisse de la Mort elle-même, telle qu'elle apparaît dans l'*Orphée* de Cocteau... Rappelons-nous l'expérience d'Allan, rapportée par Gregory dans la volumineuse lettre qu'il adresse à Gérard au début d'*Un beau ténébreux.* Lorsqu'il était élève au collège, il dut veiller un camarade mort au

1. *OC,* p. 729.

cours d'une séance de gymnastique. Veille d'une nuit entière, d'où il sortit « pâle et changé ». Longtemps après, écrit Gregory, « il m'a reparlé de cette "heure inoubliable" où il avait vu l'aube se glisser dans la pièce mortuaire, et le visage figé au milieu des remous épais des fleurs et des couronnes "revenir au jour", "comme si l'ordre du temps s'était inversé "[1]. »

Sortilège? Sans le moindre doute. Et peut-être le plus important des sortilèges. Dans *Les Eaux étroites,* une expérience tout à fait différente, celle d'un paysage, permet au navigateur de l'Evre d'en constater lui aussi l'authenticité : « Rien n'a bougé ici ; les siècles y glissent sans trace et sans signification comme l'ombre des nuages : bien plus que la marque d'une haute légende, ce qui envoûte ce val abandonné, cette friche à jamais vague, c'est le sentiment immédiat qu'y règne toujours dans toutes sa force le sortilège fondamental, qui est la réversibilité du Temps. »[2]

Comment s'y reconnaître cependant dans l'enchevêtrement des sortilèges? Tout comme l'espace, le temps, si l'on en croit Kant, est une « catégorie de l'esprit », de la Raison. Le véritable sortilège ne se cache-t-il pas dans cette duperie? L'esprit rationnel, nous avons déjà eu l'occasion de le constater, ne recueille guère les faveurs de Gracq, qui lui reproche sa prétention de se superposer à la nature, de faire écran à l'ordre naturel des choses. La véritable initiation pourrait bien dès lors consister à découvrir que ce temps n'existe pas. Découverte, par exemple, des vacanciers de l'Hôtel des Vagues, dans *Un beau ténébreux* : « Il y avait pour chacun d'eux, dans chacun de ces jours à jamais distraits de *l'emploi du temps,* dans chacun de ces jours sans âge, (...) quelque chose d'une saveur libre et sauvage; et chaque matin de ces jours si vacants (...) déraciné du temps semblait béer sur des possibilités plus secrètes. »

Reste néanmoins le commentaire malicieux d'Alain à

1. *OC,* p. 141.
2. *Les Eaux étroites,* p. 67.

propos du « Lac » de Lamartine, *O temps, suspends ton vol!* — « pour combien de temps? ». Ces jours si vacants, à jamais distraits de l'emploi du temps, étaient « comme le sursis d'un condamné, comme le congé d'un écolier que prolonge au dernier moment par miracle un deuil, une maladie »[1]...

Quel que soit le degré de crédibilité qu'il accorde personnellement à l'existence réelle du temps, un écrivain — un romancier surtout — peut difficilement échapper aux impératifs de la conjugaison. Pour la simple raison qu'un événement ne peut être connu tel qu'une fois qu'il a eu lieu, la plupart des récits narratifs utilisent les temps du passé, alors que manifestement — sauf exception — il ne s'agit pas de rappels de souvenirs, mais d'un effort pour nous faire vivre ce qui a été un présent. Mais qu'est-ce que le présent, sinon cette limite insaisissable, sans cesse fuyante, entre le passé et l'avenir? Simple notion par conséquent, totalement abstraite, pur produit de la logique, qui n'est peut-être en fin de compte qu'une sorte d'imagination...

Peu importe en fait à Julien Gracq la dimension *métaphysique* du problème. On craindrait de se répéter, si lui-même — comme tout grand écrivain — ne revenait pas inlassablement tout au long de son œuvre sur la même expérience, qui est son expérience personnelle, fondamentale : à savoir que l'homme est lui-même une plante, dont toute la vie se manifeste par le comportement des organes sensibles qui la constituent. La variété de mimosa, originaire du Brésil, dont les feuilles se replient au moindre contact n'est-elle pas appelée *sensitive*? Pour toute plante, il n'y a d'autre présent que la manifestation de cette sensibilité. Relisons ces quelques phrases de la « Sieste en Flandre hollandaise » : « Tout est soudain très loin, les contours de toute pensée se dissolvent dans la brume verte, la dernière chambre du labyrinthe donne sur une disposition intime de l'âme où l'on craint de regarder : la

1. *OC,* p. 238 et 239.

fleur mystérieuse qu'elle abrite, c'est à la plante humaine qu'il est demandé de la faire s'entrouvrir dans une ivresse d'acquiescement aux esprits profonds de l'Indifférence. On cède de tout son long à l'herbe. La pensée évacue ses postes de guet fastidieux et replie le réseau de ses antennes inutiles; elle reflue de toutes parts vers la ligne d'arrêt de la pure conscience d'être. »[1]

Dans les romans, les scènes ne sont pas rares où un personnage, tout absorbé par les impressions du dehors qui l'envahissent, sentant en lui la vie atteindre à un paroxysme, éprouve l'impression — pour reprendre la formule de Ferdinand Alquié — que se trouve miraculeusement satisfait son viscéral « désir d'éternité », c'est-à-dire de vie épanouie, non soumise aux impératifs du temps. L'exemple le plus typique s'en rencontre peut-être dans *Un beau ténébreux,* au cœur de la lettre adressée par Christel à Gérard, lorsqu'elle lui parle des moments où Allan l'entraîne dans un petit bois, derrière la chapelle, où, étendus sur l'herbe, ils ne trouvent plus rien à se dire — « qu'à regarder, la face contre le ciel, les taches lumineuses bouger entre les branches ». Là, écrit-elle, « le temps pour nous ne passe pas comme ailleurs, mais plutôt se fige — comme dans les bosquets sacrés des peintures allégoriques où tout à coup s'immobilise pour toujours l'envol d'une jeune fille pour faire des personnages du Printemps de Botticelli, dans ce sous-bois lunaire en plein midi, autant de guirlandes de lianes rattachées aux branches, et, prises comme dans une gelée dans ce clair-obscur limpide comme une vitre, autant de belles au bois dormant ». Le désir d'éternité revêt alors son sens littéral, métaphysique, pour ne pas dire religieux. « Je voudrais, poursuit-elle, par quelque pouvoir de conjuration que lui aussi m'endorme avec lui pour toujours, me fasse mourir à ce monde de fantômes, et, couchés côte à côte dans la barque funèbre, glisser, enfin

1. *OC,* p. 319.

morts au monde, vers ce pays inconnu dont une malédiction l'exile et que tout lui rappelle. »[1]

Expérience similaire d'Aldo, dans *Le Rivage des Syrtes,* le jour où, en compagnie de Vanessa, il voit se dresser devant lui pour la première fois la silhouette du Tängri. Apparition d'un « lever d'astre sur l'horizon », mais « qui ne parlait pas de la terre ». Tout ce qui se trouve sur terre en effet a été et sera — ou ne sera plus. Lui, au contraire, « il était là » ; avec toute la force d'évidence de l'Etre en dehors du temps que traduit le célèbre *da sein* allemand. Comme Christel et Allan, Aldo et Vanessa ne trouvent plus aucune parole à échanger, absorbés dans leur contemplation, un peu à la façon de mystiques gratifiés d'une vision surnaturelle — rappelons-nous le récit évangélique de la Transfiguration. « Nous demeurâmes longtemps sans mot dire dans l'obscurité devenue profonde, les yeux fixés sur la mer. » Résumé conclusion de la scène : « Le sentiment du temps s'envolait pour moi. »[2]

Ces divers épisodes apparaissent donc bien comme des sortes de révélations. Le contexte ne les en réduit pas moins à de simples parenthèses, de simples sursis. Au moment où elles se produisent, le temps suspend littéralement son vol, mais pour le reprendre aussitôt. Du point de vue de la logique — nous le rappelions tout à l'heure —, le présent, limite presque purement verbale entre le passé et le futur, n'existe pas. Concernant ce présent, l'expérience de Gracq ou de ses personnages claudique, si l'on peut dire, entre ces stations où le pied s'enfonce dans quelque chose qui ressemble à l'éternité et la perception non moins aiguë, mais non plus exaltante cette fois, profondément douloureuse au contraire, du sortilège d'évanescence en lequel se résume tout le tragique de la vie. Evanouie l'apparition du Tängri, « il fit nuit tout à fait, le froid nous transperça ». Quant à Allan, passée l'exaltation dans le petit bois, derrière la chapelle... « Et

1. *OC,* p. 203.
2. *OC,* p. 686.

puis le soir tombe, et au creux du bosquet brusquement noir, il écoute longuement sonner les horloges que le crépuscule multiplie. »

« L'horloge » : titre du poème sur lequel s'achève la première section des *Fleurs du Mal*. L'horloge, « dieu sinistre, effrayant, impassible » — au point que le poète aurait, dit-on, supprimé les aiguilles de sa pendule et inscrit sur le cadran : « Il est plus tard que tu ne penses »... Dans toute l'œuvre de Gracq, ce thème revient avec une telle obsession que l'influence de Baudelaire ou de Poe ne saurait toutefois évidemment suffire à en rendre compte. Dès le premier roman, les trois amis rassemblés au château d'Argol vivent d'abord des moments d'une rare exaltation, se sentant comme « à l'un de ces *nœuds* des vibrations humaines de la planète où le calme absolu » permet de se repaître « avec une inconscience animale de l'air vif et exaltant, de l'étincellement des gazons et des arbres ; de la pureté des eaux vives ». Leur séjour leur paraît alors « devoir revêtir une durée indéfinie ». Mais voici que bientôt Herminien... « Le balancier d'une horloge venait lui rappeler (...) la torture que représentait pour lui à chaque seconde, jusqu'à l'heure du dîner, un Temps vide et purement fantastique, dont l'horreur consistait tout entière en sa différenciation sensible, pour la première fois, du cours de la durée, un Temps d'où paraissait entièrement distrait l'écoulement de tout phénomène véritablement vital. »[1]

Au chapitre précédent, déjà, pendant le dîner, une conversation leur a permis de vivre d'instants d'une exceptionnelle densité — si exceptionnelle qu'Herminien, au sens littéral de l'expression, n'a pas vu le temps passer, éprouvant au plus profond de lui-même la sensation qu'un arrêt de ce temps seul pouvait permettre l'enrichissement d'une « somme passionnante d'observations ». Mais brusquement, à la fin du dîner, Albert a conduit Heide vers les hautes terrasses. « Resté seul, Herminien se

1. *OC*, p. 36 et 42.

perdit » alors « dans d'absorbantes et funèbres pensées, auxquelles le balancement monotone d'une massive pendule de cuivre qui ornait un des côtés de la salle, résonnant avec un bruit insolite et curieusement perceptible depuis le départ des deux convives, prêta bientôt insensiblement un caractère d'inexorable fatalité. Ses nerfs tressaillirent à mesure que le balancier aggravait à chaque seconde d'une quantité horrible la durée de cette inexplicable disparition ». Et moins d'une page plus loin : « Tandis que l'horloge, seconde après seconde, emportait les lambeaux d'un temps comme chargé à l'instant pour Herminien d'une plus riche substance et frappé d'un caractère entre tous *irrémédiable,* un sourire amer et laissé inachevé sur des traits que contrariait au même moment une intense réflexion anima ses lèvres. »[1]

L'adjectif « irrémédiable », dans cette dernière citation, n'a pas été souligné par nos soins, mais par Gracq lui-même. Le temps qui reprend son cours, souligné par les battements obsédants de l'horloge, le temps qui passe, inexorablement, ne peut être en effet que chargé d'une prémonition effrayante. Comme tout autre végétal, tout autre être vivant, la plante humaine naît, se développe et meurt. Expérience particulièrement significative : celle de Simon, dans *La Presqu'île,* à tel moment de son vagabondage le long de la côte :

Il ne laissait même pas se former dans son esprit d'images de ce qui allait venir, il les sentait seulement fourmiller en lui toutes gluantes, encollées, protégées encore comme par un tégument voluptueux, pressentant l'air qui va les déplisser une à une, il était comme une plante qui va fleurir : au bord d'une débâcle. Une minute, il pensa qu'il était profondément heureux, c'est-à-dire qu'il sentit qu'il allait cesser de l'être[2].

« Tantôt sonnera l'heure (...) où tout te dira : Meurs, vieux lâche ! il est trop tard ! » Mais cette mort, pour les personnages gracquiens, est plus que rarement « une belle

1. *OC,* p. 33 et 34.
2. *Op. cit.*, p. 119.

mort », comme on le dit de celle d'un vieillard. Pour la plupart d'entre eux, il s'agit d'une mort brutale, à la suite d'un crime, d'un suicide, d'une guerre, d'une catastrophe plus ou moins naturelle. Parenté étroite complaisamment soulignée avec les personnages de *Bajazet*, « la seule tragédie de Racine qui fasse appel précisément comme ressort à ce qui, dans les autres pièces, n'est qu'expédient : le fait de la mort. L'angoisse lourde et prenante de la mort concrète, sanglante, de la mort présente, de la *mise à mort,* est ce qui lui donne tout son nerf »[1]. S'agit-il encore, dans ces morts brutales, de quelque sortilège ou malédiction ? Au moment où Albert découvre la Chapelle des abîmes, près du château d'Argol, à l'intérieur du sanctuaire flotte comme un parfum paradisiaque d'éternité. Cependant... « cependant, au milieu de cette atmosphère de rêve où l'écoulement du temps semblait par miracle suspendu, une horloge de fer hérissait ses dangereuses armes, et le bruit grinçant et régulier de son mécanisme (...) ne pouvait au milieu de ces solitudes se rapporter en quoi que ce fût pour l'âme à la mesure d'un temps vide en ces lieux de toute sa substance, mais seulement annoncer le déclenchement de quelque infernale machine »[2].

A la vérité, une telle expérience se reproduit de façon si fréquente que l'illusion du temps qui suspend son vol finit par disparaître, que la menace contenue dans les secondes qui recommencent à s'égrener finit par rejaillir rétrospectivement sur les instants bénis mêmes qui paraissaient miraculeusement ne point mériter ce nom. En un mot, même claudicante, même hétérogène, l'expérience du présent finit par trouver son unité dans la menace essentielle qui le rend uniformément lourd. Exemple : la « panique inconjurable » ressentie par Gérard, dans *Un beau ténébreux,* un jour où il avait cependant « laissé un instant flotter les rênes, abandonné cette chambre à un inavouable vagabondage dans le

1. *OC,* p. 935.
2. *OC,* p. 54.

temps ». Une date précise, écrite de la main d'Allan sur un calendrier... « Méprise absurde, ou clé invisible, de cet enchantement — comme à la nuit, au milieu d'une lecture, soudain on se dresse désorienté, prêtant l'oreille, dans la chambre familière que le battement de l'horloge arrêté depuis quelques secondes vient d'abandonner, dans un grand bruissement uni de train rapide, à je ne sais quelle pente vertigineuse. »

Dans le même roman, expérience analogue de Christel, qui raconte à Gérard ce qu'elle vit au cours de ses tête-à-tête avec Allan. L'image, cette fois, n'est plus celle de l'horloge, mais celle du sable que nous avons déjà eu l'occasion de rencontrer, et dont la signification ne présente pas avec l'autre la moindre différence : tout comme la clepsydre, le sablier n'est-il pas l'un des plus anciens appareils à mesurer le temps ? Mesurer le temps, c'est-à-dire essayer de déterminer dans quelle proportion il nous est mesuré, évaluer à la fois la fraction plus que congrue dont il nous arrive de pouvoir jouir, et pressentir que cette halte, aussi paradisiaque qu'elle se présente, n'est rien d'autre qu'une escale au cours d'un voyage sans retour. « Je sens le temps couler entre mes doigts comme le sable, écrit-elle. Quelquefois je regarde la mer et les dunes, les bois de pins, la plage serrée au fond de sa baie, et il me semble que je sens tout au fond de moi ce paysage comme une apparition inconsistante se fondre, se dissoudre brusquement. Je suis comme le voyageur qui descend à terre dans une île inconnue pour une escale, respirant l'air divin de légèreté qui pour lui n'aura pas le temps de se défraîchir, et à qui aussi, au moins un instant, la terre est légère. »[1]

L'épreuve du présent se fait à vrai dire à plusieurs niveaux : ce que l'on pourrait appeler le présent immédiat, correspondant à une expérience, une situation, un *instant* privilégiés, contenant — pour reprendre une fois de plus l'expression de Gracq — un sortilège embusqué : à savoir l'illusion — de courte durée — d'un temps en dehors du

1. *OC*, p. 197 et 202.

temps ; et le temps présent étalé au contraire sur un certain nombre d'années, le présent de l'âge. Du premier, nous venons de le voir, les exemples abondent dans le *Château d'Argol* et le *Beau ténébreux*. Ils ne sont pas rares non plus dans *Le Rivage des Syrtes*. Le jour où Vanessa l'a emmené jusqu'à l'île de Vezzano, et où, de façon tout à fait inattendue, ils se sont retrouvés dans l'intimité silencieuse et la pénombre d'une gorge ouverte dans les entrailles mêmes de la roche : « Nous reposions de tout notre poids, raconte Aldo, dans la sécurité même des gisants sous ce faux jour de crypte où l'ombre venait se diluer comme dans une eau profonde ; les légers bruits autour de nous (...) donnaient à l'écoulement du temps, par leurs longs intervalles suspendus et leurs soudaines reprises, une incertitude flottante coupée de rapides sommeils. » Et au cours de la croisière décisive, en compagnie de Fabrizio : « Nous souriions tous deux aux anges d'un air hébété, les yeux clignant dans le jour qui montait devant nous de la mer » — « sentant en nous s'engloutir les secondes, et le temps se précipiter sur une pente irrémédiable. »[1]

Quant à ce que nous avons baptisé le présent de l'âge, qu'il s'agisse de celui de l'enfance, de l'adolescence ou de la maturité, il contient exactement le même sortilège embusqué. La seule différence est que son illusion se révèle de plus longue durée, et que l'évanouissement de cette illusion déclenche une douleur plus profonde : la conscience d'approcher dangereusement du terme au-delà duquel la notion même de temps n'aura plus de sens. Un jour, dans son Journal, au début d'*Un beau ténébreux,* Gérard note mélancoliquement — c'est presque un euphémisme — cette prise de conscience : « Je me suis senti aujourd'hui singulièrement déprimé, (...) je vieillis, et il me semble que j'ai imperceptiblement glissé du temps que l'on passe à regarder la vie s'écouler. » Bien sûr, mille choses encore l'intéressent, le passionnent — « et pourtant il me semble que tout doucement déjà je me détache,

1. *OC,* p. 682 et 733.

que je ne suis plus tout à fait dans le jeu. Je me surprends à calculer dans une journée les heures gaspillées, perdues, le capital dépensé en pure perte. Une triste pensée, et sans remède. Oui, je sais bien il y a "le bolide". Mais c'est quand on n'a pas encore besoin de se croire qu'on nie si intrépidement la valeur du temps »[1].

Le terme de *claudication* que nous avons employé pour caractériser la double expérience du présent est-il bien celui qui convenait? A s'en tenir aux « données immédiates de la conscience », chères à Bergson, sans le moindre doute; et nous espérons l'avoir suffisamment montré. Une analyse plus approfondie, cependant, pourrait bien révéler, au-delà de cette dichotomie, une unité essentielle. A certains moments, le temps semble s'arrêter : l'expérience est alors celle de ce qu'il est convenu d'appeler, en dehors de toute connotation religieuse, l'éternité. Mais cette éternité est-elle de nature différente de celle qui se profile à l'horizon de l'écoulement du temps, c'est-à-dire au-delà de la mort, vers laquelle cet écoulement conduit immanquablement l'être humain?

La vie n'est pas toujours, comme pour Macbeth, « un chemin qui se perd dans les feuilles jaunies et desséchées ». Elle n'en est pas moins un chemin. Gracq lui-même — auteur d'un roman inachevé, dont il n'a publié que quelques pages, et qui s'intitule précisément *La Route* — a confessé l'importance que revêtait pour lui ce thème du chemin, ainsi que les notions qui lui sont associées, comme celles de lisière, de frontière, riches de toutes les sollicitations qu'elles peuvent exercer sur l'imagination — elle-même informée par les réactions de la sensibilité, qui sont, suivant les cas, les mouvements de désir, d'espoir, d'angoisse ou de peur[2]. Analogie ou

1. *OC,* p. 121.
2. Cf. en particulier son dernier livre, intitulé précisément *Carnets du grand chemin,* et où il ne craint pas de parler (p. 65) de sa « mythologie routière ».

consubstantialité? L'au-delà du temps finit par se confondre avec l'au-delà de l'espace, l'un et l'autre détenant le secret d'une *révélation*.

Certes, l'expérience du passé est le premier enseignement, que l'homme peut difficilement récuser, et grâce auquel il sait que dans les jours, voire les minutes qui viennent, on peut s'attendre à tout. « La santé est un état précaire qui ne présage rien de bon » : ce que l'on appelle la sagesse des nations regorge de ces truismes plus ou moins humoristiques. Encore une fois, les personnages gracquiens ne sont pas des philosophes, même à bon marché, des Lucilius qui auraient lu les lettres de Sénèque sur le prix du temps. Dans ce domaine comme dans tous les autres, seules comptent à leurs yeux, seules les animent les données de leur sensibilité. S'agit-il vraiment de leurs nerfs, ou d'organes infiniment plus subtils? Le problème ne vaut sans doute pas la peine d'être posé. De façon naïve, spontanée, en certaines circonstances, ils *ressentent* que quelque chose les attend, dont ils ne sauraient dire s'il a partie liée avec le bien ou avec le mal. Les envahit, non pas une tension, mais une sorte de charme — de sortilège? — que plusieurs d'entre eux qualifient d'attente pure.

Dans *Le Rivage des Syrtes,* Aldo vient de recevoir une lettre de Vanessa, le priant de venir la rejoindre le lendemain de bonne heure. Pour quelle raison? Aucune précision. Le lendemain, donc, il prend la route, et sur cette route précisément... « Je ne cherchais pas même à deviner où me menait cette équipée autour de laquelle Vanessa faisait tant de mystère, écrit-il. Je retrouvais en roulant dans le petit matin froid vers Maremma quelque chose du charme de l'attente pure que j'avais goûté dans mon voyage vers les Syrtes. »[1] Autre exemple dans *Le balcon en forêt,* où l'aspirant Grange regarde le jour se lever, immobile, mais incapable cependant de ne pas évoquer lui aussi la route — et la révélation. « Le calme était absolu — le

1. *OC,* p. 675.

136

silence et le *froid au cœur* pénétrant du petit jour donnaient à l'aube qui se levait une teinte bizarre de solennité : ce n'était pas le jour qui pénétrait la terre, mais plutôt une attente pure qui n'était pas de ce monde, le regard d'un œil entrouvert, où flottait vaguement une signification intelligible. « Une maison, songeait-il, comme s'il la voyait pour la première fois — une fenêtre toute seule en face d'une route par où quelque chose doit arriver. »[1]

Il faudrait évidemment connaître toutes les langues pour savoir si l'emploi du même verbe — *arriver,* ou son correspondant — pour le bout de la route aussi bien que pour l'événement est une règle, et correspond en conséquence à une identité de nature, voire une consubstantialité, entre l'espace et le temps. D'autres textes de Julien Gracq, en tout cas, font plus que le laisser supposer. Ce paysage de *La Presqu'île,* par exemple, où Simon, vers le milieu du jour, contemple un panorama. « Devant lui, nous dit le narrateur, il sentait s'amorcer le long versant de l'après-midi » — on pourrait presque s'en tenir là — « et tout au bout de la pente, non plus sous le gril de ce soleil âpre et crayeux, mais roulée dans le velours déjà plus frais de la nuit commençante, piquée tout au long des voies de ses douces étoiles rouges et vertes, la gare du soir plus secrète où il reviendrait — les lumières — le train »[2]. Les autorités universitaires de l'époque n'étaient sans doute pas stupides, qui avaient contraint Louis Poirier à unir géographie et histoire au sein de la même agrégation...

Même quand il s'agit de l'attente, chacun sait, hélas ! que la pureté est un état non moins précaire que la santé. Dans un cas comme dans l'autre, l'apparition ou la modification d'un seul élément, fût-il apparemment de faible importance, peut suffire à détruire l'équilibre. En l'absence d'explication rationnelle, la tentation est grande alors de conclure à l'existence de quelque influence mystérieuse, dont il s'avère bien difficile de déterminer la bien-

1. *Un balcon en forêt,* p. 225.
2. *Op. cit.,* p. 42.

veillance ou la malignité — cette dernière paraissant toutefois l'emporter dans un grand nombre de cas. La nuit — ou l'obscurité en général — joue bien entendu très souvent ce rôle d'élément déclencheur. Profane ou religieuse, la symbolique du noir n'est-elle pas à peu près infinie ? Lorsque Aldo, au deuxième chapitre du *Rivage des Syrtes,* pénètre pour la première fois dans la chambre des cartes — ces cartes qui lui parlent de routes, de pays lointains et inconnus... —, « tout dormait à l'Amirauté, mais de ce sommeil atterré et mal rassurant d'une nuit grosse de divination et de prodiges ». Mais sans doute, comme pour la santé, certaines constitutions, certains tempéraments sont-ils plus vulnérables ou résistants que d'autres — ou le croient du moins —, pour qui même l'appréhension, voire la frayeur de l'avenir, devient une impatience. « J'exaltais, poursuit Aldo, cette vie retombée de ma patience ; je me sentais de la race de ces veilleurs chez qui l'attente interminablement déçue alimente à ses sources puissantes la certitude de l'événement. »[1]

L'élément extérieur, en fait — et en dépit des apparences —, n'est presque jamais une cause, mais seulement une occasion. A la différence de ce qui se passe pour la santé, l'attente est une disposition de l'être qui met en jeu toutes ses composantes, y compris les plus subtiles, les plus inanalysables — les moins physiques —, où se mêlent inextricablement les données de la sensibilité la plus romantique et celles de l'esprit, qu'il imagine ou qu'il raisonne. Tout dès lors peut devenir prétexte à une modification, une *information* de l'attente. La symbolique des éléments de la nature, dans sa polyvalence, n'en apporte-t-elle pas une preuve suffisante, qui peut voir dans le soleil (par exemple) aussi bien le dieu de la lumière, de la fraîcheur, de la béatitude, que la divinité qui s'attarde pendant la moitié de sa course au sein de l'univers des ténèbres ? L'attente même, en sa qualité de tension, peut

1. *OC,* p. 580.

dans bien des cas suffire à rendre compte de la façon dont apparaît l'avenir.

Une illustration parmi d'autres au quatrième chapitre du *Château d'Argol*. Les trois amis ont organisé tout naturellement, semble-t-il, les détails de leur vie commune. En vertu de cette organisation, la matinée est souvent consacrée à des promenades solitaires vers la mer et vers la forêt, « et la féerie du soleil, la fraîcheur qui semblait présider à une nouvelle création du monde au sortir du chaos donnaient à croire à chacun (...) que la vie à nouveau s'ouvrait à eux libre de toute entrave ; ils puisaient à pleins poumons dans l'atmosphère recréée de la jeunesse du monde ». Impression cependant traîtresse et de relativement courte durée. « Dans l'après-midi une torpeur que le soleil faisait peser sur les cours et les appartements du château annonçait à leurs nerfs aiguisés par l'attente le prélude d'un jeu mortel. »

La nature féminine, plus que celle de l'homme, est-elle capable de percevoir de façon presque physiologique les frémissements de cette attente — ce qu'elle considère parfois comme un don de prémonition ? Quelques lignes plus loin, Heide s'abandonne littéralement au bras d'Albert ; il lui semble que le monde meurt et se réveille à chaque seconde avec le bruit conjugué de leurs pas... « Mais une inquiétude succédait bientôt à ces instants d'abandon. Tout son sang bougeait et s'éveillait en elle, emplissait ses artères d'une bouleversante ardeur (...) Elle devenait une immobile colonne de sang, elle s'éveillait à une étrange angoisse. » Et lorsque nous parlions de prémonition... « Il lui semblait que ses veines fussent incapables de contenir un instant de plus le flux épouvantable de ce sang qui bondissait en elle avec fureur (...), qu'il allait jaillir et éclabousser les arbres de sa fusée chaude, tandis que la saisirait le froid de la mort dont elle croyait sentir le poignard fixé entre ses deux épaules. »[1]

A aucun moment, ou presque, en dépit même des aver-

1. *OC,* p. 37 et 38.

tissements de Tirésias, Œdipe ne soupçonne l'existence de la *machine infernale,* dont le mécanisme se déroule cependant de façon « mathématique » pour le conduire à l'anéantissement que l'on sait. La différence avec les personnages gracquiens est que ces derniers, aux nerfs aiguisés, comme ils vibrent aux battements de l'horloge, tressaillent au moindre indice corroborant l'attente angoissée qui les habite, au point de soupçonner — non pas la vérité d'un oracle — mais, ce qui revient pratiquement au même, l'existence d'un sort jeté sur leur destinée, et jeté par le sorcier le plus redoutable qui se puisse imaginer : le diable en personne, dont le nom n'est évidemment jamais prononcé, mais parfois suggéré par une périphrase. Dans le même chapitre du *Château d'Argol,* « des rouages délicats, comme polis par un long usage, nous est-il dit au sujet d'Albert, une machinerie ailée, lui semblaient se mettre en branle avec une fatale lenteur et l'entraîner à la suite d'Herminien avec l'insistance d'un envoûtement vers un dénouement pour lui à tous égards imprévisible. Ainsi procédait de jour en jour cette annexion qu'Herminien surveillait sans cesse avec l'œil froid et cruellement fascinant d'un éblouissant reptile »[1]. Un commentaire sur ce dernier mot n'est peut-être pas vraiment nécessaire...

Nous avons déjà laissé entendre qu'il était difficile de situer le siège des prémonitions qui pèsent sur les personnages. Il se peut qu'il s'agisse d'une transposition, parfois pleinement consciente, parfois beaucoup moins, d'une expérience passée. L'habitude commence la première fois : ce qui s'est donc déjà produit une fois... Il suffit qu'un ou deux éléments de ressemblance apparaissent dans la situation pour qu'aussitôt un raisonnement implicite impose la conclusion.

N'est-ce point pratiquement ce qui se passe pour Gérard, dans le *Beau ténébreux,* le jour de sa « singulière conversation avec Christel » ? « Avais-je un but, se demande-t-il, en entraînant Christel à cette promenade ? »

1. *OC,* p. 42.

Un but précis, certainement pas. Simplement, la journée avait été lourde, trop chaude. « Le bois de pins était comme une cage de parfums, un vase d'odeurs trop lourdes, jusqu'à faire défaillir — comme autrefois dans ma jeunesse en sortant de la maison par une matinée lumineuse de juin soudain me clouait au sol le parfum trop solennel, comme une route d'initiation, un chemin vers des arcanes, du reposoir de la Fête-Dieu près de notre porte. » Comme une route d'initiation, un chemin vers des arcanes... Cette similitude dans le climat, confirmée par les analogies trouvées au cours de cette même journée dans l'étude des *Illuminations* de Rimbaud, suffit pour que la journée en question soit qualifiée « pleine de présages », et que Gérard, à sa question initiale, réponde : « J'avais seulement, logé dans ce coin de l'être où se dissimulent les pressentiments et les angoisses, le sentiment intime que "ce serait intéressant". »[1] Et le fait — pour reprendre l'expression racinienne — que « le succès passe les espérances » ne fera bien sûr que confirmer *a posteriori* cette certitude de la prémonition, en même temps que la conviction d'une sorte d'ensorcellement.

Si l'homme, comme ne cesse de l'affirmer Julien Gracq, est vraiment une plante, nombre de ses connaissances ne se situent évidemment pas sur le plan de la conscience. Elles n'en existent pas moins, inscrites, si l'on peut dire, dans la texture de son être, à l'existence limitée dans sa durée, d'une part, et dont la vie, d'autre part, se trouve intimement liée aux fluctuations du milieu, du climat dans lesquels il se développe. Aussi bien la prémonition de l'avenir peut-elle se produire naturellement, spontanément, même sans signes extérieurs particuliers. Exemple, cette notation de Gérard dans son Journal, à la date du 29 juillet : « Ce matin tout à coup en me levant, j'ai senti au plein cœur de l'été, comme au cœur d'un fruit la piqûre du ver dont il mourra, la présence miraculeuse de l'automne. » Envisagée sous cet angle, on pourrait

1. *OC,* p. 107.

presque dire que la prémonition est permanente, même lorsque les données objectives semblent rigoureusement vierges de toute promesse ou de toute menace. « Longs jours alcyoniens, note encore Gérard quelques lignes plus loin, qui bercent comme un hamac d'une nuit à l'autre, la face sans cesse renversée contre le ciel trop nostalgique, trop tendre — journées emportées comme les palmes d'un atoll, toutes fondues, toutes dociles dans le grand flux terrestre à la fraîcheur fondamentale — journées de pressentiment, d'éventement : d'ailes, d'adieux mystérieux, de divinations confuses. »[1]

Ce dernier adjectif est évidemment celui qui traduit le mieux l'essentiel des sentiments éprouvés à l'égard de l'avenir — dont on ignore bien sûr toujours à l'avance ce qu'il réserve, et dont on ne sait jamais en conséquence dans quelle mesure on doit le craindre ou l'espérer. A un moment donné de son vagabondage, Simon, dans *La Presqu'île,* sentait contre son poignet le trottinement de l'aiguille qui mangeait les secondes une à une. « Il en percevait derrière le bonheur de la minute, la piqûre aiguë. Si lentement?... Si vite? Qui peut le dire? tout est mêlé, tout est ensemble, dans cette fuite acharnée. »[2] Mais cette confusion même ne constitue-t-elle pas la preuve — ou plutôt le rappel — du fait que l'homme n'est pas une plante comme les autres? Ses racines pourraient bien plonger en des profondeurs aussi mystérieuses que l'est encore aujourd'hui pour les savants eux-mêmes le centre de la terre — à moins que ses rameaux les plus élevés n'effleurent un ciel qui, s'il n'est pas le septième, se situe en tout cas infiniment plus loin que le premier.

La prise de conscience de cette spécificité, Julien Gracq confesse qu'il la doit à la musique en général, et plus particulièrement, bien entendu, aux opéras de Wagner. « Dès que j'ai commencé à fréquenter le théâtre lyrique, écrit-il, j'ai été fasciné par ces brèches si béantes et si éloquentes,

1. *OC,* p. 163 et 164.
2. *La Presqu'île,* p. 116.

pratiquées dans la continuité du chant, brèches où il semble que ténors, basses et soprani sur la scène, et non seulement le public au fond de l'obscurité, se taisent pour laisser venir battre autour d'eux le flux de toute une marée sonore » — marquons ici un temps d'arrêt pour bien détacher et méditer les derniers mots de la phrase : « comme s'ils faisaient silence, interdits, autour de la révélation confuse, qui déferle, de tout ce qui mûrit pour eux et pourtant hors d'eux. » Mallarmé, il le rappelle, souhaitait que la poésie reprît ce bien à la musique. Pourquoi le roman ne pratiquerait-il pas la même annexion ? Il n'y a pas de raison pour que la musique ait seule le privilège de ménager un espace à « ces moments d'écoute profonde et faillissante, vraiment et réellement inspirés, qui me semblaient toujours et me semblent encore crever la paroi du fond du théâtre et l'ouvrir toute grande pour laisser entrer la rumeur directrice du monde devenu Sibylle et devenu Pythie » — le privilège de « donner issue aux transes prophétiques de leurs vapeurs »[1].

Nous avons déjà cité le mot de Cocteau, qui écoutait un jour en l'église Saint-Séverin la *Messe en si* de Jean-Sébastien Bach, Marcel Jouhandeau près de lui. A un moment donné, il se tourna vers ce dernier, et lui dit simplement : « Ici, on touche le Ciel. » Il ne s'agit pas en l'occurrence de messe, et Julien Gracq, de son propre aveu, a depuis longtemps perdu la foi de son enfance. Reste que le vocabulaire d'un tel passage, en dépit de son éclectisme, n'en est pas moins significatif. La Sibylle avait le don de prédire l'avenir, connu des seules divinités. La Pythie délivrait les oracles du dieu Apollon. Quant aux prophètes de l'Ancien Testament, le *Credo* — ou Symbole de Nicée — affirme que l'Esprit Saint lui-même parlait par leurs bouches. Même en admettant que nous ayons affaire ici à de simples images, leur accumulation ne saurait être mise sur le compte d'un simple hasard, surtout lorsqu'elles accompagnent le mot essentiel de *révélation*.

1. *En lisant, en écrivant*, p. 122.

Qui dit « révélation », en effet, dit dévoilement d'une réalité cachée. Supposons qu'il s'agisse simplement de l'avenir ; le mot n'en implique pas moins que cet avenir — si l'on peut ainsi s'exprimer — existe déjà. Où dès lors situer pareille existence, sinon dans l'omniscience d'une ou de plusieurs divinités, elles-mêmes étrangères au temps, autrement dit éternelles ? Encore une fois, les personnages gracquiens ne se posent pratiquement jamais de façon explicite une telle question. Au plus profond d'eux-mêmes, ils éprouvent une sensation, et cette sensation leur suffit, aussi angoissante qu'elle soit. Témoin Aldo, évoquant le début de son séjour au premier chapitre du *Rivage des Syrtes* : « Quelque chose m'était promis, confesse-t-il, quelque chose m'était dévoilé ; j'entrais sans éclaircissement aucun dans une intimité presque angoissante, j'attendais le matin, offert déjà de tous mes yeux aveugles, comme on s'avance les yeux bandés vers le lieu de la révélation. »[1]

La difficulté de concilier les exigences de la raison — qui nous habite, que nous l'aimions ou non — et les données de la sensibilité, qui semblent appartenir à un ordre absolument différent, se présente une fois de plus, mais avec une force qui n'est pas loin de faire penser à l'inquiétude mystique. *Credo quia absurdum* : « Je crois parce que c'est irrationnel. » Peu importe que la formule ait pour auteur saint Augustin, comme on le dit couramment, ou Tertullien. L'important demeure l'idée qu'elle exprime, à savoir que la foi commence là où la raison reconnaît son impossibilité d'aller plus loin. On sait de quelle façon Pascal exploitera l'idée en question avec son fameux *pari*.

Parlant du présent, nous avons vu les personnages gracquiens faire l'expérience d'instants exceptionnels qui échappent à l'écoulement du temps, comme des sortes d'échappées sur l'éternité : expérience analogue à celle des mystiques dans leurs extases. Moins privilégiés, les sim-

1. *OC,* p. 565.

ples croyants situent cette éternité dans l'avenir, celui qui fera suite à l'existence temporelle que leur corps les oblige à vivre. Même si, comme nous venons de le rappeler il y a un instant, Julien Gracq a perdu la foi de son enfance, les deux conceptions de l'éternité que nous venons d'évoquer n'interfèrent pas moins dans l'expérience de certains de ses personnages, et les mots employés pour traduire cette interférence ne sont sans doute pas par hasard empruntés au vocabulaire religieux. Sans autre commentaire, contentons-nous de demander au lecteur de s'attarder, comme y invitent les points de suspension, sur les deux dernières formules de cette citation, extraite d'*Un beau ténébreux* : « C'était soudain, au creux de la nuit tôt refermée, comme s'ils se fussent trouvés transportés dans le carré d'un navire pris au piège des glaces de l'hivernage — une halte fantomatique dans le temps figé comme par le gel — plus rien désormais dans la fuite des jours sur cette étendue rase qui comptât — que la présence comblante à bord du capitaine, et, au sein d'un détachement extrême de toutes choses, soudain, toutes amarres larguées sur ce navire voguant sur les plaines lisses, la naissance d'un *autre ordre,* d'un ordre miraculeux... »[1]

1. *OC,* p. 239.

6

Références

Catégories de l'esprit ou non, les notions d'espace et de temps correspondent à l'expérience concrète vécue par l'homme de sa naissance à sa mort. Cette expérience concrète est-elle cependant la seule qui lui soit donnée, la seule qu'il *vive* ? Le Rêve — rappelons-nous le mot de Nerval — est une seconde vie. Grâce à elle, nous pouvons percer « ces portes d'ivoire ou de corne qui nous séparent du monde invisible ». Deux différences essentielle distinguent, il est vrai, ces deux expériences. D'une part, nous ne prenons connaissance de celle du rêve que par le souvenir conservé après le réveil — et peut-être plus ou moins reconstitué, déformé. D'autre part, les éléments de ce rêve empruntent le plus souvent leur aspect — même éventuellement plus ou moins déformé, lui aussi — à l'univers de la conscience éveillée, échappant seulement à ce qu'il est convenu d'appeler la logique, laquelle a pour l'ordinaire bien du mal à s'empêcher de vouloir reprendre sur eux sa prétentieuse autorité. D'où une ambiguïté fondamentale en ce domaine. Afin d'être féconde, l'expérience du rêve ne saurait se passer d'une exégèse, laquelle, à en croire Julien Gracq, n'est pas sans rappeler celle de la critique littéraire.

Le lecteur n'a certainement pas oublié cette conversation, dans *Un beau ténébreux,* au cours de laquelle Allan affirme l'existence, pour toute œuvre littéraire ou artistique parfaite, d'une clé d'or « sur laquelle il suffirait de poser le doigt pour que tout à coup tout change ». Au cours de cette même conversation, il reprend exactement la même image à propos des rêves. J'attire votre attention, s'entend dire Gérard, « sur ce fait que, aussi loin sans doute que nous puissions remonter, il n'a jamais existé de songe sans la croyance à une *clé des songes*. Les divergences entre les hommes n'ont commencé que sur le point de savoir à quoi pouvait servir cette clé ».

Même au sens le moins figuré du terme, il existe en effet mille sortes de clés. Il existe surtout mille sortes de portes qu'elles servent à ouvrir, et un plus grand nombre encore d'espaces auxquels elles donnent accès. Nous avons déjà évoqué la différence entre un passe-partout et une clé de sûreté. Faut-il rappeler ici les clés remises symboliquement par le Christ à saint Pierre — et représentées de façon infiniment moins symbolique par la statuaire — lesquelles sont qualifiées très exactement de clés du Paradis ? La clé des songes dont parle Allan appartiendrait-elle à ce trousseau ? Ecoutons la suite de sa confidence : « Que cette clé n'ait dû en définitive ouvrir la porte que de paradis banalement terrestres — l'amour, l'argent, ou le voyage — c'est sans doute seulement que, comme dans le cas du lecteur ordinaire d'un livre, on accueille comme des recettes applicables à ce monde d'ici-*bas* ce qui de toute évidence ne peut prendre sa signification vraie que dans un plan au contraire *supérieur*. »

Phrase riche en sources de réflexion. Les lecteurs ordinaires visés pourraient bien être, entre autres et tout particulièrement, ceux des livres de Julien Gracq. Livres dont nous serait suggéré, par conséquent, qu'ils ne prennent leur signification vraie que dans un plan *supérieur* — supérieur aux réalités banalement terrestres. On sait bien sûr l'origine historique — pour ne pas dire anecdotique — du mot « métaphysique », inventé pour désigner les ouvrages de philosophie, rangés sur les rayons de la bibliothèque d'Alexandrie *après* ceux qui traitaient de questions naturelles. Cette rencontre fortuite a tout de même bien fait les choses. A condition d'éliminer toute référence au temps aussi bien qu'à l'espace — ce qui n'est d'ailleurs pas facile du point de vue du vocabulaire —, le préfixe *méta* vise désormais tout ce que les penseurs envisagent (ne disons évidemment pas « situent ») au-delà des données sensibles, et que revendiquent la plupart des religions comme leur domaine réservé. Si peu philosophe qu'il se prétende, si étranger même à toute foi religieuse, Julien Gracq romancier ou auteur dramatique serait donc à sa manière un métaphysicien.

A sa manière : qu'est-ce exactement à dire ? De nombreuses fois, l'occasion nous a été offerte de souligner que tout, pour lui-même ou pour ses personnages, passait par les données de sa sensibilité en général, et de ses sens en particulier. La métaphysique ne peut donc ressembler pour lui à celle d'un Platon, d'un Aristote, d'un Descartes, d'un Kant, encore moins évidemment d'un saint Thomas d'Aquin. Certes, à ses yeux, un au-delà de notre univers existe, mais qui n'a rien de commun avec un quelconque monde des Idées. Nous avons d'ailleurs dit « à ses yeux », et non pas « dans sa logique », ou au terme de son raisonnement. L'existence dont il s'agit ne saurait être pour lui qu'une existence concrète, palpable. Pour l'évoquer, Allan ne craint pas de recourir avec complaisance au vocabulaire le plus sensuel. Emaillée de mots soulignés par l'auteur lui-même, la citation sera relativement longue, mais il nous paraîtrait regrettable de l'écourter.

On pourrait envisager très matériellement une recherche des points d'attache de la vie, des centres nerveux de la planète, une espèce d'acupuncture tellurique. Telle a été l'idée de siècles entiers — et ce sont peut-être les seuls où je me serais senti vivre avec délices. La terre gardait son mystère, mais ce mystère *pouvait* être forcé, comme on force une femme, d'une façon tout autre que métaphorique. Il y *avait* un paradis terrestre, mais non pas taillé dans l'étoffe molle de la rêverie, mais non pas viande creuse de symbole — mais au contraire avec ses feuilles vertes de vrais arbres, le délice rafraîchissant de ses vraies eaux et *logé,* comme au creux d'une aisselle, à la flexion d'une aine, dans un

149

repli ineffable du monde vierge. Le mystère du monde était en lui caché, mais non pas plus symboliquement, mais caché non autrement que le sexe dans une femme.

Remarquons bien le choix du mot *mystère*. Dans les religions de l'Antiquité, il désignait un ensemble de doctrines ou de pratiques réservées — à Eleusis, par exemple — aux seuls initiés, mais dont ces initiés, précisément, pouvaient constater, toucher du doigt en quelque sorte, la réalité. Dans la religion chrétienne — songeons à celui du Dieu fait homme —, il sert à désigner les vérités de foi inaccessibles à la raison. Dans ce dernier cas, aussi, une initiation est donc nécessaire, initiation qui a pour synonyme révélation, autrement dit suppression du voile, et par conséquent mise à nu (comme dans les images sensuelles de la citation précédente), mise en pleine lumière des *réalités* habituellement cachées, et soudain offertes à la saisie des sens. Rien à voir par conséquent avec les mythes, qui ne sont que des légendes, des histoires fictives, nées de la seule imagination. « Je suis un homme, dit encore Allan, pour qui le mythe n'a pas de sens. Je n'arrive pas à concevoir comment on peut se nourrir de cette incroyable duperie — comment le besoin de révélation qui travaille l'homme pourrait se satisfaire à moins de *voir,* à moins de *toucher*. »

Rien d'étonnant dans ces conditions à ce que le christianisme lui apparaisse comme la perspective religieuse, sinon la plus séduisante, au moins la plus proche de son idéal de vérité. La célèbre locution déjà rappelée de saint Augustin (ou de Tertullien...) : *Credo qui absurdum* suppose de toute évidence un complément indispensable, non formulé sans doute parce qu'allant de soi : Je crois parce que c'est irrationnel — mais/et dûment vérifié et historiquement constaté. Un exemple parmi des milliers d'autres : alors que le Nazaréen, fils de Marie, était mort sur la croix, que son cœur avait été transpercé d'une flèche et son corps déposé dans un sépulcre, saint Thomas a bel et bien *touché* ses plaies quelques jours après sa résurrection. « C'est dérisoire à dire, conclut Allan — signifiant par là

150

que cela semble un truisme, mais seulement parce que l'on oublie l'intensité du sens littéral des mots — le christianisme n'aurait jamais pris forme sur cette terre si le Christ ne s'était incarné. Pour que le christianisme fût, il a fallu que le Christ fût, naquît dans *ce* village, à *cette* date, montrât *ces* mains percées à l'incrédule, et s'envolât d'une façon tout autre que métaphorique. Comment aurait-il pu convaincre sans cette présence inimitable ? »[1]

Arrivé à ce degré d'exaltation, faut-il rappeler qu'Allan est un simple personnage de roman, qui ne prête pas obligatoirement sa voix au romancier ? Souvenons-nous de l'illusion dont furent victimes un certain nombre d'admirateurs de Montherlant. Parce que telles ou telles de ses pièces traitaient de sujets religieux de manière tout à fait (ou presque) orthodoxe, parce que tels ou tels de ses personnages flirtaient — c'est le moins qu'on puisse dire — avec la sainteté, ils en ont hâtivement conclu à sa propre foi chrétienne. Ses mises en garde, pourtant réitérées, n'y changèrent rien — jusqu'au jour où il se suicida, ayant pris soin de demander que l'on brûlât son corps et que ses cendres fussent dispersées dans le Tibre. Mais le cas même d'Allan est de nature à nous rappeler un autre souvenir, propre à orienter notre réflexion dans un sens légèrement différent.

Ayant retranscrit les belles déclarations que l'on vient de lire dans son *Journal,* Gérard ne peut se retenir de noter que « cette ahurissante tirade » avait pris fin sur un ton « désinvolte et froid ». Dans le silence qui suivit, « le plus naturellement du monde, Allan alluma une cigarette » ; après quoi, bien qu'avec « un air à demi ennuyé », il éprouve le besoin d'ajouter comme un appendice à ce qui avait pu apparaître comme sa profession de foi : « Il ne vous a pas échappé, cher monsieur, que tout ceci paraît réclamer une conclusion. Elle ne saurait, bien entendu, prendre une autre forme que celle d'un acte. Vous le verrez. » Nous le voyons en effet, à la fin du livre ; et cet acte est également un suicide.

1. *OC,* p. 146-148.

Quel souvenir cela peut-il nous évoquer ? Celui d'Emile Zola. Ce dernier en effet déclara un jour que s'il lui arrivait de *voir* se produire *sous ses yeux* un miracle il croirait. Il se rendit donc à Lourdes, et l'événement se produisit : une femme, atteinte d'une maladie incurable, se trouva *en sa présence* instantanément guérie. Contrairement à ce qu'il avait annoncé, non seulement ce miracle, dûment constaté, ne lui donna point la foi, mais il écrivit un livre, intitulé *Lourdes,* dans lequel il raconta qu'il s'agissait d'un faux miracle, la femme s'étant vue retomber dans sa maladie quelque temps plus tard. Dénégation véhémente de celle-ci, qui lui écrivit pour lui offrir de venir constater qu'il n'en était rien. Mon livre est un roman, lui répondit-il, et j'ai parfaitement le droit de faire ce que je veux de mes personnages...

N'oublions pas d'ailleurs non plus que les Juifs, contemporains du Christ, assistèrent eux aussi à quantité de guérisons miraculeuses, d'opérations surnaturelles, voire de résurrections, que tous — il s'en faut — n'en tirèrent pas les mêmes conclusions que saint Thomas. Sans parler de ceux qui, ayant vu le Christ chasser des démons du corps de possédés, avaient déclaré : c'est par Belzébuth qu'il chasse des démons — un exemple particulièrement net d'effort d'interprétation nous est donné par saint Matthieu. Le Christ, à la prière suppliante de ses disciples terrorisés, vient de faire en un instant cesser la tempête. Les témoins, écrit l'évangéliste, de se dire alors : « Quel est donc celui-ci, que même les vents et la mer lui obéissent ? »[1]

Une explication peut-elle être donnée de ces comportements — et en tout premier lieu, bien sûr, de celui du protagoniste d'*Un beau ténébreux* ? Gérard n'en trouve guère — dans l'immédiat du moins —, déclarant, après avoir rapporté *in extenso* la tirade d'Allan, qu'elle « avait achevé de le désorienter ». Des explications existent pourtant, qu'il importe de chercher à plusieurs niveaux.

1. Matthieu, VIII, 27.

Premier niveau : Allan se complaît dans l'évocation de tous les détails concrets qui prouvent à son avis de façon incontestable la réalité de l'incarnation du Christ. Ces détails ne lui ont cependant pas été fournis par son expérience personnelle. Il ne s'en remet qu'à des témoignages. Il se trouve donc en contradiction avec lui-même, puisqu'il venait tout juste de dire : « Je n'arrive pas à concevoir (...) comment le besoin de révélation qui travaille l'homme pourrait se satisfaire à moins de *voir*, à moins de *toucher*. » En fait, et malgré ses belles déclarations, il se montre aussi sceptique que saint Thomas lui-même au lendemain de la première apparition de Jésus ressuscité au Cénacle, lors de laquelle il était absent. « Nous avons vu le Seigneur », lui affirment ses compagnons. « Si je ne vois dans ses mains la marque des clous, leur répond-il, et si je ne mets le doigt à cette place des clous et la main dans son côté, je ne croirai pas ! » Paroles que le Christ en personne, lors de sa deuxième apparition, commentera en disant : « Tu as cru, parce que tu as vu ! Heureux ceux qui auront cru sans voir ! »[1] La foi, enseigne le plus élémentaire des catéchismes, est une vertu *sur-naturelle*; ce qui signifie qu'elle peut bien s'appuyer sur des faits, dûment constatés par un certain nombre de témoins, voire par l'intéressé en personne, mais que ces faits réels et cette constatation par les sens ne suffisent pas à la donner. Malgré leur ardent désir d'accéder à la réalité d'un monde supérieur, Julien Gracq et ses personnages sont trop attachés à la *nature,* nature de l'homme aussi bien que nature extérieure, pour franchir le pas et s'élever au niveau d'une vertu qualifiée également de théologale.

Deuxième élément d'explication : toute vision, aussi directe qu'elle paraisse, suppose un minimum d'interprétation. Sur notre rétine ne se forment que des points, dont nous qualifions l'assemblage de lignes, de couleurs, de lumières, d'ombres, lesquelles, dans un deuxième temps de traduction, deviennent des objets ou des êtres. Les illu-

1. Evangile selon saint Jean, XX, 25-28.

sions d'optique n'existent pas seulement dans certains jeux de société : mieux que quiconque, un poète sait combien il est facile de confondre des voiliers voguant sur la mer avec un toit tranquille où marchent des colombes... Si les Juifs contemporains du Christ assistèrent, comme nous le disions tout à l'heure, à quantité de guérisons miraculeuses, voire de résurrections, mais n'en tirèrent pas tous les mêmes conclusions que saint Thomas, c'est précisément — comme l'indique le mot « conclusion » — parce que les uns et les autres greffaient en quelque sorte sur leur perception une interprétation, laquelle ne saurait être le produit que des facultés intellectuelles. Or, si Julien Gracq, en tant qu'écrivain, accepte bien sûr les fécondes illusions d'optique — d'ailleurs le plus souvent involontaires —, il récuse avec force toute intervention de l'intelligence dans sa tentative pour atteindre la réalité. Espèce de sortilège de magie noire, elle ne peut selon lui que déformer arbitrairement la réalité, accessible à la seule sensibilité primitive et fruste de la plante humaine, enracinée au plus profond de la terre.

Entre autres textes, une méditation glissée dans le second recueil de *Lettrines* ne laisse aucun doute à ce sujet, et prouve même que la conscience de cette persuasion n'a fait que s'accentuer en lui avec les années. « A mesure que les années ont passé et que j'ai avancé dans les livres, déclare-t-il en effet, il me semble que ma vue a un peu changé — presque mécaniquement, comme on devient presbyte — et que les figures humaines qui se déplacent dans mes romans sont devenues graduellement des *transparents,* à l'indice de réfraction minime, dont l'œil enregistre le mouvement, mais à travers lesquels il ne cesse d'apercevoir le fond de feuillages, de verdure ou de mer contre lequel ils bougent sans vraiment se détacher. » Et, sans la moindre transition, d'en passer immédiatement à cette conclusion, que l'on hésite à qualifier de *méta-physique* : « La promesse d'immortalité faite à l'homme, dans la très faible mesure où il m'est possible d'y ajouter foi, tient moins, en ce qui me concerne, à la croyance qu'il ne retournera pas tout entier à la terre qu'à la persuasion instinctive où je suis qu'il n'en est jamais tout à fait sorti. »[1]

Que ne nous abusent donc point les innombrables références, éparses dans l'œuvre, aux données de l'Ancien ou du Nouveau Testament. Sans nous livrer à un inventaire systématique, reportons-nous à quelques-unes d'entre elles, et examinons-les d'un peu près. Nous constaterons bientôt qu'elles ne correspondent ni à l'expression d'une foi — comme il est arrivé à tel ou tel commentateur de le croire — ni, encore moins, à une intention didactique.

Certaines ne sont rien d'autre que de simples images, au sens le plus stylistique du terme. Exemple, cette phrase descriptive, dans *Au château d'Argol,* au moment où Albert vient de pénétrer dans la chambre d'Herminien : « Les rayons jaunes du soleil ruisselant par les hautes fenêtres l'accueillirent sur le seuil de cette chambre qu'ils parcouraient dans toute son immense longueur et semblaient glorieusement *dévaster* comme le glaive même de l'ange exterminateur. »[2] Julien Gracq souligne le verbe « dévaster ». Soulignons, nous, la conjonction « comme », articulation la plus élémentaire des comparaisons, sur laquelle Ronsard n'hésitait pas à bâtir son célèbre sonnet sur la mort de Marie.

Construction semblable dans plusieurs passages d'*Un beau ténébreux,* où la même conjonction *comme* prouve qu'il ne s'agit de rien de plus que d'une analogie. Vision d'Henri au cours d'un rêve : un vieillard de haute taille, à la noble figure bienveillante, encadrée de longs cheveux blancs, semble venir vers lui ; il lui tend la main. « Mais la main se leva comme chargée du glaive flamboyant de l'archange. » Réveil de Jacques, après une nuit d'amour avec Irène : « J'ai dormi ! pensa-t-il bizarrement, le cœur serré, comme s'il eût déserté quelque veille héroïque — laissé

1. *Lettrines,* p. 70.
2. *OC,* p. 82.

passer l'*heure*, enchanté comme par la torpeur triste du jardin des Oliviers. » Deux fois la même conjonction « comme » dans cette courte phrase : la seconde image n'est donc pas d'une nature différente de la première. Remarque identique à propos du récit d'un autre rêve d'Henri : « Il y a pour moi quelque chose d'écrasant, d'emportant, à me sentir là, seul, à *guetter* cette ville de cette cime invisible, comme un aigle planeur, comme un dieu ravi par le démon sur la crête de la montagne. » Après un tiret, suit d'ailleurs une troisième comparaison, construite de façon identique : « Cette ville si désarmée, si fragile, comme tenue dans une serre, au milieu d'un calme fabuleux. » Et deux autres suivront encore dans les deux dernières phrases de la relation[1].

« Comme un berger gardant son troupeau de moutons... Ainsi le cap rocheux au-dessus de la mer... » La citation, cette fois, n'est plus de Julien Gracq. Elle serait de Victor Hugo, si le poète des *Contemplations* était demeuré disciple bien soumis de Ronsard. Novateur en tout domaine, à ce laborieux parallèle, il préfère le célèbre raccourci du « pâtre promontoire ». Il s'agit bien toujours d'une comparaison, mais dans laquelle les deux éléments, au lieu de demeurer distincts et complaisamment étalés, se trouvent brusquement superposés, fondus en une sorte de réalité à la fois unique et ambivalente. Le lecteur n'est pas loin de sourire, comme en présence d'un véritable jeu sur les mots — en même temps d'ailleurs que d'un jeu sur la grammaire, l'un des deux substantifs, dans leur association inédite, se voyant brusquement investi d'une valeur tout à fait inattendue d'épithète.

Toujours dans *Un beau ténébreux*, même quand les circonstances le conduisent à une incursion dans le domaine religieux, Gérard ne recule pas devant cette sorte d'image, qui se solde en fait par un simple jeu sur les mots. Le 3 août, par exemple, il note dans son Journal qu'il n'y a rien à quoi l'homme soit plus rebelle qu'à avouer la

---

1. *OC,* p. 248, 254 et 173.

secrète et immédiate puissance sur lui de son semblable. « Tomber sous le charme, écrit-il, (...) on n'en parle jamais : il y a un tabou là-dessus : mais à une simple inflexion de voix, à des yeux brusquement détournés — des années, des années plus tard les initiés au détour d'une conversation reconnaîtront soudain le passage de l'ange. » Jusque-là, rien que de relativement banal, le phénomène étant d'ailleurs qualifié de « révélation subite et commune ». Mais deux phrases plus loin, cette assertion pour le moins inattendue : « Le mystère chrétien dont les hommes, il me semble, pourraient le mieux s'approcher par leur expérience propre, c'est celui de la Visitation. » Simple jeu sur les mots, puisque le mystère de la Visitation — deuxième des mystères joyeux du rosaire — n'a rien à voir avec les anges, mais évoque seulement la visite de Marie à sa cousine Elisabeth. Preuve au reste d'une distance résolument prise par rapport à la révélation chrétienne, la méditation enchaîne aussitôt : « L'Antiquité, si accueillante, si prompte à retrouver le dieu sous le visiteur de hasard, s'est épargné, elle, par une saine hygiène du miracle — oui, peut-être — les *pires* des malentendus. »[1]

Dans le vers initial du *Cimetière marin* rappelé allusivement plus haut, Valéry se montre en fait d'image plus audacieux encore que Victor Hugo, éliminant purement et simplement le premier terme pour ne conserver que le second, et faisant presque douter en conséquence qu'il s'agisse encore d'une comparaison. Qui en effet ne s'est jamais trouvé devant un paysage qui s'offrait à ses yeux pour la première fois, paysage dans lequel une surface bleue, plus ou moins miroitante, apparaissait dans une trouée d'arbres, et dont il était bien difficile de déterminer s'il s'agissait d'un toit d'ardoises ou d'une pièce d'eau ? Deux promeneurs, face à ce même paysage, peuvent parfaitement avoir de ce détail deux visions différentes, mais tout aussi réelles, dans la mesure où ces visions — vaudrait-il mieux les nommer « apercep-

1. *OC,* p. 175.

tions » ? — sont le résultat sans doute d'une interprétation, mais d'une interprétation dictée par les données de la sensibilité que l'on serait presque tenté de dire la plus viscérale.

Avec une intensité toute particulière, une page d'*Au château d'Argol* nous montre chez les personnages gracquiens ce lien étroit entre leur sensibilité profonde et les visions qui s'offrent à eux d'une réalité aux allures de *sur-réalité*. Albert revoit en pensée le corps de Heide qu'il a découvert, « forcé, percé, marqué, palpitant, meurtri, déchiré, lacéré mieux que par neuf glaives ». Il inondait alors ses paupières, nous dit le narrateur, « du sauvage, sauvage et aveuglant baptême de son sang, et, ligne par ligne, avec une tension farouche, fatigué de la poursuite des glorieux mystères du monde, il suivait la route d'une goutte de sang sur un doigt ». Vision bien au-delà des simples données de la perception : « La vie de son âme paraissait maintenant suspendue à cette goutte dérisoire, et il lui semblait que tout ce qu'il avait aimé, tout ce qu'il avait cherché, roulait au fond de la source avec cette goutte sombre (...) Les yeux clos, il collait sa bouche à cette fontaine rouge et, goutte après goutte, il en faisait ruisseler sur ses lèvres le sang mystérieux, délicieux. »

Vision bien au-delà des simples données de la perception, où se mêlent une fois encore des images évangéliques, mais dramatiquement ici indissociable d'une sensibilité exacerbée à un degré paroxystique : « Dans le fond de son cœur qu'elle transperçait mieux que le feu rouge d'une lance, il enfonçait cette vision comme une épine aiguë, à la charmante morsure de laquelle il se déchirât avec délices, un tremblement sans merci giflait toutes ses chairs vides, il se sentait fondre dans une exténuante comparaison. » Cette sensibilité se révèle en définitive comme seul gage d'authenticité de ce qui apparaît à l'initié comme une indiscutable révélation : « Qu'il affronte maintenant, pour une issue désormais à peine douteuse, le destin qui n'eut pas la miséricorde de le changer en statue de sel, celui dont les yeux se sont ouverts sur ce qu'ils ne *devaient pas voir.* »[1]

Dans *Un beau ténébreux* cette fois, il est une page du Journal de Gérard qui plus que d'autres — mais peut-être n'est-ce qu'une question de nuance — donne l'impression d'une confidence intime, presque d'une confession. Une page exceptionnellement longue, dense, sans alinéa, tout entière occupée par une assez surprenante méditation sur les quarante derniers jours de la vie terrestre du Christ, et qui pourrait en conséquence suggérer de la part de celui qui médite une disposition intérieure bien proche de celle de la foi. Lisons cependant avec une extrême attention la phrase par laquelle elle débute : « Ce qui me touche par-dessus tout dans l'histoire du Christ, c'est cette courte période, surprenante de mystère, qui s'écoule entre la Résurrection et l'Ascension. » Le verbe « toucher » est suffisamment clair. Il s'agit évidemment — véritable leit-motiv — de ce qui touche la sensibilité la plus profonde. En douterions-nous, que les adjectifs accumulés dans la deuxième partie de la phrase suffiraient amplement à lever notre doute : « Ce sont ces apparitions fuyantes, douteuses, crépusculaires, si irrémédiablement *les dernières,* si poignantes d'une lumière de départ — si stupéfiantes aussi de désinvolture, de *dernière chance,* de caprice attardé, de divine nonchalance. » Nous respectons, bien sûr, les mots soulignés par Julien Gracq. Mentalement au moins, soulignons en outre, pour notre part, les adjectifs « poignantes » et « stupéfiantes ».

La suite s'attarde avec complaisance — mot déjà révélateur en lui-même — sur quantité de détails qui le frappent dans les récits évangéliques relatifs à ces derniers jours. Soigneusement choisis, ou mis en valeur — voire extrapolés —, presque tous insistent sur les sensations intimement partagées, tantôt dans la fièvre d'une rare exaltation, tantôt dans une sorte d'abandon gourmand, presque enfantin : « hallali fiévreux de fantôme, coupé de

1. *OC,* p. 68.

repos d'une si bucolique, d'une si infinie tendresse, comme une causerie du soir au bord d'un puits ». Quelques lignes plus loin : « Le soir est si doux, tout est tellement *comme d'habitude* — enfin on l'a vu, ce qui s'appelle *vu*, à quatre lieues d'ici. » Et ces paroles, surtout : « Ces paroles soudain fulgurantes qui fracassent ce crépuscule perpétuel, cette paix de champs moissonnés où se lève une main solennelle, où glisse un pas blanc, dans une peur remontée du fond des âges : Reste avec nous, car le jour baisse. » Cette fausse conclusion enfin : « Un mystère fou, une enivrante atmosphère de chasse au météore habite toute une vaste contrée. »

Conclusion fausse, car, emporté dans son élan, Gérard se délecte à revivre pour son propre compte cette enivrante atmosphère de chasse. D'un côté, « on imagine les rondes nocturnes des légionnaires (...) les puits, les sources, surprenantes de lumière à la nuit tombante, qu'on garde et qu'on hésite à troubler, les miroirs qu'on voile, — une lueur d'aube tout à coup qui se lève au bout du tunnel d'une allée de chênes, et ce pas invisible qui fait tressaillir et fleurir quarante lieues de terre (...) la révolte, la haine aveugle des assis, des bien gardés, de ceux qui se *retranchent*, ce goût de chasse à l'homme sans merci qui s'éveille au cœur des familles closes ». D'un autre côté, « une petite troupe fraternelle, ivre de soif », qui « nuit et jour court les champs et les bois comme les Ménades, ivre d'une soif que rien n'étanche » — une soif qui suffit seule à persuader, à communiquer la certitude absolue d'une vérité : « on sait maintenant sans doute possible qu'il *va* partir »[1].

Faut-il s'étonner si ce même Gérard, en des moments plus calmes, plus sereins, où il se livre à une réflexion, et non plus à une méditation de caractère plus ou moins mystique, devine l'ambiguïté de ses visions exaltées ? La nature, la femme ne sont pas les seules à se révéler messagères ou, si l'on préfère, concrétisation pour la première,

1. *OC,* p. 189 et 190.

incarnation pour la seconde, de réalités transcendantes, appelées communément le Bien et le Mal — ou, ce qui revient pratiquement au même, dans la religion, Dieu et le Diable. Ce personnage de l'*Autre,* dont nous l'avons déjà entendu parler tout à l'heure, et qui le conduisait au mystère de la Visitation, il se demande trois jours plus tard quelle peut bien être sa véritable identité. Occasion offerte : un lambeau de conversation surpris entre Jacques et Christel, et dont il se souvient tout à coup. Parlant d'Allan, pas une seule fois les deux interlocuteurs n'avaient prononcé son nom, remplacé comme systématiquement par le pronom *lui.* Et Gérard de noter — rappelons-nous : « Avec cette intonation suspecte que l'un et l'autre craignaient trop visiblement d'accentuer, ce *lui* si tacitement, si infailliblement appliqué, semblait tout à coup se hausser à une désignation presque fabuleuse, d'une façon à peine sacrilège atteindre jusqu'à l'ennoblissement de cette Majuscule qui se garde de cerner de trop près le grand rôdeur suspect, mal définissable, et désigne le cas échéant, profondément ambiguë, aussi bien que l'ange, le Malin. »[1] Question d'interprétation, en somme, une fois de plus...

Albert déjà, aux premières pages du *Château d'Argol,* se délectait dans la lecture attentive de la Logique hégélienne, où le système entier du philosophe lui semblait « prendre tout à coup son vol auguste et angélique ». Or l'essentiel de son attirance résidait dans l'interprétation toute particulière de l'histoire de la Chute. « Vous serez comme des Dieux, connaissant le bien et le mal », dit le Diable à Adam et Eve. « C'était là la cause de la chute, mais c'en était aussi la seule possible rédemption. » Autre façon d'exprimer la même idée : « La main qui inflige la blessure est aussi celle qui guérit. »[2] Peu importe que cette phrase soit la traduction littérale du texte allemand, ou celle d'une traduction anglaise, légèrement déformée.

1. *OC,* p. 179.
2. *OC,* p. 21.

L'important est que Julien Gracq ait retenu la formule — qui se retrouve d'ailleurs dans le *Parsifal* de Wagner — au point de la faire sienne, de la reprendre dans *Un beau ténébreux*[1], pour traduire sa croyance en l'ambiguïté fondamentale du sacré.

Quelle que soit la forme adoptée, quel que soit même le degré d'illusion du personnage au moment où il croit voir, entendre, percevoir par l'un quelconque des agents de sa sensibilité, tout se passe donc comme si les innombrables éléments empruntés aux données de la religion chrétienne, dans l'œuvre de Julien Gracq, n'étaient jamais rien d'autre que de simples images, de simples *références*. Dieu sait, disait un humoriste, que l'on peut parler de lui sans croire à son existence...

Nous avons évoqué Ronsard, Victor Hugo, Paul Valéry. Qui dit images dit en effet poésie. Même si l'auteur de *Liberté grande* ne s'est pas proclamé, comme Cocteau, essentiellement un poète, il l'est de façon indubitable. Il l'est, dans la mesure où le monde qui l'entoure lui apparaît comme la face visible d'un univers à la fois inquiétant et séduisant, grouillant de sortilèges, et dont la partie cachée, presque provocatrice, pareille à celle d'un iceberg, dépasse en immensité la partie perceptible.

Croire, affirmait un jour un romancier chrétien, c'est savoir. Loin de Julien Gracq la pensée qu'il sache, ou puisse jamais savoir ce que contient cette partie cachée de l'univers. Vis-à-vis des enseignements prodigués par la religion, et présentés comme des vérités, il se sent une liberté si grande qu'il en arrive parfois à adopter l'attitude de qui en prend résolument à son aise — quitte à scandaliser les plus susceptibles. Ne citons pour mémoire que l'Avis prévenant le lecteur éventuel d'*Au château d'Argol* que ce roman peut parfaitement être considéré comme une « version démoniaque » de *Parsifal,* ou ce texte surtout, particulièrement irrévencieux, intitulé *Un cauchemar,* dans lequel on voit l'effigie du Christ se détacher de sa

1. *OC,* p. 262.

croix de mission — qualifiée de « perchoir » — puis venir rejoindre le narrateur qui le décrit alors en ces termes : « Près de moi se tenait maintenant, brûlant mes yeux dans les siens avec une impudence d'éphèbe vicieux, un gnome haut comme ma ceinture, à la petite barbe jaune et sale, l'air indiciblement minable d'un vieux gamin fripé, du mendigot effronté et envoûtant qui exige l'aumône et vous offusque de ses plaies comme d'un miroir aux alouettes. »[1]

Ce dernier texte, il est vrai, fut publié pour la première fois — à la demande d'André Breton — dans le catalogue de la célèbre exposition surréaliste de 1947. Nous avons vu que la plupart de ses autres œuvres présentent un caractère sensiblement différent, plus ouvert à la croyance deux fois millénaire qui constitue la base de notre civilisation. Quand bien même il a l'air de s'appuyer sur des données de la tradition religieuse, il ne s'agit cependant pour lui que d'un simple désir, comparable à celui de Baudelaire, de saisir les *correspondances* du vaste temple de la nature, « où de vivants piliers laissent parfois sortir de confuses paroles ». Gabriel Marcel ne s'y est pas trompé, qui écrivait à propos du *Roi pêcheur* : « Il s'agit au fond, me semble-t-il, d'une *révélation d'essence poétique* » (c'est nous qui soulignons) « par laquelle l'homme transcende sa condition et accède au redoutable secret des choses »[2].

Comment, dans ces conditions, expliquer pareille accumulation de références, pouvant presque faire croire — au point d'abuser certains — à de véritables... préférences ? La nostalgie ? Pourquoi non ? Julien Gracq, nous l'avons déjà dit, a été élevé dans la religion chrétienne, qu'il a pratiquée jusqu'à l'âge de l'adolescence. Comme Cocteau, comme Radiguet, rien n'interdit de penser qu'il lui en est resté, fût-ce dans les profondeurs de son inconscient, un souvenir plus ou moins teinté de nostalgie. Il ne nous appartient toutefois pas plus de

1. *OC,* p. 4 et 1007.
2. *Les Nouvelles littéraires,* 5 mai 1949.

percer les mystères de cet inconscient que de sonder les reins et les cœurs. C'est à coup sûr s'avancer sur un sol infiniment moins mouvant que de rappeler les fondements de notre culture. « Nous avons trois mille ans », aimait à dire Jean Guéhenno. Par cette formule lapidaire et humoristique, il voulait souligner tout ce que nous devons aux Latins, aux Grecs, et d'une façon plus générale à toutes les civilisations de l'Antiquité. Mais, à partir du Ier siècle de notre ère, ces civilisations ont été, sinon balayées, au moins envahies, transposées, métamorphosées par le christianisme. Les Latins et les Grecs, la mythologie ont laissé, certes, des marques indélébiles dans notre art et notre littérature. Le christianisme a laissé infiniment plus que des traces. Les attaques dont il a pu être l'objet de la part de certains, comme des philosophes du XVIIIe siècle — ou des surréalistes —, n'ont pu réussir à empêcher qu'il demeure le cadre essentiel des références. Un ancien normalien, féru de culture générale, et à plus forte raison un historien, peut moins que quiconque l'ignorer, ou l'oublier.

Contre les défaillances éventuelles de sa mémoire, la lecture des écrivains qui l'ont précédé constituerait d'ailleurs le remède le plus sûr et le plus rapidement efficace. Qu'il médite dans *Préférences* sur tel roman d'un écrivain du XIXe siècle, telle œuvre d'un poète français, tel ouvrage d'un dramaturge étranger, un grand détour n'est pas nécessaire pour lui rappeler le souvenir de quelque page de l'évangile ou de quelque dogme. Un exemple particulièrement éclatant nous en est donné dans le chapitre intitulé « Béatrix de Bretagne ». On ne peut vraiment pas dire que Balzac, initié au martinisme par Henri de Latouche et à l'occultisme par le « Frère » Constant — le fameux Eliphas Levi —, ait songé à écrire une nouvelle *Apologie de la religion chrétienne.* Ayant fixé longuement son attention sur ce tome précis de la *Comédie humaine,* Julien Gracq n'en aboutit pas moins à cette conclusion sans équivoque : « L'arbre de la tentation et l'épée de l'archange viennent recharger de leurs prestiges les pages du livre enchanté et scellent à jamais dans l'imagination ce triple poème du paradis perdu par la chute, de la réversibilité mystérieuse des mérites, et de la rédemption par l'amour. »[1]

Dans le dialogue fictif intitulé *Les Yeux bien ouverts,* il en vient à parler d'Henry James et de son roman *Le Tour d'écrou,* dont il conserve un souvenir exceptionnel. De quel ordre? « Une des impressions de lecture les plus oppressantes que j'aie ressenties (...) c'est cette scène du *Tour d'écrou,* de Henry James, où le mauvais génie qui mène le jeu apparaît pour la première fois, accoudé et immobile sur les toits du château, et regarde de haut en bas dans la cour. » Pourquoi cette situation, même imaginaire et seulement lue dans un livre, s'accompagne-t-elle pour lui d'une sensation aussi violente? Tout simplement parce que « celui qui regarde de très haut, invisible, commet une espèce de rapt défendu, il *possède* magiquement, indûment ». Et, si l'on réfléchit bien, le souvenir d'un épisode de la vie du Christ est là, tout proche, qui informe — ou éclaire à tout le moins — le sentiment éprouvé : « sentiment qu'au fond c'est toujours le démon qui vous ravit sur la montagne »[2].

De façon à première vue paradoxale, Lautréamont, lui rappelle aussi un souvenir biblique. Qui s'étonnera du fait que la manière dont il en parle prouve une fois de plus qu'il s'agit pour lui uniquement d'une image, mise exactement sur le même plan, grâce au terme de *mythe,* que les récits légendaires de l'Antiquité? Les jeunes gens au « visage parfaitement rayonnant, d'une pureté incorruptible », épars dans l'œuvre du poète, « ces coupes faites à vif dans une réalité si terriblement proche sont de celles qui ravivent obscurément un des mythes les plus agissants et les plus rarement avoués de notre époque, celui de l'ange exterminateur ». Les portraits imaginaires de Lautréamont, qu'un Félix Valloton ou un Salvador Dali se

1. *OC,* p. 957.
2. *OC,* p. 852.

sont ingéniés « assez audacieusement à nous restituer »,
confirment que « c'est inévitablement l'image de l'*archange*
qui s'impose d'abord au crayon ou à la plume »[1]. Julien
Gracq souligne le mot « archange ». Nous préférons pour
notre part souligner le mot *image,* laquelle ne présente évidemment pas le moindre rapport avec celles qualifiées de
« pieuses »...

Cette dernière référence nous offre peut-être la chance
— ou du moins l'occasion — de mesurer de façon plus
précise l'impact du christianisme sur ce qu'il ne convient
guère d'appeler la pensée, mais plutôt les aspirations profondes de Julien Gracq. Une différence fondamentale —
comment l'ignorerait-il, ou refuserait-il de le reconnaître ? — existe en effet entre les mythes, simples récits
légendaires, de poésie plus ou moins figurative, et les
mystères, présentés comme des secrets soudain dévoilés,
au grand ébahissement de la raison. Qui dit mythe dit évidemment mythologie ; et l'on peut à ce sujet se poser
deux questions.
D'une part, comme nous le rappelions tout à l'heure,
la mythologie inspire l'essentiel de la civilisation gréco-
latine, de la même façon que les mystères chrétiens inspirent l'essentiel de notre civilisation occidentale deux
fois millénaire. Ce que l'on est convenu d'appeler la
culture générale ne peut ignorer l'une plus que les
autres ; et la littérature de tradition classique prouve
qu'en fait d'images la mythologie présente une richesse
largement égale à celle de la religion monothéiste qui l'a
remplacée : Julien Gracq le reconnaît lui-même dans son
Avant-propos au *Roi pêcheur.* Or une lecture attentive de
son œuvre fait apparaître une préférence, confinant à
l'exclusivité, en faveur des données du christianisme.
Rares dans ses livres, surtout ceux de fiction, sont les
pages où apparaît une référence aux dieux de l'Olympe
et à leur culte. D'autre part, nous venons de voir qu'il

1. *OC,* p. 900.

est des cas où mystères et mythes semblent par lui confondus, mis sur un même plan. Comment expliquer ces apparentes étrangetés ?

Reportons-nous à cet Avant-propos au *Roi pêcheur*. Dès les premières lignes, Julien Gracq se propose de réfléchir sur la notion de mythe. Les écrivains, depuis trois siècles, en ont fait une consommation assez effrayante, mais dont le résultat le plus clair a été de le vider de son contenu proprement religieux. Le XVIIᵉ siècle, en particulier, « s'est attaché surtout à l'incarnation du mythe, et n'a guère cherché qu'à faire descendre d'un ciel fabuleux, sans y brûler leurs ailes, des héros dont je ne sais quels clins d'œil devaient nous persuader progressivement que les visages après tout n'étaient que de tous les jours ». Envisagé sous cet angle, il est évident qu'il ne présente pas pour lui le moindre intérêt. Depuis un certain nombre d'années, en revanche, il semble que nous assistions à une véritable métamorphose, ou, si l'on préfère, à un radical changement d'orientation : « prospection renouvelée du domaine mythique », grâce à laquelle « on ne nous laisse jamais ignorer (...) que c'est de notre époque qu'il va être question et de nulle autre » — voir l'*Antigone* d'Anouilh — mais surtout en conséquence de laquelle tout le travail de l'écrivain « apparaît comme un travail d'arrachement, de sublimation ». Signe des temps, si l'on peut dire : « Dans cette démarche — au milieu de beaucoup d'autres signes — semble se traduire le besoin lancinant qu'éprouve notre époque de remagnétiser la vie, d'y faire sourdre de nouveau, après le succès d'une longue entreprise de dessèchement, un *lubrifiant* indispensable. »

Cette nouvelle orientation, à laquelle il pense évidemment que le surréalisme n'est pas tout à fait étranger, correspond infiniment mieux à son aspiration personnelle, à son désir, son besoin de sublimation, de révélation, d'initiation : « rien ne prévaut contre mon sentiment intime : l'air que je respire n'est plus le même, la *direction* a changé inexplicablement — en pleine mer, les voiles tout à coup s'inclinent à je ne sais quel alizé de bon augure ». Or, pour satisfaire au maximum cette aspiration, aucun mythe ne saurait rivaliser avec ceux du Moyen Age, qui comportent certes « un matériel folklorique analogue » à celui des légendes de l'Antiquité — « le Graal "renvoie" au jardin des Hespérides, la Quête au voyage des Argonautes » —, mais qui, même parfois fortement suspects du point de vue de l'orthodoxie, puisent l'essentiel de leur substance dans la tradition chrétienne[1].

L'occasion s'est offerte, à la fin d'un chapitre précédent, de citer une confession de Julien Gracq sur laquelle il serait peut-être bon présentement de revenir, afin de la placer dans sa lumière la plus fidèle, et d'apporter au commentaire qu'elle appelle toutes les nuances qui s'imposent. « Dépourvu que je suis de croyances religieuses, disait-il, je reste, par une inconséquence que je m'explique mal, extrêmement sensibilisé à toutes les formes que peut revêtir le sacré, et *Parsifal*, par exemple, a pris pour moi sans qu'il y ait déperdition de tension affective — au contraire — la relève d'une croyance et d'une pratique qui se desséchait sur pied. »

Parsifal : forme germanique du nom d'un personnage de la célèbre légende des Chevaliers de la Table ronde et de la quête du Graal. Comment une telle légende — une simple légende — a-t-elle pu prendre la relève d'une croyance? Allan aussi, on s'en souvient, se confesse à Gérard dans *Un beau ténébreux,* et apporte la réponse à cette question. La légende dont il s'agit se situe dans la droite ligne de l'Evangile — dont elle constitue d'ailleurs comme un prolongement — en ce sens que les réalités dont elle parle sont des réalités aussi parfaitement accessibles aux sens que celles évoquées dans les récits de la vie du Christ, donc tout aussi irrécusables. Allan les met exactement sur le même plan, passant des unes aux autres sans la moindre conjonction de coordination. Jésus de Nazareth a vécu sur terre, où on a pu le voir, le toucher : « La quête du Graal fut une aventure terrestre. Cette coupe

---

1. *OC,* p. 326-329.

existait, ce sang ruisselait, de la vue duquel les chevaliers avaient faim et soif. Tout cela on pouvait le voir. »[1]

Sans parler du doute qui plane toujours plus ou moins sur la représentativité d'un personnage de roman par rapport à son créateur, rappelons qu'*Un beau ténébreux* date de 1945, et que la confession concernant *Parsifal* figure dans un entretien accordé à Jean Carrière en 1986. Or, entre ces deux dates, en 1948 très exactement, Julien Gracq publiait — avant de la faire représenter — son unique pièce de théâtre, *Le Roi pêcheur*. Un Avant-propos l'accompagnait, auquel il nous est déjà arrivé de nous référer, et dans lequel on peut lire la déclaration suivante, un peu longue peut-être, mais qu'il vaut la peine de citer en son entier :

> Les deux grands mythes du Moyen Age, celui de Tristan et celui du Graal, ne sont pas chrétiens (...) : les concessions dont leur affabulation le plus souvent porte la marque ne peuvent nous donner le change sur leur fonction essentielle d'alibi. L'étrangeté absolue de *Tristan* tranchant sur le fond idéologique d'une époque si résolument chrétienne a été mise en évidence par Denis de Rougemont. A toute tentative de baptême à retardement et de fraude pieuse, le cycle de la Table ronde se montre, s'il est possible, plus rebelle encore. La conquête du Graal représente — il n'est guère permis de s'y tromper — une aspiration terrestre et presque nietzschéenne à la surhumanité tellement agressive qu'elle ne s'arrange décidément qu'assez mal d'un enrobement pudique et des plus hasardeux dans un contexte chrétien aussi incohérent que possible, où figurent plutôt mal que bien, vraiment au *petit bonheur* — le Golgotha, Joseph d'Arimathie, Vespasien — bien d'autres encore[2].

Nous n'entrerons pas dans les discussions — parfois assez vives — au cours desquelles se sont opposés un certain nombre de spécialistes, pour savoir, de toutes les versions de la Quête du Graal, laquelle était la première, ou correspondait à son inspiration la plus authentique. L'année même qui suivit la déclaration gracquienne que l'on

1. *OC,* p. 148.
2. *OC,* p. 329.

vient de lire, Armand Hoog et Albert Béguin croisaient le fer à ce sujet, sans parvenir ni l'un ni l'autre à convaincre par leurs arguments les historiens les plus pointilleux de la littérature médiévale. Suffit pour notre propos de retenir qu'une version du mythe au moins, écrite au début du XIIIᵉ siècle par un auteur d'obédience cistercienne, en offrait une interprétation irrécusablement chrétienne, que d'une part le héros n'en était point Perceval mais Galaad, qualifié de chevalier « célestiel », d'une pureté parfaite « à la semblance de Jésus-Christ », et que d'autre part cette version n'est point celle que Julien Gracq a choisie pour en nourrir les quatre actes de sa pièce.

Celle qu'il a préférée n'a même point pour auteur un poète ou un narrateur du Moyen Age. A Chrétien de Troyes ou Wolfram von Eschenbach, auxquels il se réfère plus ou moins implicitement dans son Avant-propos, il a préféré Wagner. A cause de l'envoûtement, dans l'art duquel il est faible de dire que le musicien allemand est passé maître? L'hypothèse ne mérite certes pas un haussement d'épaules. La musique, disait Alain — dont Julien Gracq suivit les cours au lycée Henri-IV —, possède une grande force de persuasion; l'ennui est qu'elle persuade n'importe quoi. Cet envoûtement, confessé par l'intéressé lui-même, n'aurait néanmoins sans doute pas suffi, si le sens même du livret de l'opéra n'avait correspondu à son aspiration la plus profonde. Or on sait l'usage que Wagner a fait, vis-à-vis de la religion, de ce que le protestantisme appelle le libre examen. La lecture de son abondante correspondance, pendant les quinze années au moins que dura la gestion de *Parsifal,* montre un lent cheminement dans l'élaboration — grâce à mille emprunts à droite et à gauche — d'une religion personnelle. D'où le jugement d'un des critiques les plus attentifs et les plus autorisés : « A n'en pas douter, le drame d'Amfortas, d'abord, comme celui de Parsifal, ne peut être regardé comme chrétien que si l'on use, vis-à-vis du terme, d'une vaste licence interprétative. Toutes les prémisses de la tragédie mènent sur des chemins hétérodoxes. Et d'abord la conception qu'on s'y fait de la douleur. (...) La souffrance en tant qu'agent de désespoir, et de désespoir métaphysique, n'est point un élément chrétien de pensée. Encore moins l'est-elle si on l'envisage sous l'angle où l'envisage Wagner : je veux dire l'angle du symbole. »[1]

Sans entrer dans le détail d'une analyse qui nous mènerait évidemment beaucoup trop loin, il est tout de même frappant de constater que certaines phrases du *Roi pêcheur* reprennent presque textuellement telles ou telles idées exprimées, telles ou telles images employées déjà dans *Au château d'Argol,* lequel se voulait une « version démoniaque » de *Parsifal* — et se référait d'ailleurs avec l'habileté que l'on sait à l'œuvre de Wagner, grâce à la description d'un tableau dans la chambre d'Herminien, représentant les souffrances du roi Amfortas, et commenté par la formule même sur laquelle s'achève l'opéra : « Rédemption au Rédempteur »[2]. Au deuxième acte du *Roi pêcheur,* par exemple, s'adressant à Trévizent, Perceval déclare : « Il est dans le monde un trésor captif dans un château enchanté, — Corbenic, — un objet de grande merveille, le Graal. Pour qui le voit, ses yeux s'ouvrent et ses oreilles entendent, il comprend le chœur des mondes et le langage des oiseaux. » Or, à propos d'Albert, le début d'un long paragraphe du *Château d'Argol* nous dit exactement ceci : « Il lui semblait qu'il eût goûté à quelque fruit défendu de l'arbre de vie aux épines aiguës, et qu'il en sentît encore la saveur contre ses dents — et plus encore que le présent amer de la connaissance, qu'il avait si souvent appelée du fond de l'inquiétude de son cœur, il pensait qu'y fussent descendus avec ses sucs vénéneux les dons plus mystérieux de la *sympathie.* Qu'il eût goûté le sang du dragon, et compris le langage des oiseaux. »[3] Dans un cas comme dans l'autre, il s'agit bien

1. Marcel Beaufils, Introduction à une édition bilingue de *Parsifal,* Paris, Aubier, Ed. Montaigne, 1964, p. 26.
2. *OC,* p. 84 et 85.
3. *OC,* p. 355 et 67.

d'une révélation, mais qui n'a vraiment rien à voir avec celle de l'Evangile. Celle dont il s'agit mériterait plutôt le nom d'initiation : initiation aux correspondances secrètes qui établissent l'harmonie du monde.

Un chapitre du *Rivage des Syrtes* aurait pu offrir l'occasion d'un contact plus étroit et d'une fidélité plus grande par rapport à la religion catholique : celui qui a pour titre « Noël », et qui nous fait assister — en partie au moins — à un office dans l'église de Saint-Damase. Certes, les nécessités internes du roman peuvent expliquer qu'il s'agisse d'une occasion manquée. Après ce que nous venons de dire à propos de la Quête du Graal, cette explication pourrait bien cependant apparaître comme n'étant pas la seule. De même en effet que Julien Gracq, parmi toutes les versions de la légende médiévale, a choisi celle qui s'éloignait le plus de l'orthodoxie, de même l'église de Saint-Damase nous est présentée d'abord, afin d'éviter toute méprise, comme l'une des plus célèbres des territoires du Sud pour « la suspicion opiniâtre attachée à la liturgie et aux rites qu'elle abritait ». Raison toute simple et purement historique en apparence : « Beaucoup plus profondément que dans le Nord, l'Eglise officielle avait dû composer ici autrefois avec les hérésies et les querelles intérieures du christianisme oriental, et les coupoles de Saint-Damase figuraient depuis des siècles le signe de ralliement électif de tout ce qui surgissait dans la pensée religieuse d'Orsenna de turbulent et d'aventureux. »

Un spécialiste d'histoire sait évidemment qu'il y a eu des époques où l'Eglise officielle a non seulement composé avec l'hérésie, mais sombré littéralement dans les abîmes de ses erreurs doctrinales. Exemple : l'époque de l'arianisme, auquel avait succombé le pape Libère en personne. Son successeur — sans doute est-il bon de le rappeler — fut d'ailleurs saint Damase, qui non seulement réunit un concile pour réaffirmer la foi de Nicée, mais dut aussi faire face aux schismes créés à Rome par les lucifériens, les donatistes et les novatiens. La chance est vraiment minime de se tromper en pensant que Julien Gracq n'a pas choisi au hasard le nom de l'église de Maremma...

Antérieurement au XXe siècle, semblables accidents ont été cependant peu nombreux, limités dans le temps — le pape Libère lui-même s'est rétracté —, et les défaillances de l'Eglise sont rarement (pour employer une litote) allées jusqu'à des compromis avec les sectes païennes les plus suspectes, ou, afin de reprendre l'expression même de Julien Gracq, les plus « ostensiblement dédiées à l'obscur ». Or relisons la suite de la présentation de Saint-Damase : « Le centre, pendant longtemps, d'une petite communauté de marchands des Syrtes rattachés au hasard de leurs relations de voyage aux Eglises nestoriennes d'Orient, puis d'une secte initiatique dont les liens avec les groupes secrets des "frères intègres" en terre d'Islam paraissent avoir été moins que douteux, les légendes locales en savaient long sur les conciliabules qu'avaient abrités ces coupoles mauresques et ces hautes voûtes noires aux suintements de cave sous lesquelles avaient prié, aux pieds d'un Dieu inscrutable, Joachim de Flore et Cola di Rienzi. » Conséquence : frappée d'interdit, l'église est demeurée longtemps close. Quelques années avant sa découverte par Aldo, une cérémonie expiatoire a permis de la rendre au culte. L'exorcisme a-t-il été vraiment efficace? Dans le clergé, « les tendances illuministes avaient repris racine comme par enchantement ». Dans la ville, « Saint-Damase était une des fissures par lesquelles les valeurs suspectes avaient envahi les rues »[1].

En dépit de ce lourd passé qui pèse sur elle, et qui semble donc ne pas être tout à fait révolu, Aldo ne pénètre pas moins dans cette église la nuit de Noël, à l'heure de l'office. Le sermon qu'il y écoute nous est retransmis presque *in extenso*. Dans sa péroraison, une formule pourrait bien nous livrer le secret — si secret il y a — de l'attitude de Julien Gracq vis-à-vis du catholicisme, voire de la religion en général. Puissions-nous,

1. *OC,* p. 705 et 706.

déclare le prédicateur, ne pas refuser nos yeux « à l'étoile qui brille dans la nuit profonde », et comprendre surtout que, du fond même de l'angoisse, « s'élève dans le ténébreux passage la voix inextinguible du désir »[1]. Ce mot *désir* ne serait-il pas en effet la « clé des songes » dont parlait Allan dans *Un beau ténébreux* ?

Ecoutons à nouveau ce même Allan au cours de sa conversation avec Gérard. Qui se tourne vers la religion le fait évidemment avec l'espoir de découvrir, grâce à elle, la Vérité. Qu'est-ce que la Vérité ? demandait déjà Pilate à Jésus. Réponse d'Allan, plus catégorique encore que celle de Renan : « La vérité est triste. » Elle déçoit, poursuit-il, parce qu'elle restreint. « Elle tient dans un poing fermé, puis dans le geste d'une main qui se délace et rejette. Elle est pauvre, elle démeuble et démunit. » Tout au contraire, « à l'approche d'une vérité un peu haute, encore seulement pressentie, il se fait dans l'âme dilatée pour la recevoir un épanouissement amoureux, un calibrage de grande ampleur où s'indique la communion avec ce qu'elle désire recevoir en nourriture ». Souligner le mot *désire* s'imposerait de toute évidence, si la phrase suivante même ne s'en chargeait par son développement : « C'est cette ascèse quasi mystique, cette équivalence pressentie, si précise et quasi miraculeuse, du désir et de sa pâture, ces approches un peu hautes de la Table que j'appelle deviner. »[2]

Evoquer le personnage de Tintin à propos de Julien Gracq, et surtout à propos d'un aspect si grave de son œuvre, peut paraître à première vue un *khanular* digne des Copains de Jules Romains. Afin de suggérer une quelconque analogie entre la quête du Graal et celle du Yéti dans *Tintin au Tibet* ? Possible, bien sûr, mais vraiment trop facile, sans grand intérêt, et — pourquoi ne pas le dire ? — indigne des ambitions du présent essai. Essayons de porter un peu plus loin notre audace, et rappelons-

1. *OC*, p. 711.
2. *OC*, p. 209 et 210.

nous. Brûlé par un désir ardent de découvrir les êtres énigmatiques, rois des hauteurs vertigineuses de l'Himalaya, le compagnon d'aventures de l'ineffable capitaine Haddock a décidé d'organiser une expédition. Il commence prudemment par s'assurer le concours d'un guide sherpa. Ce dernier le conduit aussi loin que le lui permet sa connaissance de la montagne, après quoi il lui déclare en substance : au-delà, je ne connais plus, je ne puis plus vous être d'aucun secours ; si vous désirez aller plus loin, prenez vous-même vos risques... Ne trouvez-vous pas, demandai-je un jour à un éminent spécialiste de l'auteur des *Pensées,* que nous avons là une magnifique illustration du *pari* de Pascal ? Le premier moment de surprise passée, et après quelque réflexion, il en convint tout à fait. Le guide sherpa joue en effet exactement le même rôle que la raison, dont le philosophe de Port-Royal s'assure d'abord le concours pour aller aussi loin que possible dans sa quête systématique de la Vérité — s'apercevant bientôt, dans sa logique même, qu'elle ne saurait le conduite jusqu'au but, et laisse son désir ardent insatisfait. Au-delà, point d'autre solution que celle de l'aventure appelée pari. Curieuse façon, entre parenthèses — si l'on s'en réfère à l'étymologie — de concevoir une apologie de la religion...

Peut-être ce détour en forme d'anecdote nous permettra-t-il de mieux percevoir l'originalité du comportement de Julien Gracq. Mille indices — et non point seulement des traces de pattes dans la neige — lui persuadent chaque jour l'existence d'un au-delà de l'expérience quotidienne. Un désir passionné l'anime lui aussi de découvrir cette surréalité. Afin de parvenir jusqu'à elle, il sait que la religion chrétienne a la solide réputation d'être un guide sûr — certains disent même le seul valable. Pourquoi refuserait-il avec un tel guide de dialoguer, de l'écouter surtout ? La confession n'a rien d'ambigu dans l'essai sur *André Breton* : « Il ne nous déplaît pas toujours, il est même loin de nous déplaire — et peut-être leur fascination est-elle à ce prix — qu'une certaine frange de nuit intellectuelle flotte pour nous sans remède autour de quelques positions attirantes, de points de vue qui par ailleurs nous font signe, qui paraissent nous réclamer. »[1] Pourquoi refuser d'écouter les propos de la religion chrétienne — à la condition toutefois de conserver soigneusement ses distances ?

D'une part en effet, s'il entend à travers ces propos la moindre résonance pascalienne, il la récuse aussitôt. Nous y avons déjà fait allusion et nous y reviendrons : la raison agit à ses yeux comme une manière de sortilège, superposant à l'authentique réalité une grille pleine d'artifices et du plus parfait arbitraire. Seul pour lui compte le témoignage indiscutable de sa sensibilité. Mais, d'autre part, ce qu'il refuse le plus énergiquement, c'est d'admettre que l'on parvienne à une vérité, quelle qu'elle soit — pas plus que l'on ne parviendra jamais à découvrir l'abominable homme des neiges. Pour reprendre le célèbre mot de Renan qu'Alain-Fournier ne lui pardonnait pas — et cité par Allan, sans nom d'auteur, comme un aphorisme de la sagesse des nations —, la vérité est peut-être triste. Elle est triste surtout dans la mesure où elle se présente comme *la* Vérité, triste comme un rêve qui s'éteint à la minute même où il se réalise. Autre confession dépourvue de toute ambiguïté dans les pages de *Préférences* consacrées à Novalis : « Considérant la Bible comme le Livre parfait, on dit qu'il avait modelé sur elle les deux parties de son livre[2] : *L'Attente* correspondant à l'Ancien Testament, *L'Accomplissement* au Nouveau : Sied-il de le dire ? je ne regrette pour ma part qu'à moitié que la seconde partie du roman n'ait pas été écrite, à partir du moment où, dans la scène du Jardin dans les ruines, sous le langage magnifique du médecin Sylvestre, ne se distingue que trop clairement le propos d'un sacristain. »[3]

Volonté catégorique par conséquent de ne point

---

1. *OC,* p. 405.
2. *Henri d'Ofterdingen.*
3. *OC,* p. 991.

parier, ou espèce de peur au moment d'engager le pari
— peur surtout d'exorciser, c'est-à-dire de faire s'éva-
nouir les sortilèges nés de l'imagination? Quelle qu'en
soit la nature exacte, ce sentiment se retrouve dans
nombre d'œuvres de fiction. L'objet d'un désir, lorsqu'il
est atteint, peut en effet se révéler parfois infiniment
plus que décevant. Pourquoi dès lors vouloir à tout prix
le préciser? L'erreur profonde consiste à revêtir cet *objet*
du désir du fabuleux prestige qui n'appartient qu'au
désir lui-même. Allan, dans *Un beau ténébreux,* après
avoir déçu Gérard en lui révélant qu'il ne le conduisait
nulle part, lui fait aussitôt la leçon : pourquoi avoir
voulu connaître, savoir? « Vous tiendrez plus tard cet
instant où vous avez cinglé vers le large, comme un
navigateur en rut de découverte, pour un moment inspiré et honorable de votre vie. »[1] Même découverte faite
par Aldo, dans *Le Rivage des Syrtes,* au moment où *Le
Redoutable* est lancé vers la côte de Rhages : l'expédition
seule compte, et non pas son point d'arrivée[2]. Enfer ou
ciel, qu'importe! disait déjà Baudelaire. Seul importe le
sentiment exalté, l'élan vers cet au-delà. Transporté jusqu'au septième ciel comme l'apôtre saint Paul, Julien
Gracq ne désire rien d'autre — à condition que ce ciel,
si l'on ose dire, se confonde avec le transport...

1. *OC,* p. 210.
2. *OC,* p. 742.

7

Références 2

Après ce que l'on vient de lire au chapitre précédent, on s'étonnerait sans doute — au sens le plus étymologiquement fort du verbe — d'entendre maintenant quelqu'un se hasarder à dire : si Julien Gracq avait conservé la foi de son enfance, il serait à compter au nombre de ceux que l'on appelle aujourd'hui les traditionalistes. Une telle formule ne devrait cependant être entendue ni comme une plaisanterie, ni comme une provocation. Relisons pour nous en convaincre les lignes suivantes, publiées en 1974 dans *Lettrines 2,* et notons au passage la vigueur de certains termes, au moins égale, on en conviendra, à celle d'un militant :

Pour déceler la mue actuelle du catholicisme, Huysmans est une bonne pierre de touche. Ce à quoi il s'est converti, c'est tout ce que l'Eglise vient de larguer, et rien que ce que l'Eglise vient de larguer. On peut d'ailleurs penser que les conversions d'écrivains et d'artistes vont se faire rares, mais le pape s'en moque, et mise pour l'avenir sur des races moins énervées : « Faites entrer les Noirs » *is the motto* — les civilisés de la vieille Europe sont en passe de lui devenir le poids mort que furent vite les premiers chrétiens juifs par rapport aux Gentils. Le berceau du christianisme touche à sa bière : l'appétit du Barbare lui revient dans sa sénilité — religion migrante qui semble fuir de nature sa roche mère comme le bouddhisme a fait (mais jamais l'Islam ni le judaïsme, solidement enrochés dans la Judée pierreuse de l'Arabie pétrée). Arabes et Juifs se disputent aujourd'hui Jérusalem les armes à la main ; le pape y revient en touriste, comme un nabab d'Amérique à la bauge d'Irlande où

179

naquit le grand-père émigrant. Le Mur du Temple d'ailleurs est là toujours, et la Kaaba de lave noire : mais où les neiges d'antan, l'arbre *Bô* et le bois de la Vraie Croix ?

Le contenu d'une telle page ne doit évidemment pas être considéré comme une prise de position partisane, mais comme un diagnostic : celui d'une maladie, sinon porteuse, au moins annonciatrice de mort — mort du christianisme dans le texte de Julien Gracq, fin du monde selon les chapitres VIII à XIII de l'Apocalypse de saint Jean, où elle porte le nom d'apostasie. Diagnostic, au double sens étymologique et médical du terme. Sens médical, d'abord, car il s'agit bien de l'identification de la maladie par ses symptômes. Le paragraphe suivant nous en apporte une preuve supplémentaire, où le romancier nous parle de trois ou quatre cérémonies qui lui ont donné récemment quelque aperçu de la nouvelle liturgie catholique. « Surprise! écrit-il, plus sensible peut-être à une oreille déshabituée comme l'est la mienne : ce n'est pas le latin qui s'éclipse, c'est l'Ancien Testament (...) Et — autre surprise — c'est le protestantisme, où le Livre omniprésent cerne et assiège de toutes parts le bref message évangélique comme un océan en rumeur une petite île, qui paraît soudain — à côté de cette agape dépouillée et intimiste — moelleux, orchestré, étoffé. »[1] Sens étymologique ensuite, le mot « diagnostic » étant directement calqué sur une racine grecque signifiant « connaissance ». Un spécialiste d'histoire et de géographie ne connaît pas seulement en effet les événements qui se sont déroulés au cours des siècles à travers le monde, et les différents pays dont se compose l'univers. Il connaît aussi parfaitement le contenu des religions diverses répandues à travers cet univers, et qui ont joué un rôle dans les événements étudiés.

Reste évidemment à résoudre le problème des rapports entre la connaissance et l'amour — disons, à tout le moins, la préférence. Telle page, comme celle que nous

1. *Lettrines 2*, p. 67 et 68.

venons de citer, relative à ce qu'il est convenu d'appeler l'Eglise postconciliaire, semble pouvoir être dictée par une adhésion pleine et entière, voire chatouilleuse, à la plus stricte orthodoxie. Telle autre au contraire, parlant des rites de la même religion catholique, à une époque bien antérieure, mélange de façon à peine innocente des pratiques de valeur et de sens très différents, et, sur un ton presque méprisant qui les assimile aux croyances superstitieuses des peuples les moins évolués, qualifie ces rites de « vieux » et de « magiques ».

Cette dernière page se trouve au tout début du premier recueil de *Lettrines*. A l'occasion d'une exposition consacrée dans un musée nantais à la duchesse de Berry, Julien Gracq écrit exactement ceci : « On ne comprend rien à l'histoire du légitimisme, qui agonise longuement de 1815 à 1873, si on ne comprend pas qu'à partir de Louis XVIII *il n'a plus espéré du ciel qu'un miracle* : de là l'appel au charme des vieux rites magiques : le sacre de Charles X, le roi suivant à pied les processions, la consécration du duc de Bordeaux à la Vierge, qui en 1830 apparaîtra à Polignac, et, plus tard, les pèlerinages, à Chartres, à Lourdes, des royalistes, pêle-mêle avec celui d'Holyrood. » Conclusion — un peu inattendue, il faut bien le dire, dans la mesure où les deux éléments de comparaison n'ont plus rien à voir avec le légitimisme : « c'est déjà le climat de la Salette, de Fatima »[1].

Nous avons parlé de ton ; mais comment faut-il exactement comprendre cette expression de « vieux rites magiques » ? Sans doute le recours interprétatif à un humour un tantinet moqueur n'est-il pas à exclure *a priori*. Un homme qui a été inscrit au parti communiste pendant un certain nombre d'années peut difficilement porter les royalistes dans son cœur. D'où le sens légèrement péjoratif suggéré plus haut. A moins évidemment que nousmêmes, influencés par ce que nous connaissons des idées politiques de l'auteur, ne supposions une nuance à

1. *Lettrines,* p. 10.

laquelle il n'avait pas seulement songé... La magie, nous l'avons vu, n'est pas une pratique qu'il méprise en elle-même. La véritable interprétation serait donc, semble-t-il, à chercher plutôt dans la perspective suivante : ne croyant pas plus à la vertu d'un sacre qu'à la présence réelle du Christ dans l'hostie ou de la Vierge sous les yeux des voyants, il met sur le même plan les pratiques des diverses doctrines mystiques, sans privilégier les unes par rapport aux autres, mais cherchant au contraire, en les interro-geant successivement, ce qui, en chacune d'elles, pourrait le mieux comprendre à ses aspirations personnelles. Rap-pelons-nous la formule employée dans l'entretien avec Jean Carrière, et qui contient finalement la réponse la plus évidente à notre première question : je reste, disait-il, « extrêmement sensibilisé à toutes les formes que peut revêtir le sacré »[1].

En dépit des efforts déployés au début du siècle par le philosophe allemand Rudolf Otto pour nous en présenter une nouvelle analyse, de type phénoménologique[2], il faut bien reconnaître que la notion de *sacré* est une des plus vagues qui soient. Un recours à l'étymologie latine, tout aussi vague, s'avère extrêmement décevant pour l'éclairer. Mais c'est précisément pour cette raison, d'une part, qu'elle peut présenter une multitude de formes, d'autre part, que Julien Gracq se sent si fort attiré vers elle. En fait de religion, ce qu'il ne peut guère accepter, c'est que l'on parle de doctrine. L'étymologie de ce dernier mot, elle, est très éclairante. *Doceo,* en latin, signifie : enseigner. Or enseigner au nom de quoi, ou de qui ? Au nom d'un dieu ? Mais il faut dans ce cas commencer par croire en ce dieu, alors que c'est justement Lui dont on cherche à découvrir s'il existe et quel il est. Tout se passe à ses yeux comme si les diverses formes du sacré offertes par les innombrables religions prêchées et pratiquées à travers les civilisations — sans négliger par principe celles des siè-

1. *Julien Gracq, qui êtes-vous ?,* Lyon, Ed. de la Manufacture, p. 124.
2. Dans son livre intitulé *Le Sacré,* et publié en 1917.

cles, voire des millénaires antérieurs au nôtre, ni celles des peuples trop hâtivement qualifiés de primitifs — constituaient autant de points de vue sur la Réalité supérieure ou, pour employer l'expression de Rudolf Otto, l'Irrationnel absolu que l'on devine et que l'on désire atteindre, sachant d'avance que, s'il devait un jour être atteint, c'en serait fini d'une aspiration qui représente en définitive la véritable raison de vivre. D'où son inlassable curiosité...

Une anecdote tout à fait intéressante. En 1966, paraît à Munich un ouvrage qui se propose d'étudier les principaux thèmes de l'œuvre de Julien Gracq[1]. Dans « La Sieste en Flandre hollandaise » — entre autres —, le critique a cru remarquer une similitude, pour ne pas dire une véritable parenté d'inspiration, avec un passage au moins du texte bouddhiste *Sutta-Nipâta*. Par prudence, avant d'affirmer, Bernhild Boie — car c'est d'elle qu'il s'agit — a posé à Julien Gracq la question directe : « Etes-vous intéressé par le bouddhisme ? » Réponse d'abord indirecte : les surréalistes n'ont-ils pas été les premiers à entrevoir une analogie entre le point sublime défini par André Breton, « d'où le positif et le négatif, le jour et la nuit (...) cessent d'être perçus contradictoirement », et le *satori* du Zen, « sorte d'illumination subite ou de saut brusque où les notions de sujet et d'objet s'annulent et où toute contradiction disparaît » ?

Le passage du *Sutta-Nipâta* est cité par D. T. Suzuki dans ses *Essais sur le bouddhisme Zen*[2] : Julien Gracq reconnaît les avoir lus, parmi d'autres livres consacrés au bouddhisme ; et il enchaîne, sans coquetterie : « Cette *réalisation,* capable de faire disparaître l'opposition entre le sentiment du *moi* et l'existence du monde sensible, me paraît toujours la seule chose qui vaille d'être recherchée

1. B. Boie, *Hauptmotive im Werke Julien Gracqs,* Munich, W. Fink, 1966.
2. *Essais sur le bouddhisme Zen,* Paris, Albin Michel, 1940-1943 (3e éd.), p. 183.

— c'est en cela que le bouddhisme Zen m'intéresse. Je suis porté à croire aussi à la justesse de la *direction* dans laquelle il cherche : c'est-à-dire à la non-valeur de l'action, aux vertus de la passivité, de la *détente* mentale complète, de l'absorption. »[1] Une telle réponse confirme évidemment Bernhild Boie dans ses intuitions concernant « La Sieste en Flandre hollandaise », mais également certaines pages de *La Forme d'une ville,* et tels poèmes de *Liberté grande,* en particulier le dernier, intitulé « Aubrac ».

Elle apporte aussi une confirmation supplémentaire à ce que nous disions plus haut de l'attitude de Julien Gracq à l'égard de ce qu'il appelle lui-même le sacré. « Faire disparaître l'opposition entre le sentiment du *moi* et l'existence du monde sensible » : un tel programme se situe bien évidemment dans une perspective propre à favoriser la naissance — ou la croissance — de la « plante humaine », reine du monde gracquien. D'autre part, « la *direction* dans laquelle cherche » le bouddhisme lui paraît susceptible d'emporter son adhésion, précisément parce qu'elle n'est qu'une direction et un moyen de recherche — le contraire d'une affirmation dogmatique. Voilà pourquoi, pour reprendre ses propres termes, cela l'intéresse ; faut-il ajouter : sans plus ? — en tout cas sans risquer de faire de lui un disciple.

Ses lectures ne se sont évidemment pas limitées à celles qui pouvaient le renseigner sur le bouddhisme. Sensibilisé comme il confesse l'être — *a priori,* serions-nous, pour notre part, tenté de préciser — à toutes les formes que peut revêtir le sacré, il ne s'attarde cependant, de la façon la plus naturelle, qu'à celles qui font écho à ses propres aspirations. D'où la rencontre dans son œuvre d'un certain nombre de références, mais d'un nombre relativement modeste, comparé à la multitude des attitudes religieuses répertoriées dans les encyclopédies. Qu'importe ! La modestie du nombre n'empêche point la variété ; et

---

1. B. Boie, *Hauptmotive im Werke Julien Gracqs,* Munich, W. Fink, 1966, p. 197.

cette variété confirme que, s'il n'adhère jamais, il ne prononce jamais non plus aucune exclusion, prêt à accepter tout ce que les mythologies les plus anciennes pouvaient offrir à ses yeux, sinon de tout à fait vraisemblable, au moins de séduisant, quitte à les interpréter ou à les transposer. Ainsi, par de simples allusions parfois, se révèle le caractère quasi œcuménique de sa curiosité.

Ce n'est évidemment pas un hasard si pour titre de l'un de ses recueils, où il se livre, non à la critique littéraire, mais à la méditation sur l'œuvre d'écrivains qui l'ont précédé, il a choisi celui de *Préférences*. Parmi les raisons de telles préférences, apparaît plus d'une fois le plaisir éprouvé à rencontrer chez ces écrivains la survivance, l'influence — ou la simple parenté avec des croyances remontant parfois à des siècles presque immémoriaux. Il arrive que cette rencontre ait lieu à l'occasion de lectures dont on l'attendrait le moins.

Prenons le cas de Balzac. Il faut bien reconnaître que la parenté semble à première vue pour le moins lointaine entre la *Comédie humaine* et l'œuvre de Julien Gracq. Ce dernier ne se contente pas d'en être parfaitement conscient et de l'avouer. Il ajoute aussitôt qu'il y a deux Balzac, dont seul l'intéresse : celui que les plus récents critiques ont mis en lumière, lumière obscurcie jusque-là par une véritable légende — « un Balzac hanté par l'invisible, par les aspects magiques du monde, aventuré parfois jusqu'aux abords du mysticisme ». Evidemment, le Balzac initié à la fois au martinisme et à l'occultisme, dont nous avons parlé au chapitre précédent — et dont on peut s'étonner d'ailleurs que Julien Gracq ne le mentionne pas de façon précise.

Pour qui cependant veut bien lire entre les lignes... Grâce à ces travaux, s'empresse-t-il d'ajouter — de telle manière que toute équivoque se trouve pratiquement dissipée —, « il apparaît aujourd'hui de moins en moins incongru de chercher à discerner dans l'apparent chaos balzacien un champ de forces magnétiques, où l'aimantation se manifeste çà et là par les arabesques de grandes figures symboliques — et, au cours du périple haletant parcouru au sein même du monde réel, de voir se dessiner, à travers la contingence apparente de la démarche, les linéaments de quelques grands *cercles* qui ne sont pas tous ceux d'un hyperbolique enfer terrestre ». Sans doute un tel préambule était-il nécessaire pour faire admettre la formule qui résume la conception nouvelle : « Mêlée à l'autre — "ici-bas et maintenant" — Balzac a aussi sa *Divine Comédie.* »

Illustration de cette formule : la vision swedenborgienne éclatante dans *Séraphîta,* la présence divine manifestée charnellement dans *Jésus-Christ en Flandre,* les grands trous forés soudain à même la trame du récit sur le monde de l'invisible dans *Ursule Mirouët.* Quelques exemples parmi d'autres qui prouvent que « l'univers balzacien, gonflé à craquer de matière purement humaine aux yeux de ses premiers critiques, nous paraît de plus en plus devenir étrangement poreux, se lézarder de bizarres lignes de clivage, au long desquelles circulent à l'aise, sous la robe blanche de Mme de Mortsauf et parfois, avec Vautrin, sous le domino de Fantômas, les démons et les anges ». Démons et anges qui sont d'ailleurs loin d'appartenir tous à la tradition chrétienne, mais il suffit qu'ils apparaissent en quelque sorte comme une preuve tangible du sacré — peu important la définition de ce sacré — pour exercer sur Julien Gracq une curiosité, voire une attirance, toute particulière. Les diverses considérations que nous venons de citer ne constituent en effet qu'un préambule à sa méditation sur *Béatrix,* qu'il appelle, non Béatrix de Rochegude ou de Rochefide, comme Balzac dans les diverses éditions de son roman, mais « Béatrix de Bretagne »[1].

Sans doute, et nous avons déjà cité la formule, ce livre lui semble-t-il d'abord pouvoir se définir comme le « triple poème du paradis perdu par la chute, de la réversibilité mystérieuse des mérites et de la rédemption par

1. *OC,* p. 950.

l'amour ». Mais une autre dimension lui paraît bientôt non moins essentielle, dont un certain nombre de hasards — parmi lesquels la première rencontre avec André Breton — lui ont permis de prendre conscience. L'*au-delà* qui s'y révèle, que l'on y entend *battre,* est essentiellement un « au-delà de la mer ». Il suffit de fermer les yeux, de fermer le livre « battu comme un rocher de tant de fièvre », pour percevoir le *bruit* merveilleux. Alors se précise la Révélation : « On dirait que le vieux sortilège celte est descendu sur ces pages sans cesse en rumeur. » Bien des choses ont changé en Bretagne depuis des siècles. « Mais les rochers guettent toujours vers le large les merveilles et les signes, et la mer, image de la Rencontre, jusque dans les humbles trésors du sable, reste l'énigmatique Médiatrice, rejetant un jour au rivage l'auge de pierre des chevaliers-fées, la nef où Tristan armé rêve au Morholt et court vers Iseult, et un autre la malle où Calyste déchiffre un nom, et le sang s'est retiré de ses joues : *Béatrix de Rochefide.* »[1]

Autre occasion de confession : *Penthésilée,* de Kleist. Jean-Louis Barrault a proposé à Gracq d'écrire pour sa scène une traduction libre de *Penthésilée.* Intimidé et séduit à la fois, Gracq a finalement donné son accord. Il sait pertinemment le risque qu'il court. La pièce a de quoi choquer, et il s'en tourmente peu. « A prendre ou à laisser »... Oui, reconnaît-il ; mais « pour ma part je prends ». Et d'expliquer par une longue analyse les raisons de sa décision.

En premier lieu, à la différence de Goethe, et bien que franc-maçon comme lui — mais on sait toutes les nuances que peut présenter la franc-maçonnerie — Kleist, se sent en connivence avec la face orientale du génie grec, « avec ce sens que lui a conservé le contact barbare de la démesure flamboyante, des sources inépuisables de l'ivresse, des forces chthoniennes, des poussées nocturnes du sang — tout ce que Nietzsche symbolisera plus tard en Diony-

1. *OC,* p. 958.

sos ». Le peuple errant des Amazones effraie, mais sans doute dans la mesure précise où il symbolise — où il représente — l'un des aspects les plus terrifiants, parce que les plus irrécusables, de notre être : « tout ce qui s'abandonne en aveugle aux forces de la sève, au rythme énigmatique des saisons — tout ce qui remue dans l'homme non plus comme le conseil distinct d'une idée intelligible, mais comme le déferlement d'une marée ».

En second lieu, ou plus exactement en conséquence, l'acte sacrificiel qui constitue le sommet de la pièce représente « le meurtre du héros solaire déchiqueté par le peuple humain, nocturne, des femmes ». Dans la version la plus connue de ce récit mythologique, c'est Achille qui blesse la reine des Amazones, fille d'Arès, et s'éprend d'elle alors qu'elle se meurt. Si Kleist a inversé les rôles, ce n'est évidemment pas par simple souci d'originalité. « C'est que l'instinct du poète l'avertit qu'ici seulement il a raison contre l'évidence, ici seulement il retrouve un *contact,* une plénitude de signification plus haute que toute vraisemblance, convoque autour de ses héros pour donner à leur acte une résonance presque indéfinie tout le prestige rajeuni des vieux mythes solaires : Osiris déchiqueté, et pleuré par une femme, l'ivresse meurtrière des Bacchantes, le sang d'Adonis ruisselant à l'automne dans les torrents du Liban. » Loin d'être considérés par lui comme de simples fables plus ou moins désuètes, ces vieux mythes solaires éveillent encore un écho dans la sensibilité de Julien Gracq, convaincu lui aussi qu'il est possible de les rajeunir, c'est-à-dire de leur rendre aujourd'hui toute la force de leur signification, ou au moins de leur suggestion ; et c'est pourquoi, selon sa propre formule, « il prend »[1].

Le mythe qui traverse *Sur les falaises de marbre* d'Ernst Jünger est évidemment d'un ordre tout différent. La séduction qu'il exerce sur Julien Gracq n'en contribue pas moins à éclairer la tendance profonde qui l'habite — on

1. *OC,* p. 973 et 975.

serait presque tenté de dire : qui le caractérise — en ce qui concerne la façon de percevoir le monde. Perception d'abord scrupuleusement attentive, aiguë, des réalités les plus élémentaires qui nous entourent; mais vision si aiguë, précisément, que le regard réussit à franchir le rideau des apparences, et à deviner — au sens de divination — ce qui sans doute se situe au-delà, comme si l'univers était une sorte de langage à déchiffrer. Rappelons-nous l'impression ressentie au cours de la navigation sur *les eaux étroites,* impression qui « n'est pas sans lien avec une image motrice très anciennement empreinte en nous et sans doute de nature religieuse : l'image d'une autre vie pressentie qui ne peut se montrer dans tout son éclat qu'au-delà d'un certain "passage obscur", lieu d'exil ou vallée de ténèbres »[1]. Rarement Julien Gracq emploie le terme de *symbolique.* Il en use à propos d'Ernst Jünger, dans le titre même de la méditation qu'il lui consacre, allant jusqu'à écrire : « Je crois qu'il faut lire *Sur les falaises de marbre* comme un livre emblématique », traversé par de grandes images que nous reconnaissons toutes, sans pouvoir les nommer. « Figures de notre *donne* : émouvantes ou terribles, ce sont les figures sous lesquelles notre destin nous a été distribué. »

A un premier niveau, ces figures appartiennent à ce qu'il est convenu d'appeler la nature. Les deux héros du livre ressemblent à son auteur comme deux frères, partageant « son goût pour les plantes, les insectes, pour ce qu'il appelle la "chasse subtile", pour la recherche passionnée des "correspondances" dans les règnes animal et végétal ». *Correspondances* qui rappellent évidemment Baudelaire, mais de façon plus large la poésie, laquelle n'est pas loin d'apparaître sous cet angle comme une sorte de méta-physique, voire de mystique, infiniment supérieure aux autres conceptions baptisées du même nom en ce qu'elle ne précise ni n'affirme jamais rien. Tout le livre baigne dans une nature qui est comme « une grammaire

1. *Les Eaux étroites,* p. 58.

symbolique et vivante, un texte à peine chiffré sur lequel l'homme a prise par le langage qui lui est de nature accordé, et où certaines pratiques de magie même ne sont pas impossibles ». Texte à peine chiffré, car « au moment où nous nous apprêtions à mettre un nom sous ces figures puissamment évocatrices, à leur chercher une référence directe dans le réel, le nom se dérobe, la référence nous fuit ». Explication — en admettant que ce mot puisse convenir : « *Sur les falaises de marbre,* en se refusant à chaque instant à l'interprétation tout aussi évidemment qu'il éveille continûment l'analogie, nous rappelle comme un poème — et ce livre *est* un poème — que le monde de l'art n'est pas notre monde. »

Notre monde, au reste, ne se limite pas aux plantes et aux insectes, aux règnes animal et végétal. Des êtres humains l'habitent aussi, dont le règne ne comporte pas moins d'énigmes, et dont le texte, qu'on le qualifie de politique ou de social, ne se révèle guère plus chiffré que celui des espèces dont Linné s'est efforcé d'établir le catalogue. De ce règne également, Jünger offre une vision présentée non sans paradoxe par Julien Gracq à la fois comme une analyse et comme une transposition poétique : l'ordre occulte des Maurétaniens, auquel se rattache le Grand Forestier. De quoi s'agit-il exactement? D'un mythe, dit d'abord Julien Gracq, traduisant « l'existence d'un Ordre caché, d'une franc-maçonnerie qui se reconnaît à des mots de passe », mais à propos de laquelle il ajoute quelques lignes plus loin : « dont nous commençons à soupçonner ici et là l'implantation lente, et souvent à travers les frontières et les races la complicité intime »[1].

Peut-on encore parler à ce niveau de poésie, de métaphysique ou de mystique? Il est évidemment bien difficile de disserter sur la franc-maçonnerie en toute connaissance de causse, puisqu'elle s'avoue elle-même une société secrète, dont les membres sont soumis à l'impératif d'une initiation. Mais précisément en raison de cette initiation,

1. *OC,* p. 978-980.

elle n'est pas sans rappeler les religions à mystères de l'Antiquité, ceux d'Eleusis par exemple, où l'on célébrait à la fois Déméter — déesse de la végétation, des plantes, justement — et Iacchos, peut-être réincarnation de Zagreus, mais le plus souvent confondu avec Dionysos, dont Julien Gracq lui-même nous a rappelé ce que Nietzsche lui faisait symboliser. Sans remonter aussi loin, la *Grande Encyclopédie* la définit comme « un ordre ou une confrérie greffée sur les anciennes associations ouvrières et mystiques du Moyen Age ». On ne compte plus par ailleurs le nombre d'ouvrages, écrits par des auteurs qui reconnaissent en faire partie, et dont les titres suffisent à montrer les liens étroits qui l'apparentent à la religion même si cette parenté se réduit à une bâtardise, ou se révèle comme la trahison d'un enfant prodigue, voire révolté.

Ce qui fascine Julien Gracq dans une telle organisation n'est pas de toute façon la doctrine à laquelle elle peut obéir, qu'elle peut vouloir répandre, ou traduire dans une refonte radicale de la société — avec ou sans majuscule —, mais simplement l'existence qu'elle traduit d'un ordre secret à l'intérieur de ce monde, peut-être plus ou moins en correspondance avec un ordre tout aussi secret à l'intérieur du monde de l'au-delà. A Orsenna, dans *Le Rivage des Syrtes,* Marino éprouve cette même fascination, non exempte d'une certaine crainte. A l'heure où l'avaient quitté déjà tout le menu personnel et les fonctionnaires subalternes, raconte-t-il, le palais paraissait presque désert. « Les quelques silhouettes que je croisais au détour des couloirs s'y mouvaient, après les heures régulières du travail, avec la désinvolture intimidante et l'abandon d'une franc-maçonnerie scellée par un long usage, qui se retrouve entre soi et maîtresse de la place. » Réalité à la fois mystérieuse et indiscutablement perçue. « Ces ombres, sur qui plus d'une fois je pouvais poser un nom illustre, qui s'interpellaient par leur prénom avec des interjections familières, des mots de passe et de brèves expressions de routine qui ne m'étaient pas compréhensibles, contribuaient à me mettre peu à l'aise : je sentais vivement que j'entrais dans un monde fermé. »[1] Confidences au cœur d'un chapitre intitulé précisément « les instances secrètes de la ville »...

Aucun historien sérieux ne met plus aujourd'hui en question les rapports étroits entre la Révolution française et la franc-maçonnerie. Moins de quatre ans après la fête de l'Etre suprême, en 1797, Chateaubriand publiait à Londres son premier ouvrage, *Essai sur les révolutions anciennes et modernes,* dont un chapitre — qui n'est pas tout à fait le dernier, comme le croit Julien Gracq — demande en guise de titre : *Quelle sera la religion qui remplacera le christianisme?* Question que ne se posera évidemment plus, en 1802, l'auteur converti du *Génie du christianisme,* mais qui, de façon étonnante, semble faire écho au mouvement tumultueux d'idées qui se déchaînait à la même époque de l'autre côté du Rhin. « Voici revenus les temps des prophètes », écrivait notamment Schubert ; et surtout, l'année même qui suivit la publication du premier livre de Chateaubriand — le 2 décembre 1798 exactement —, Frédéric Schlegel, dans une lettre à Novalis, exposait sa détermination à fonder une religion nouvelle : lui-même y tiendrait un rôle semblable à celui de l'apôtre Paul, et Novalis en serait le Christ. Dans sa préface à une réédition de *Heinrich von Ofterdingen,* Julien Gracq ne craint pas d'employer l'expression de « révolution édénique », pour qualifier ce courant dont il ne cache pas à quel point il peut en être séduit, et reconnaissant le rôle essentiel qu'y joue Novalis, irrécusable même si l'on s'en tient à « la beauté quasi angélique du visage qu'a fixée pour nous le tableau de Hader, et qui semble l'avoir marqué aux yeux de tous ses amis d'un signe d'élection visible ».

Certes, elle est bien vague, cette religion nouvelle. Elle ne se soucie ni de définir des dogmes, ni d'enseigner des vérités — ni de parler d'un dieu, quel qu'il soit. Par là même, elle tente particulièrement Julien Gracq. Elle le

1. *OC,* p. 820.

192

tente surtout dans la mesure où elle invite à découvrir *ici et maintenant* l'ordre secret qui régit ce qu'il appelle « le monde supérieur », et pour accéder auquel il n'est nul besoin d'attente, car il ne se situe ni dans un au-delà du temps, ni dans un au-delà de l'univers dans lequel nous vivons. « Il n'est pas question ici d'un rêve constant, fait pour bercer l'imagination du pressentiment d'une vie future, mais de la provocation immédiate à une magie efficace. »

Ressemblance avec l'Evangile ? Ne nous appesantissons pas trop. S'il est vrai que les foules qui suivaient le Christ se sentaient attirées, non par la promesse indéfiniment reculée d'une autre vie à venir, mais par l'avertissement vingt fois répété que les temps étaient proches — ce qui resterait d'ailleurs à prouver —, il ne peut évidemment s'agir que d'une ressemblance tout extérieure. Mais qu'importe ! De telles déclarations nous permettent de mieux comprendre que ce qui intéresse Julien Gracq dans le christianisme, ce n'est finalement rien d'autre qu'une version revue et corrigée, présentée par des courants d'idées plus récents. « Le monde supérieur est plus proche de nous que nous ne le pensons ordinairement. Ici-bas déjà nous vivons en lui et nous l'apercevons, étroitement mêlé à la trame de la nature terrestre. » Par de telles affirmations, Novalis l'enthousiasme, lui semble exprimer à la perfection ce qu'il avait personnellement entrevu, pressenti — à peine osé espérer. « Nul mouvement poétique, conclut-il — et pas même le surréalisme — ne s'est jamais fait porteur, pour une échéance aussi proche, d'un espoir aussi illimité. »[1]

« Pas même le surréalisme » ; et cependant... A lire attentivement l'essai sur André Breton, on peut légitimement se demander : d'une part, dans quelle mesure le surréalisme n'a pas séduit Julien Gracq en raison précise de la dimension « religieuse » qu'il prétendait posséder ;

1. *OC,* p. 987.

d'autre part, si des œuvres comme celles de Novalis ou de Jünger ne l'ont pas attiré essentiellement à cause des ressemblances qu'elles pouvaient offrir avec le surréalisme.

Point de départ de l'analyse : le surréalisme n'est pas seulement un mouvement littéraire, inspiré par des considérations plus ou moins philosophiques. Il est avant tout un groupe, formé d'un maître et de disciples ; comme il y eut voici deux mille ans en Galilée un groupe de disciples autour d'un faiseur de miracles, et comme aujourd'hui encore existe une *Eglise* — mot dont la racine grecque signifie : assemblée — dirigée par ou souverain pontife. « Pour les témoins, bienveillants ou non, écrit Julien Gracq, le recours spontané à un vocabulaire d'essence magique ou religieuse, lorsqu'ils désignent le chef du groupe, a de quoi frapper. "Le pape du surréalisme", "pape en Avignon" ; "son entreprise religieuse", "saint André Breton", "le frère Breton", "mage d'Epinal", une remarquable convergence ici se fait jour. »

Peut-être, dans une certaine mesure, le résultat a-t-il déçu les espérances initiales. Pour qui analyse les faits avec une scrupuleuse attention, comme un historien se doit de le faire, ces espérances — ou ces intentions — n'en apparaissent pas moins comme irrécusables. « C'est bien à l'état naissant d'une religion avortée que la haute période du surréalisme fait écho avec l'insistance de ces grottes magiques dont il ne s'est pas par un pur hasard montré si friand. » Julien Gracq sur ce point n'est d'ailleurs nullement un découvreur, et il se hâte de le préciser : « Jules Monnerot, analysant le contenu du surréalisme, a sans doute été le premier à oser ce pronostic capital que "le surréalisme prend place dans une constellation qui pourrait bien un jour apparaître préreligieuse". »

Une autre constatation frappe l'observateur attentif, qui ne peut que le confirmer dans ses premières intuitions : l'énorme difficulté — pour ne pas dire la quasi-impossibilité — dans laquelle il se trouve de parler du surréalisme, s'il ne fait pas lui-même partie du groupe. Pour quelle raison ? Parce que l'essentiel du « mouvement » ne se situe ni dans la forme ni dans le fond, mais dans les rapports, les contacts intimes, à peu près — ou plutôt rigoureusement impossibles à définir, mais d'où émane un *je-ne-sais-quoi* auquel Julien Gracq ne craint pas de donner le nom d' « âme », principe vital, que seule une initiation permet d'atteindre.

A ce niveau de la recherche, les expressions de « société secrète », de « franc-maçonnerie », de « religion à mystère » ne sont pas encore prononcées. L'audace verbale n'en est que plus grande. Les images employées sont en effet toutes empruntées au langage de la religion chrétienne, certaines même faisant allusion à ses rites les plus sacrés. A preuve cette phrase qui sert de conclusion à un paragraphe particulièrement dense de deux grandes pages : « Ce n'est pas à une adhésion raisonnée à quelque formule aussitôt desséchée que proférée que se reconnaissent les adeptes, mais à une rencontre qui se situe dans ce royaume de frôlements immatériels qui est celui de l' "âme", et qui beaucoup plus que l'accord intellectuel rappelle la fraction du pain, ce sont ces "minutes d'amitié inoubliables", c'est la sensation partagée de cette "aigrette de vent autour des tempes" dont Breton lui-même, retrouvant le fil d'une métaphore déjà curieusement iconographique, déjà aimantée par le "nimbe", nous entretient au coin d'une page négligemment. »[1]

En approfondissant l'analyse — ou en s'efforçant tout simplement de rendre son observation plus attentive —, on s'aperçoit bientôt que cette notion de groupe est paradoxalement à la fois beaucoup plus vaste et plus limitée que l'on ne pouvait se l'imaginer *a priori*. Beaucoup plus vaste d'abord, parce que le groupe en question échappe aux catégories du temps, ou, si l'on préfère, s'épanouit aujourd'hui à la manière d'une fleur plongeant ses racines et puisant son suc dans le passé. Cette image même ne rend pas exactement compte du phénomène avoué par Breton lui-même, par le miracle

1. *OC,* p. 410 et 411.

195

duquel tels des écrivains qui l'ont précédé sont venus en lui, non se réincarner, mais diffuser, instiller leur *vertu* la plus essentielle, afin qu'il puisse à son tour en faire bénéficier, en nourrir, ceux que l'on ne sait trop comment appeler : disciples ou adeptes. Ainsi déclare-t-il se sentir *tout entier sous le pouvoir* de Huysmans (non pas, bien sûr, le converti de *La Cathédrale* évoqué au début de ce chapitre, mais le romancier d'*En rade,* de *Là-bas*), sous le pouvoir de Baudelaire, de Nouveau, de Vaché — un peu plus rarement d'Apollinaire.

Non pas phénomène de réincarnation, avons-nous dit. Julien Gracq pense le mieux qualifier en recourant au terme de *transsubstantiation,* employé dans la religion chrétienne, depuis le concile de Trente, pour définir le changement de la substance du pain et du vin en celle du corps et du sang du Christ, dans l'eucharistie. Sorte d'audace irrévérencieuse sur laquelle nous aurons l'occasion de revenir, et qu'il ne craint pas d'accompagner de cette autre comparaison : il s'agit « de rapports d'un caractère assez exactement dévorant et qui feraient songer sans grande peine aux pratiques du sorcier qui réellement pour ses fidèles "absorbe" les vertus du disparu et les restitue, vivantes en lui, au groupe »[1].

Verticalement donc — si l'on veut bien accepter cette image —, le groupe surréaliste a des frontières qui se perdent presque dans la nuit des temps. Horizontalement en revanche, si l'on s'en réfère à certaines pages de Breton qualifiées par Julien Gracq d' « hallucinations impératives », il apparaît que la hantise qui l'habite est celle d'un groupe soigneusement trié, aristocratique en quelque sorte (Jules Monnerot n'emploie-t-il pas à son sujet l'expression « aristocratie du miracle » ?), ordonné autour d'une « révélation générale », et par là « ne se différenciant pas par essence de telle ou telle communauté d' "élus" à ses débuts ». Qu'il s'agisse du *Premier manifeste* ou du *Revolver à cheveux blancs,* les même affirmations se

1. *OC,* p. 412.

trouvent répétées d'un désir de groupe restreint, dont les membres ne constituent pas à proprement parler une élite — à moins de jouer sur l'étymologie — mais représentent plutôt les *happy few* prédestinés. *Happy few*, car, pour reprendre la phrase de l'Evangile, il y a beaucoup d'appelés mais peu d'élus. Ici, les appelés mêmes ne sont pas plus nombreux que les élus. Idée plutôt, commente Julien Gracq, « d'un *ordre* clos et séparé, d'un compagnonnage exclusif, d'un phalanstère que tendent à enclore on ne sait trop quelles murailles magiques ». (Breton n'avoue-t-il pas rêver d'un *château* pour y installer *quelques-uns* de ses amis ?) « Beaucoup plus proche, par ses contours surtout exclusifs, de la Table ronde ou de la chevalerie en quête du Graal que de la communauté chrétienne initiale. »[1]

Que ce terme d'*élus* cependant ne nous abuse pas. Point ne s'agit en effet, pour le prophète du surréalisme, de montrer à ceux qui veulent bien le suivre le chemin conduisant à un quelconque salut. Ses disciples sont élus, c'est-à-dire choisis par lui d'abord. Choisis ensuite pour communier dans un état d'exaltation, dont le moins qu'on puisse dire est qu'il échappe à toute définition. Le vocabulaire employé à son sujet, aussi bien par Breton que par ses amis ou par ses commentateurs, s'englue dans la plus délirante des abstractions, ne trouvant pour traduire une mystérieuse expérience d'autre moyen que le recours à des images empruntées au langage de la science, ou à une multiplication infinie des superlatifs les plus sonores s'efforçant d'évoquer les transes de la sensibilité. Certains en ont fait des gorges chaudes ; d'autres ont froncé le sourcil. Julien Gracq défend le procédé comme étant à ses yeux le seul possible, le seul justifié, dans un domaine qu'il considère comme d'essence religieuse. Les adjectifs que l'on reproche à Breton peuvent-ils laisser la place à un autre mode d'expression pour traduire « avec la ferveur tâtonnante du balbutiement ce sentiment éperdu, panique (...) d'absorption, de ravissement, d'*appartenance,* qui nous

1. *OC,* p. 414.

renvoie à la source même du sentiment religieux et qu'on ne peut se refuser plus longtemps — que cela plaise ou non — à qualifier de mystique »?

S'il s'agit d'un authentique pèlerinage aux sources du sentiment religieux, on peut à première vue se demander pour quelle raison il ne s'accompagne point d'une ferveur d'apostolat, d'un désir de conversion universelle, analogue à celui que l'on voit se développer dans l'Evangile — « Allez, enseignez toutes les nations », recommande le Christ à ses apôtres au moment de les quitter —, ou comme on voit au cours des siècles, et jusqu'à nos jours, la plupart des religions emportées dans un élan de conquête, aboutissant parfois à de véritables guerres. Or, dès le *Second manifeste,* Breton insiste — sans reculer devant la lourdeur — sur le fait que le groupe aux destinées duquel il préside doit demeurer une société secrète : « *Je demande l'occultation profonde, véritable, du surréalisme.* » Raison invoquée : l'initiation qui le caractérise est d'une nature infiniment trop subtile pour échapper aux déformations, voire aux caricatures, que ne manquerait pas de lui faire subir une foule non avertie : « L'approbation du public est à fuir par-dessus tout. Il faut absolument empêcher le public d'*entrer* si l'on veut éviter la confusion. » Absolument : c'est-à-dire par tous les moyens, y compris « un système de défis et de provocations ». On sait comment ces défis et ces provocations se sont traduits dans les faits. Maladresse profonde de Breton sur ce point, reconnaît Julien Gracq, qui ne craint pas de comparer cette occultation tapageuse à une « grosse caisse devant le temple d'Eleusis ».

Maladresse profonde, mais dont il s'efforce presque aussitôt de découvrir l'explication. Explication particulièrement grave, à partir du moment où l'on prend conscience du besoin auquel obéissait Breton en voulant conserver à son groupe le caractère de société secrète. Le mot *occultation* qu'il emploie n'est évidemment pas choisi au hasard parmi un certain nombre d'équivalents possibles. Il évoque, bien sûr, les sciences « occultes », telles que l'alchimie, la magie, la cabale. Par son étymologie latine, il évoque surtout l'idée de se cacher. A l'époque où Julien Gracq, sur les bancs du lycée de Nantes, s'initiait aux langues anciennes, le recours à l'indice de fréquence dans l'étude du vocabulaire n'avait pas encore acquis ses lettres de noblesse. Nous le voyons néanmoins s'en servir spontanément en la circonstance, et mettre en valeur l'adjectif qui lui paraît, plus que tout autre, rendre compte du souci essentiel d'occultation. « Il est un mot, écrit-il — mot clé, mot force —, qui polarise négativement par rapport à l'attraction "luciférienne" tous les champs magnétiques sur lesquels flotte le drapeau de Breton : c'est le mot *noir*. »[1]

Sans doute le contenu sémantique de cet adjectif est-il extrêmement variable, et dépend-il dans une grande mesure du substantif auquel il est associé. A travers les transmutations les plus singulières, Julien Gracq n'en affirme pas moins la présence de ce qu'il appelle une « racine mythique commune », une « poussée de sève aveugle en puissance dans tous les surgissements », si bien que sous ce mot lui paraît se dissimuler une force électrisante « qui agit avec la sûreté d'un tropisme ». Passe pour des expressions devenues presque banales, comme celles de « roman noir » ou de « magie noire ». Un recueil d'André Pieyre de Mandiargues porte le titre de *Musée noir*. Dans *L'Amour fou*, se tournant vers le volcan de Tenerife, Breton traduit son admiration exaltée par l'expression à tout le moins inattendue de « beau et noir » Lautréamont de l'air, et lui adresse cette prière : « Daignent tes artères, parcourues de beau sang noir et vibrant, me guider longtemps vers tout ce que j'ai à connaître, à aimer, vers tout ce qui doit faire aigrette au bout de mes doigts. »[2] Quant à Osiris, si l'on en croit les dernières pages d'*Arcane 17*, « Osiris est un dieu noir ! »[3]. Il ne s'agit évidemment pas de la couleur de la civilisation à laquelle il appartient...

1. *OC,* p. 416 et 417.
2. *L'Amour fou,* Paris, Gallimard, coll. « Folio », 1984, p. 141.
3. *Arcane 17,* Paris, Ed. du Sagittaire, 1947, p. 159.

Il ne s'agit d'ailleurs d'aucune couleur, mais d'une qualité extrêmement difficile à définir, que le langage poétique seul peut suggérer à la façon d'une image, pour la simple raison que le propre des images est de s'appeler les unes les autres ? Le noir évoque à la fois la tache que l'on s'efforce de dissimuler, la nuit qui précède la vie et celle qui suit la mort, la nuit surtout au fond de laquelle nous sentons que se trouve enfoui, à peu près inaccessible, ce qui constitue l'essentiel de notre être, et dont nous ignorons ce qui l'emporte en lui de divin ou de diabolique. D'où la tentation confessée par Julien Gracq de nommer « épithète de nature » cet adjectif qui révèle en définitive si ouvertement le « tréfonds sensible » du sujet. Et sans doute, ajoute-t-il aussitôt, « plus encore que le tréfonds sensible le tréfonds moral, ou plus exactement cette inclination, cette pente, cette *prédestination* fatale, qui oriente toutes les manifestations de l'être, toutes ses projections, et qui ne peut prendre sa signification pleine et entière qu'avec l'intervention départageante de la notion de sacré ».

Une fois encore, il convient de se rappeler la confidence à Jean Carrière, concernant sa sensibilisation à *toutes les formes* que peut revêtir le sacré. De quelle forme en effet peut-il s'agir ici ? De la plus paradoxale, si l'on veut bien faire attention à l'exactitude des mots employés pour la définir. Dans son acception la plus courante, l'adjectif « profane » désigne non seulement ce qui se distingue du sacré, mais ce qui s'oppose à lui. Or, Julien Gracq, s'efforçant de comprendre et de faire comprendre « l'intervention départageante » dont il vient de parler, ne croit pas pouvoir mieux l'éclairer — s'il est permis d'employer ce verbe — que par l'évocation de l'acte profanateur. « C'est seulement au fond, écrit-il, par une référence lointaine au sacrilège, à la profanation, référence qui n'est jamais tout à fait perdue de vue, que ce terme de "noir" reçoit pour les surréalistes toute la charge galvanique dont on le voit capable. »[1]

Sorte de *verso* du sacré, par conséquent, ou, si l'on pré-

1. *OC,* p. 418.

fère, de sacré précédé du signe négatif. On songe, bien entendu, à quelque référence diabolique. Le mot « noir » n'évoque-t-il pas la notion de ténèbres, qui qualifie très exactement dans l'Evangile le royaume de Satan ? Julien Gracq ne prononce ni le nom commun ni le nom propre du chef des anges révolté et déchu. Ce serait en quelque sorte prendre position, ce qu'il se garde de faire. Le mot « sacrilège » lui-même, dans la phrase que l'on vient de lire, doit être compris comme élément d'une expression au style indirect libre, citation de phrase entendue et rapportée, en quelque sorte, mais non prise à son compte. Pour reprendre la métaphore empruntée au langage des mathématiques, disons que la notion de sacré ne l'intéresse qu'en considération de sa valeur absolue, non en fonction du signe *plus* ou du signe *moins* dont elle peut être ici ou là précédée.

Les noms de « diable » et de « Satan » ne sont pas prononcés. Celui de « damnation » l'est tout de même, mais d'une façon particulière, qu'il vaut la peine de souligner. Cette fois, en effet, il s'agit d'une citation bel et bien littérale, empruntée au *Désespéré* de Léon Bloy, lequel ne parle évidemment pas du surréalisme — *Le Désespéré*, rappelons-le, date de 1886 — mais de Lautréamont, « le grand ancêtre », et qui le caractérise de but en blanc — assez bizarrement, dit Gracq — comme l'homme qui a apporté « la bonne nouvelle de la damnation »[1]. Pourquoi ce recours à Léon Bloy ? Bien qu'il soit difficile de l'affirmer, la raison pourrait bien ne pas en être unique.

En premier lieu, un ancien normalien ne pouvait que goûter le piquant de l'alliance de mots. Même sans jamais avoir reçu la moindre initiation au grec, chacun sait que l'expression « bonne nouvelle » est, si l'on peut dire, la traduction du mot « évangile » ; disons, si l'on préfère, son synonyme. Léon Bloy, sans le moindre doute, l'emploie en ce sens, voulant signifier que l'œuvre de Lautréamont contient tous les éléments d'une sorte de contre-

1. *Le Désespéré*, Paris, Mercure de France, 1943, p. 34.

201

religion, ou de religion satanique. Reste que « bonne nouvelle » ne sonne pas du tout de la même façon qu' « évangile », et que parler de *bonne* nouvelle de la damnation peut être entendu comme une formulation dictée par un humour particulièrement noir, lequel, transposé au niveau du surréalisme, ne fait alors que souligner sa hantise du défi et de la provocation. Aucune bizarrerie, par conséquent, et la remarque gracquienne pourrait bien n'être elle-même que celle d'un humour au second degré...

Faut-il parler d'un troisième degré d'humour, à propos du début de la phrase qui introduit la citation : « Il n'est pas tout à fait indifférent de remarquer » que Léon Bloy...? Les exemples qui suivent prouvent amplement qu'il n'était nul besoin de se retrancher derrière une quelconque autorité, pour affirmer « la fascination automatique » exercée sur Breton et sur ses amis par l'acte profanateur, et les « appels vibrants au sacrilège » qui résonnent à travers leurs œuvres. Une séquence de *Clair de terre,* dans *L'Union libre,* ne parle-t-elle pas de « femme à la langue d'hostie poignardée »[1]? A deux reprises, en guise d'illustration, et notamment en tête de *Nadja* — comme une sorte d'avertissement au lecteur —, Breton fait figurer la reproduction du tableau d'Ucello *La Profanation de l'hostie*; cependant que le *Second manifeste* prévient les bons entendeurs : « A bas ceux qui distribueraient *le pain maudit* aux oiseaux. »[2] Fanfare provocante, reconnaît Julien Gracq, d'un véritable appel à ce qu'il nomme un *anti-dieu.*

Comment dès lors concilier cette fanfare et le désir de société secrète? Par le simple fait des données historiques. Qui dit en effet profanation de l'hostie dit plus ou moins littéralement messe noire, donc entreprise de subversion fondamentale, résistance armée contre la religion qui occupe présentement le terrain. Tout dépend donc d'un

---

1. *L'Union libre,* Paris, Gallimard, coll. « Poésie », 1984, p. 93.
2. *Œuvres complètes,* Paris, Bibliothèque de la Pléiade, t. I, p. 109, 704 et 822.

rapport de forces. Si la religion que l'on rêve de détruire est suffisamment puissante, armée, organisée, pour faire en sorte que « son règne arrive », mais surtout se maintienne envers et contre tout, les résistants à ses impératifs se voient contraints de prendre le maquis. Toutes les apparences — ou presque —, en ce premier quart du XXᵉ siècle, allaient en ce sens. D'où l'obligation à laquelle s'est cru d'abord tenu le surréalisme « de dissimuler, de tenter sans cesse, au moins de façon embryonnaire, de ménager dans son action une part de clandestinité, dans sa doctrine une part d'ésotérisme, inséparables historiquement de tout groupe de subversion décidé à retourner contre la religion ses propres armes ».

Si au contraire apparaît chez « l'occupant » le moindre signe de faiblesse... Au début de ce chapitre, nous avons cité une page de *Lettrines 2* dans laquelle Julien Gracq dénonce avec une rare clairvoyance les abandons et les reniements de l'Eglise catholique au lendemain du concile Vatican II. Vingt-sept ans plus tôt, à propos du surréalisme, il souligne déjà l'attitude pour le moins surprenante de cette même Eglise, comme frappée d'inconscience, de cécité ou de paralysie, devant la menace que représente pour elle ce mouvement iconoclaste ; attitude d'abstention, en tout cas, dont Breton et ses amis ne tardèrent pas à profiter pour accentuer leurs scandales. Ce qui surprend, et va jusqu'à créer un certain malaise, écrit-il, « c'est la disproportion entre la vigueur au moins verbale de l'attaque et l'inertie parfaite de l'adversaire nanti dans la riposte, comme si vraiment celui-ci n'était plus en mesure de conditionner celle-là, n'était plus *à son échelle* — comme si l'agression profanatrice, d'une manière significative, se trompait d'adresse »[1].

Revenons un tout petit peu en arrière. N'aurions-nous pas ici la véritable clé de la formule relative à Léon Bloy ? « Il n'est pas tout à fait indifférent de remarquer... » Pas indifférent — litote — pour deux raisons qui nous parais-

1. *OC,* p. 419.

sent maintenant à peu près évidentes : d'une part, afin de montrer qu'il existe tout de même, face à la hiérarchie défaillante, quelques chrétiens clairvoyants, même parmi les laïcs ; afin de souligner d'autre part, Léon Bloy écrivant en 1896, qu'en l'espace de quarante ans la situation s'était déjà notablement dégradée...

Mis en présence du surréalisme, Julien Gracq s'est donc une fois de plus attaché d'abord à établir un diagnostic. La conclusion de son examen ? Premier point : contrairement à ce que certains exégètes à la vue trop courte ont pu penser ou écrire, l'attitude surréaliste vis-à-vis du christianisme est une attitude résolue d'hostilité. Attitude au contraire infiniment plus compréhensive, séduite, à l'égard de la mentalité et des cultes primitifs : voir l'intérêt de Breton pour les cérémonies vaudou des Antilles et celles des Indiens Hopi. Le primitif, précise le conférencier invité à l'Université de Lille en 1949, « baigné qu'il est dans un monde entièrement magique, c'est-à-dire où s'établit une résonance, un unisson continuel entre l'homme et les choses, où sautent les barrières de la conscience individuelle », est toujours apparu aux surréalistes « comme l'incarnation de pouvoirs oubliés par l'homme » et qu'ils brûlent de reconquérir, et comme le détenteur d'un grand message : « A savoir que le monde est perméable à l'esprit et la conscience à chacune des autres, et que cet état panique, cette conscience panique, qui s'éveille au rythme des tambours nègres et qui nous fait accéder sans doute au pressentiment même du surréel, n'a jamais cessé de vibrer tout près de nous, à portée même de la main. »[1]

Second point : les conditions dans lesquelles ce mouvement a été amené à se manifester et à se développer ne lui ont pas permis de parvenir à une maturité telle que l'on puisse adhérer sans réserve à ses prises de positions. Il n'en apparaît pas moins comme prometteur, annonciateur d'une *forme* nouvelle de religion, dont nul ne sait pour l'heure dans quel futur plus ou moins lointain elle pourra éclore et s'épanouir, mais à propos de laquelle Julien

1. *OC,* p. 1016 et 1017.

Gracq n'hésite pas à jouer lui-même les prophètes, convaincu du caractère inéluctable de son avènement en vertu des lois qui régissent l'évolution historique. Sous la forme « noire » qu'il a adoptée, le surréalisme n'est probablement rien d'autre que « l'*ombre portée* sur le corps social en stagnation par l'approche d'une religion nouvelle encore insoupçonnée, dont on ne saurait évidemment rien dire, qui se profile en arrière de lui et dont ne pourrait manquer de prédominer un jour l'aspect positif »[1].

Julien Gracq, en résumé, ne fait donc pas sien le credo du surréalisme, pour la bonne raison que le surréalisme n'a pas de credo, au sens religieux du terme. Cette absence même en revanche le séduit. Certes, il se prétend sensibilisé à toutes les formes que peut revêtir le sacré. Sa sensibilité cependant réagit de façon infiniment plus favorable à celles qui savent demeurer suffisamment dans le vague pour ne pas donner l'impression, par un excès de précisions, de présenter comme sacré ce qui n'est en fait, à ses yeux, qu'une construction de l'esprit marquée au coin d'un excès de réalisme — ou, ce qui revient au même, un produit de l'imagination. Au-delà des données de la sensibilité, ou à l'intérieur même de ces données, son expérience lui persuade l'existence d'un secret : d'où son attirance pour l'ésotérisme, qu'il considère en définitive comme la seule forme valable de sacré. Toute révélation a pour résultat évident de faire disparaître le secret en tant que tel, donc, aux yeux de Gracq, de trahir le sacré. Sortilège de magie noire, en quelque sorte, des religions constituées ; sortilège de magie blanche au contraire dans les mouvements d'idées comme le surréalisme, qui en restent volontairement à « l'esprit », aux « hallucinations », aux « effluves », aux « rêves », aux « courants », à la prophétie d'un futur semblable à l'horizon du chemineau de Jean Richepin, « qui recule chaque matin, et qui le soir n'est pas atteint ».

1. *OC,* p. 420.

8

La chambre des mots

Julien Gracq ne parle jamais de ce qu'on pourrait appeler la *création* des objets volants non identifiés, grâce à l'expression de « soucoupe volante » inventée un jour par un aviateur. Il connaît suffisamment en revanche les différents récits du livre de la Genèse pour se rappeler qu'en ce qui concerne les divers éléments du monde, objets inanimés ou êtres vivants, leur simple dénomination et leur accès à l'existence ne constituent qu'un seul et unique fait. Sa passion pour Stendhal est si grande qu'il ne saurait oublier le célèbre monologue intérieur de *La Chartreuse,* au cours duquel le comte Mosca, inquiet à juste titre des rapports entre la Sanseverina et Fabrice del Dongo, pense tout à coup : si quelque jour un mot était prononcé entre eux, aussitôt... Sa culture d'historien ne peut lui laisser non plus ignorer qu'un seul mot malencontreux — parfois une seule lettre, comme le fameux *iota* dont il fut tant question au concile de Nicée — peut suffire à déclencher une hérésie. Ses connaissances en langues anciennes et étrangères lui ont appris d'autre part que certains mots étaient pratiquement intraduisibles...

Mille références de cet ordre prouvent abondamment à ses yeux qu'un lien étroit existe entre le langage et le monde de l'abstraction — qu'il s'agisse d'une surréalité, d'un au-delà, ou d'une espèce de sacré — et que le premier ne saurait donc être envisagé, traité, d'un point de vue uniquement technique. « Car le mot, c'est le Verbe; et le Verbe, c'est Dieu », disait Victor Hugo. Sans doute ne va-t-il pas lui-même tout à fait jusque-là. Ce dont il est convaincu, néanmoins, c'est que des sortilèges se cachent à l'intérieur du mot, et que l'écrivain en conséquence, qu'il le veuille ou non, est une espèce de sorcier, dont tout le devoir consiste à ne pas se laisser dépasser, dominer, vaincre lamentablement, comme l'apprenti de la légende.

Sur ce point aussi, il semble bien que le surréalisme lui ait servi de révélateur, ou au moins de garant. Ses affirmations les plus catégoriques se trouvent dans l'essai consacré à André Breton. Il s'y exprime fréquemment de façon absolue — n'allons pas jusqu'à dire : oubliant le sujet de son étude —, mais traduisant sous la forme d'axiomes un avis qu'il ne craint pas d'afficher comme son opinion personnelle. Témoins ces quelques phrases, extraites d'un paragraphe de deux grandes pages : « Nom, adjectif ou verbe, le mot considéré dans son isolement, "en liberté", polarise autour de lui comme de lui-même le meilleur de l'espoir de tout ce qui tend en nous à communier avec le monde, à s'identifier à lui, à le gouverner et à le comprendre mystiquement. C'est lui, et lui seul, qui porte obscurément pour nous les couleurs de l'universelle participation. » Et quelques lignes plus bas : « Son seul énoncé constitue par lui-même une mimique affaiblie de l'opération essentielle de la magie : le mot, fondamentalement, "évoque". »[1]

Les italiques et les guillemets, qui soulignent en quelque sorte deux fois le dernier verbe, invitent bien entendu à le considérer, non pas dans son sens banal, mais revêtu de toute la force que lui confère son étymologie latine. Or, cette force est essentiellement celle de l'appel. Pour appeler quelqu'un, on prononce son nom. Pour demander un objet, on prononce également le mot qui sert à le désigner. Mais inversement — reportons-nous à

1. *OC,* p. 480.

l'exemple des soucoupes volantes, ou à celui du récit biblique de la Création — un mot nouveau prononcé peut suffire à *appeler,* c'est-à-dire à faire soudain paraître, exister, une réalité nouvelle, surtout, cela va de soi, s'il s'agit d'une notion plus ou moins abstraite, perçue par l'esprit ou par l'imagination plutôt que par les sens. Les exemples seraient évidemment faciles à multiplier en recourant aux domaines des activités spéculatives. La tentation, dans ces conditions, est évidemment grande de recourir aux néologismes, d'inventer des mots afin de créer des notions nouvelles ou des formes inédites de sensations. Rares sont les philosophes, les psychologues, les poètes qui n'y ont pas succombé. Julien Gracq, pour sa part, fait de ce recours aux néologismes un des principes fondamentaux de son art.

Entendons-nous bien. Depuis longtemps, il est admis de parler de *création* littéraire. Cette expression convient surtout pour les auteurs d'œuvres de fiction, telles que romans, nouvelles, pièces de théâtre — dont fait partie Julien Gracq. Dans ce genre d'œuvres, on pourrait presque dire que s'impose comme une banale nécessité — élémentaire en tout cas — l'invention de noms propres inédits, surtout de noms de lieux, qui ne se rencontrent dans aucun dictionnaire ni aucun livre de géographie, mais dont la seule présence apparaît comme un gage d'authenticité. La particularité de Julien Gracq sur ce point ne tient donc pas à l'obéissance dont il fait preuve à l'égard de cette sorte de loi du genre, mais à la façon particulière dont il tient à lui obéir.

Ayant pénétré pour la première fois dans la chambre des cartes, Aldo, dans *Le Rivage des Syrtes,* éprouve l'impression étrange de subir une espèce d'envoûtement. La carte, confiera d'ailleurs plus tard le romancier dans une interview demeurée jusqu'à ce jour inédite, « la carte est pour moi un objet vraiment magique »[1]. Magie, pour Aldo, née de la « ligne rouge », bien sûr, sorte de crevasse

1. *OC,* p. 1371.

dans la mer, tracée comme une « frontière d'alarme » ; mais surtout, « derrière cet interdit magique », polarise l'envoûtement l'extraordinaire « ceinture de villes dont les syllabes obsédantes nouaient en guirlandes leurs anneaux » à travers sa mémoire. Or, nous savons par ses confidences de quelle manière Julien Gracq a procédé pour créer ces noms propres, dont les syllabes seules devaient détenir une puissance de déclenchement.

Nous le savons d'abord par une déclaration faite au *Magazine littéraire,* en décembre 1981, et dont un point d'ailleurs ne laisse pas de surprendre quelque peu : « Les noms propres, dans un roman que j'écris, ont pour moi beaucoup d'importance. Mais leur tri est de nature purement vocale. Pas de signification symbolique — du moins pour moi, car le lecteur en trouve parfois une. Mais beaucoup de souci de la cohérence entre les sonorités. » Pourquoi souci ? Maurice Ravel n'a évidemment rien révélé le jour où il a développé le thème des rapports étroits entre la musique et les sortilèges, même pour les grands enfants que sont les hommes et les écrivains. Les sons possèdent une vertu magique, dans la mesure où ils sont presque toujours les sons de quelque chose, autrement dit dans la mesure où ils rappellent, où ils font penser à des êtres ou des choses, où ils les « évoquent ». Dans cette mesure, nous voulons bien croire que le romancier ne les ait pas choisis en fonction d'une quelconque signification symbolique. Cette signification — il le reconnaît — n'en existe pas moins de façon presque inéluctable, et variable selon l'expérience et la sensibilité des lecteurs. Là où nous sommes davantage surpris, c'est lorsque après cette belle déclaration de principe il ajoute : « Je me souviens qu'en cherchant des noms géographiques pour le Farghestan, dans *Le Rivage des Syrtes,* je pensais aux guerres de Jugurtha, dans Salluste. Il fallait que ces noms fassent famille, entre eux. »[1]

1. *Le Magazine littéraire,* déc. 1981, p. 17.

Nous touchons là en fait à ce qu'on pourrait presque appeler le problème insoluble, et que nous allons retrouver à propos des noms communs. A l'époque de l'histoire de l'humanité où nous vivons, la notion de néologisme n'est pratiquement plus concevable sous sa forme absolue. Une expérience, à la fois intellectuelle et sensible, s'est accumulée, qui est partiellement la nôtre, partiellement celle des générations qui nous ont précédés, mais dont nous avons — que nous le voulions ou non — hérité. Nous nous trouvons impliqués dans un système de relations qui nous tient prisonniers, aussi sûrement que les parois infranchissables de la caverne platonicienne. En admettant que nous nous efforcions de créer des mots nouveaux, pour tenter d'évoquer les réalités mystérieuses qui se situent en dehors de la caverne, ces mots n'en demeureront pas moins constitués des mêmes éléments que ceux auxquels nous voudrions échapper. Autre variété de sortilège et de magie, mais de magie noire en quelque sorte. Lorsque Julien Gracq écrit, comme nous l'avons déjà rappelé : « On souhaiterait recevoir le don d'une langue noble et plus hermétique, langue de magie et de sortilège, langue incantatoire, réseau de mailles apte à draguer les profondeurs »[1], ce n'est certes pas pour parler du seul André Breton, mais pour écrire son œuvre en général. *On souhaiterait :* conditionnel qu'on oserait presque qualifier d'irréel du futur; prière qui ne risque guère d'être exaucée. La chambre des mots, à l'intérieur de laquelle pénètre l'écrivain, se révèle en dernière analyse aussi envoûtée que la chambre des cartes de l'Amirauté.

En se laissant aller à pareils développements, il arrive que l'on craigne de tomber dans le piège des lieux communs. Julien Gracq apparemment ne les redoute pas. D'abord parce que les lieux communs, au sens géographique de l'expression, sont ceux, nous l'avons vu, auxquels il accorde sa préférence. Ensuite parce qu'au sens rhétorique les lieux communs constituent la base de la

1. *OC,* p. 510.

communication entre les hommes. Qui prend la plume pour écrire un livre, et se risque surtout à le publier, sait pertinemment — même s'il le déplore — qu'il lui faudra user du langage commun à tous les lecteurs auxquels il s'adresse. Son expérience a beau lui sembler originale, unique, il sait qu'un mot totalement inconnu pour la traduire demeurerait lettre morte, au même titre qu'un mot emprunté à une langue étrangère dont le public n'aurait pas la moindre notion. La solution adoptée par Julien Gracq consistera donc à multiplier les néologismes, et à les multiplier dans des proportions impressionnantes — mais des néologismes fabriqués à partir de racines communes, presque banales, et en se servant, grâce aux préfixes et aux suffixes, des procédés traditionnels de composition et de dérivation. Ainsi le lecteur, même surpris, comprendra — ou croira comprendre — pour l'essentiel. Ce mot *nouveau* cependant, pour employer une formule à la mode que l'on voudra bien excuser, « l'interrogera », c'est-à-dire lui permettra de deviner que les choses vues et présentées ne sont peut-être que des apparences, au-delà desquelles *autre chose* pourrait bien exister.

Un exemple, emprunté au récit de *La Presqu'île*. A six heures du soir, le village d'Eprun, traversé par Simon, « fume épaissement de toutes ses cheminées »[1]. L'adverbe *épaissement* est pratiquement un néologisme — ou un archaïsme, ce qui, en l'occurrence, revient à peu près au même. Parfaitement constitué à partir d'un adjectif, il ne pose pas le moindre problème d'interprétation, et pourrait fort bien figurer dans un dictionnaire de référence — mais il n'y figure pas. Littré seul le mentionnait voici plus d'un siècle, en prenant soin de préciser que l'Académie l'ignorait. S'il avait accepté de se plier aux règles de cette Académie, le narrateur aurait dû écrire : une épaisse fumée sort de toutes les cheminées du village. Le sens général, purement descriptif, aurait été le même, mais non l'impact sur le lecteur. L'adverbe inventé — ou ressus-

1. *La Presqu'île*, p. 149.

cité — entraîne obligatoirement une construction différente de la phrase, permettant de transférer l'initiative au
village, devenu sujet, d'en faire en quelque sorte un être
animé, donc vivant — un fumeur.

A tel autre moment du même récit, la route, nous dit-
on « se remmura »[1]. Inutile également de chercher le
verbe *se remmurer* dans un dictionnaire — même celui de
Littré. On comprend, bien entendu, que les bords de la
route devinrent à nouveau plus épais, pareils à des sortes
de murs. Mais, là encore, le néologisme permet de présenter la route comme un être vivant, dont l'attitude — sortilège aussi des sonorités — fait penser aux gens susceptibles qui se « renfrognent ».

Cas légèrement différent peut-être, lorsqu'il est question d'un morceau de bocage placide « tournant le dos
bovinement » à l'énormité grise[2]. L'adverbe inventé, et
suggéré par la présence — mentionnée presque incidemment — de vaches dans le bocage, ne transfère ici aucune
initiative ; le participe présent s'en charge. Il apparaît plutôt comme une sorte d'image raccourcie, à la façon —
toutes proportions gardées — du « pâtre promontoire »
hugolien. Image raccourcie qui suggère un phénomène
d'osmose entre le paysage habité et les êtres vivants qui
l'habitent, et dont la consonance même accentue l'aspect
caricatural, à la limite de l'hallucination grimaçante.

Même en s'en tenant à ce récit, la liste serait longue de
tous les néologismes qui l'émaillent, et dont un certain
nombre d'ailleurs risquent d'échapper au lecteur, noyés au
milieu de termes locaux ou techniques, extrêmement
rares, inconnus des non-initiés, qui contribuent eux aussi
à accentuer l'impression d'insolite ressentie par le personnage, et considérée comme essentielle par le narrateur.
Parmi ceux qui risquent d'attirer le moins l'attention,
citons « l'odeur acride » de brûlis respirée par un bocage ;

1. *Ibid.,* 86.
2. *Ibid.,* p. 90.

213

les « platures » bordant la côte, auxquelles sont arrachées des algues rôties[1].

D'autres semblent à première vue plus agressifs, qui ne sont pas de véritables néologismes, au sens strict du terme, mais qui jouent exactement le même rôle, et dont certains se divertissent de façon malicieuse avec les éventuelles exigences de purisme de telle ou telle catégorie de lecteurs. A la deuxième page, par exemple, le narrateur nous parle d'une « vieillarde » serrant sur sa poitrine un fichu noir. Plus loin, c'est le beau temps qui attire sur le pas des portes quelques « vieillardes » à coiffes. Ce féminin ne se trouve plus aujourd'hui dans les dictionnaires. Il était cependant accepté par Littré — comme l'adverbe « épaissement » — voici plus d'un siècle. Pourrait-on rêver archaïsme mieux venu ?... Les vacances même, nous dit un autre passage en parlant de Simon, ne le « désheuraient » jamais. Contrairement à ce que beaucoup seraient tentés de penser, ce verbe existe bel et bien, mais ne s'emploie transitivement que pour un changement délibéré d'horaire dans le service des trains... Ailleurs encore, le même Simon fait lentement dans une ruine le tour d'une margelle basse, enjambant parfois « l'emplanture » des cloisons. Plus tard, un quai s'offre à sa vue, qui commence à « l'emplanture » de la jetée. Ce mot « emplanture » existe lui aussi, mais réservé aux seuls vocabulaires de la marine et de l'aviation[2]...

Les cartes, dans la chambre de l'amirauté, sont-elles très différentes des miroirs dont parle Cocteau, véritables portes permettant d'accéder à un au-delà fascinant et mystérieux à la fois ? En ce qui les concerne, les noms propres étranges éparpillés à travers leur surface ont tout l'air d'être les serrures par le trou desquelles se glisse l'œil de la sensibilité, plus ou moins dilaté par l'imagination. Grâce aux procédés de style que nous venons de détailler, un rôle tout à fait analogue est joué, dans la chambre des

1. *Ibid.,* p. 70 et 106.
2. *Ibid.,* p. 36, 112, 53, 81, 107.

mots gracquiens, par les divers éléments du langage, auxquels il s'efforce de redonner toute leur puissance d'envoûtement. Or, la seule façon de leur redonner cette puissance consiste à les soustraire, autant que faire se peut, à toutes les conventions sur lesquelles repose l'existence d'une langue, et qui, en tant que conventions, représentent ce que l'on peut rêver de plus artificiel.

Les soustraire, en particulier, aux associations logiques. Rencontre d'un parapluie et d'une clé anglaise sur une table de dissection : on se rappelle cet « idéal » de beauté suggéré dans une page célèbre des *Chants de Maldoror*. Julien Gracq ne va peut-être pas aussi loin que Lautréamont. Ce qui l'intéresse en tout cas n'est pas l'insolite *en soi*, mais le glissement : d'un objet vers un autre, d'un règne vers un autre règne, volontairement, par une sorte de défi, de décision bien arrêtée d'évasion en même temps que d'invite à l'évasion, mais en vertu d'une authentique expérience sensible.

Glissement de la vue vers le goût, en présence de wagons de marchandises, « où la même teinte de chocolat par places *s'infusait* de brune rouille ». Glissement du règne végétal au règne animal, au moment où le voyageur frôle de sa main levée « *le plumage* des tamaris ». Glissement de l'homme vers la plante (la plante humaine, une fois de plus !...), lorsque les pieds de Simon « malgré lui *se déplantèrent* ». Glissement du monde inanimé au monde vivant, avec le crépitement du marais « épaissement *digestif* », les fenêtres en vis-à-vis qui « engagent la *conversation* », la rumeur de la plage privée soudain de la « chevelure de cris aigus qui tout à l'heure s'envolait d'elle comme d'un embrun », la gerbe d'étamines couleur de suie « sur *les hanches* bougeantes de l'air ». Glissement même parfois d'une simple description de pierres vers un calcul satanique à force d'indécence, comme à l'évocation de bâtisses reconstruites, « mais que des souscriptions trop mesquines avaient dû *châtrer* au dernier moment de leur clocher »... Toutes ces citations — où les mots soulignés l'ont été par nos soins — sont elles aussi empruntées

215

au seul récit de *La Presqu'île,* à titre d'exemple. Douterions-nous un instant du bien-fondé de nos commentaires, une autre phrase de la nouvelle se présenterait aussitôt pour nous rassurer : « Cette rêverie sur les noms commença à faire hausser le ton au paysage, comme un ténor encouragé qui attaque plus allègrement sa note de bravoure »[1].

Glissements, néologismes — en d'autres circonstances, nous avons parlé d'images —, il s'agit bien là de procédés, mais de procédés qui s'efforcent d'échapper aux procédés courants, traditionnels, établis par les lois du langage et l'évolution historique des genres, dans lesquels un sortilège existe, certes, mais un sortilège qui ensorcelle le lecteur au point de lui interdire toute communication avec la seule réalité. A moins de se livrer à un divertissement tout à fait inutile — et trompeur —, l'écrivain digne de ce nom, aux yeux de Julien Gracq, doit s'exprimer de manière à devenir la pythie de cet oracle qu'est le monde au milieu duquel nous vivons et qui ne doit de conserver sa qualité d'oracle (voir étymologie latine) qu'à l'absence de toute traduction. Non pas en demeurer, par conséquent, à la naïve question lamartinienne de savoir si les objets ont une âme, non pas se contenter de l'assertion baudelairienne affirmant que les parfums, les couleurs et les sons se répondent, mais laisser comme à Delphes les mots jaillir avec une spontanéité ignorant résolument l'emploi auquel ils sont généralement asservis, et préserver — ou plutôt libérer — le sortilège indissociable à la fois de leurs sonorités et de leurs chocs. Tâche évidemment difficile, dont l'accomplissement ne peut s'esquisser qu'aux rares moments où ils se juxtaposent de façon inédite, accédant à ce qu'il est convenu d'appeler la poésie. Exemple, parmi des dizaines d'autres, cette notation d' « Intimité » dans le recueil *Liberté grande* : « l'horloge qui éclabousse l'enclume du silence »[2].

1. *Ibid.,* p. 35, 119, 38, 71, 110, 121, 145, 75, 63.
2. *OC,* p. 311.

216

Un tel exemple peut-il faire penser à quelque échantillon d'écriture automatique? Pourquoi non? Julien Gracq a été plus que tenté par l'écriture automatique. Il l'a pratiquée, pendant un temps qu'il nous est malheureusement impossible de préciser, car il n'a conservé aucun des textes nés de cet engouement. Rapidement, en effet, il s'est rendu compte du fait qu'un sortilège ensorcelait aussi cette façon d'écrire. « En l'absence de tout contrôle par la raison », recommandait Breton dans le premier *Manifeste du surréalisme*[1] : sur ce point, on pourrait discuter, mais finir par s'entendre. « En dehors de toute préoccupation esthétique », en revanche : c'est là que Julien Gracq dénonce ce qu'il considère comme une erreur.

Jouant, sans le dire de façon expresse, sur l'étymologie du mot *poésie,* il se montre tout prêt à prendre ses distances par rapport à la tradition qui ne voit dans le verbe grec *poïeïn* que le sens de « fabriquer » et ne distingue la poésie de la prose que par les impératifs et les difficultés de sa technique. *Poïeïn* signifie d'abord « faire », c'est-à-dire créer; et le propre de la poésie est précisément de créer, grâce aux mots, un univers qui soit autre chose qu'un simple décalque, une simple traduction. Au cours de ses entretiens radiophoniques avec Jean Paget, il reconnaîtra avoir écrit les poèmes de *Liberté grande* « très rapidement », et « autant que possible au fil de la plume »[2]. Cependant, du point de vue ontologique, on ne saurait parler d'hétérogénéité entre cet univers créé par les mots et celui de notre expérience quotidienne. « Le monde, dira-t-il plus tard, est un tout, tout est en lui; de la vie banale aux sommets de l'art, il n'y a pas rupture, mais épanouissement magique. » La véritable poésie ne saurait donc naître par génération spontanée de l'écriture automatique. L'expression « sommets de l'art » constitue sa meilleure définition — si tant est que l'on puisse la *dé-finir,* c'est-à-dire tracer ses

---

1. *Œuvres complètes,* Bibliothèque de la Pléiade, t. I, p. 328.
2. France-Culture, novembre-décembre 1968, 4ᵉ émission.

frontières; et « l'épanouissement magique » dont elle est l'agent s'explique tout simplement par « son immense, et quotidienne capacité de métamorphose et d'enrichissement ». Déclaration relativement récente à Jean Carrière[1] qui ne fait que reprendre presque mot pour mot la formule employée dans la préface au *Journal de l'analogiste* de Suzanne Lilar : « la poésie envisagée comme une immense entreprise de métamorphose »[2].

Semblables assertions laissent aisément imaginer que Julien Gracq aurait pu prétendre, comme Jean Cocteau, n'avoir jamais rien fait d'autre que de la poésie — poésie de roman, poésie de théâtre, poésie de souvenirs ou de récits de voyages... on connaît la liste. Il ne l'a jamais prétendu. Seuls les textes de *Liberté grande,* parmi ses œuvres publiées, ont été qualifiés par lui de poétiques. Mais un point important mérite d'être souligné. Après la publication d'*Au château d'Argol* et le temps mort des deux premières années de la guerre, Julien Gracq se remet à sa table de travail pour mener, pratiquement de front, d'une part l'esquisse d'un nouveau roman, d'autre part de brefs poèmes en prose. Nous sommes en 1941. Le roman, *Un beau ténébreux,* paraîtra en 1945. Sous le titre de *Liberté grande,* un premier recueil de poèmes en prose sera publié en 1946. Une deuxième édition, augmentée, verra le jour en 1958, et une troisième, également enrichie, en 1969. C'est dire que la production proprement poétique s'étale sur une période de plus de vingt ans; vingt ans pendant lesquels furent écrits également *Le Roi pêcheur, Le Rivage des Syrtes, Un balcon en forêt,* pour ne parler que des œuvres de fiction.

Dans ses préoccupations d'écrivain, la poésie a donc joué un rôle essentiel, pratiquement permanent, mais une poésie éprise de *liberté* plus que *grande,* fuyant volontairement l'artifice — le sortilège — des cadences et des stro-

---

1. *Julien Gracq, qui êtes-vous ?,* Lyon, Ed. de la Manufacture, 1986, p. 141.
2. *Journal de l'analogiste,* Paris, Grasset, 1979, p. 16.

phes, retrouvant presque, à l'exception des rimes, le sens du mot *prose* appliqué à certains chants liturgiques, tels que le *Veni, Sancte Spiritus* de la Pentecôte ; bref, une poésie transcendant tous les genres et concentrée dans la seule magie qu'il accepte, celle des mots. Pour cette raison, sans doute, il ne sera jamais tenté, comme le poète de *Plain-Chant*, par un retour vers le classicisme. Certes — nous aurons l'occasion d'y revenir —, il garde ses distances vis-à-vis du surréalisme. Mais, en ce qui concerne l'essence de la poésie, il adhère sans réserve à ce qui lui semble être à la fois *le* principe et la fin dernière — cette expression ne devant bien sûr pas être prise pour un pléonasme, mais considérée comme un emprunt au vocabulaire religieux. Témoin cette phrase extraite de l'essai sur André Breton, composé également pendant les vingt années dont nous venons de parler :

« Remagnétisée jusque dans sa profondeur, (...) la poésie, valeur force à laquelle s'attache une "aura" de caractère mystique, va tendre avec l'évolution progressive du surréalisme à contaminer toute la vie consciente et à plus forte raison l'autre, et polarisant peu à peu tout le domaine affectif, toutes les images mobilisées en d'autres temps par l'exaltation mystique, se faire divinité tutélaire, souffle du monde, quintessence et Souverain Bien. » La phrase qui suit immédiatement pourrait presque paraître une redondance. Qu'elle le soit dans une grande mesure ne fait que souligner — au-delà d'une très légère incise de principe — l'enthousiasme littéral de Julien Gracq : « On ne peut comprendre profondément le surréalisme si l'on ne se rend compte qu'il a été, à tort ou à raison, une *folie de la poésie*, au sens où on a parlé d'une "folie de la Croix", qu'autour de la révélation poétique s'est centré grâce à lui un phénomène d'effervescence, de valorisation contagieuse et exorbitante qui l'apparente de très près aux états aigus de la transe religieuse. »[1]

1. *OC,* p. 464.

Nous avons, voici quelques pages, rappelé le célèbre alexandrin de Victor Hugo, et son humour de théorème biblique assimilant le Mot à Dieu. Dans *En lisant, en écrivant,* Julien Gracq reprend textuellement la première phrase de l'évangile de saint Jean : « Au commencement était le Verbe... » Différence fondamentale entre les deux citations : le complément circonstanciel de temps par lequel débute la seconde. Dès les premiers mots prononcés, continue en effet Julien Gracq, le Verbe n'est plus seul. « Le *sens* est né — rien ne peut l'empêcher de naître dès que des mots, quels qu'ils soient, s'alignent — et le sens, on l'oublie trop, est à la fois signification et *direction* irréversible : le sens est un vecteur ; la machinerie du langage, dès qu'elle est en mouvement, crée immédiatement dans l'esprit un courant induit qui tout de suite s'affranchit de son inducteur. » Les plus beaux rêves, y compris celui de la poésie, n'y peuvent rien. Tout homme qui parle, et à plus forte raison un écrivain, ne peut échapper à la contrainte que représente l'emploi d'une langue, de *sa* langue, telle qu'elle existe « ici et aujourd'hui », résultat d'un long usage et d'une longue évolution — et qui le piège, en quelque sorte, ou l'envoûte à la façon d'un sortilège de magie noire. Contrainte qui, heureusement, peut se révéler stimulante, mais à laquelle il s'impose d'abord de se résigner avec un minimum de modestie. « La force vive » éveillée par les mots « se heurte au langage, l'utilise, biaise, compose avec lui, mais ne lui appartient plus toute ; adieu la disponibilité, adieu la blancheur ! »[1]

A en croire une autre séquence du même ouvrage, la prise de conscience de cette ambiguïté du langage, à la fois instrument inévitable et obstacle, serait d'ailleurs relativement récente. On peut s'étonner, en vérité, que pour se hasarder à une telle affirmation Julien Gracq n'envisage pas un instant de porter ses regards vers les littératures les plus primitives que nous connaissions, où les récits mêmes n'étaient jamais conçus autrement que pénétrés des cou-

1. *En lisant, en écrivant,* p. 157.

leurs de la poésie. Cédant à la facilité du parallèle traditionnel, il ne remonte pas au-delà du classicisme, pour souligner qu'à cette époque, où fleurissaient les « *arts* poétiques », où Boileau lançait son célèbre précepte : « Vingt fois sur le métier remettez votre ouvrage... », un écrivain se concevait essentiellement comme un artisan, parfaitement ignorant de la « dramatisation de l'acte d'écrire ». Chez nous, « la nécessité progressive et naturelle de la communication, en même temps que l'apprentissage enivrant des résistances du langage, a (...) précédé et éclipsé le culte du *signe d'élection* ». Le préalable de ce culte « marque avec précision l'avènement du romantisme »[1].

Loin de Julien Gracq la pensée de se ranger du côté d'une école plutôt que d'une autre. Il ne s'agit pratiquement là que d'une remarque en passant, dont l'éclairage pourrait bien d'ailleurs être modifié par une phrase de quelques pages antérieure, mettant en cause les deux éléments du genre essentiel cultivé précisément par le XIXe siècle : « Le récit est refus du hasard pur, la poésie négation de tout vouloir-écrire défini et prémédité. »[2] Phrase clé, dans la mesure où elle met en lumière, à l'occasion du roman, un double souci constant de la part de l'écrivain : obéir avec résignation, et sans la moindre amertume, aux nécessités incontournables — et mystifier ces nécessités par la préoccupation, au sein même de l'obéissance, de favoriser l'expression d'un ordre supérieur.

Tout au long de ses ouvrages confidentiels, aussi bien que des interviews accordés, Julien Gracq n'a jamais eu peur de se répéter, ni reculé devant ce que certains auraient peut-être tendance à qualifier de truismes. S'efforçant avant toute chose d'explorer la texture du langage, afin de déterminer la confiance qu'il estime pouvoir lui accorder, il commence par dénoncer l'hétérogénéité du vocabulaire. Certains des mots qui le composent, pratiquement inséparables des réalités qu'ils désignent, semblent avoir la nature même

1. *Ibid.*, p. 145.
2. *Ibid.*, p. 138.

pour garante, et échapper ainsi à tous les sortilèges. A ce titre, comment ne mériteraient-ils pas une confiance absolue ? « Il y a dans la langue des mots, concrets surtout, qui semblent si subtilement adaptés à la réalité perçue, si judicieusement délimités, qu'ils font penser à une époque sauvage où ses sens étaient plus aiguisés, plus alertés qu'aujourd'hui. » D'autres, en revanche...

Quantité d'autres mots s'interposent entre la réalité et celui qui les prononce, lui font écran, en quelque sorte, alors même qu'ils s'imaginent l'éclairer, ou plus exactement faire apparaître sa signification. Le terme d'*abstraction* qui sert à les désigner, à défaut de la révélation dont il s'enorgueillit d'être le véhicule, s'avère tout à fait révélateur. Le mot s'abstrait, c'est-à-dire se dégage de la réalité, pour lui substituer ce qu'il considère comme une équivalence éclairante, alors qu'il s'agit en fait, sinon tout à fait d'une trahison, au moins d'une fantaisie élaborée par la magie la plus orgueilleuse et la plus suspecte, voire la plus redoutable : celle de l'esprit qui s'imagine *comprendre*, alors que l'intelligence n'est au contraire rien d'autre — voir étymologie — qu'une faculté de *choisir*. « Des vocables — abstraits surtout — au contraire tout à fait confusionnels, qui semblent renvoyer à une époque entièrement dominée par des normes religieuses, et qui rendent aujourd'hui si difficile à la philosophie de clarifier réellement son expression. » Certes, de tels mots appartiennent eux aussi au « sédiment déposé par des âges lointains », et à ce titre digne d'un certain respect. On ne saurait nier par ailleurs que leur usage nous est devenu si familier que l'opacité qu'ils représentent s'en trouve pratiquement annulée. Comment cependant, en raison même de leur présence, ne pas faire preuve d'une réserve plus que prudente à l'égard du langage ? « En ce sens (...) je ne lui fais pas la confiance éperdue qui a été, au début surtout, celle du surréalisme. »

Au cœur de cette dernière phrase, isolons pour le souligner l'adjectif « éperdue ». Une langue en effet naît, puis se développe, exactement comme un être vivant. Son existence peut être fort longue ; mais un ancien normalien

222

spécialiste d'histoire connaît mieux que quiconque les langues mortes, ancêtres de la nôtre. Autrement dit, tout se passe comme si la langue était une variété de plante. Chacun des mots dont elle se compose ne possède-t-il pas d'ailleurs une racine? Or, avons-nous répété un nombre suffisant de fois que la plante, pour Julien Gracq, était l'idée humaine par excellence? Un jardinier non plus ne témoigne pas aux plantes qu'il cultive une confiance éperdue. A preuve les précautions qu'il prend afin de les protéger contre leurs mauvaises tendances et les dangers divers qui les menacent. Mais son effort consiste également à multiplier les astuces afin d'améliorer leur rendement et d'amener leur beauté à un maximum d'éclat, surtout lorsqu'il s'agit de fleurs. En ce sens, il leur fait tout de même bien confiance. L'attitude de Julien Gracq à l'égard du langage ne sera pas d'un ordre différent. Après toutes les réserves qu'il a d'abord énumérées, son ancienneté, déclare-t-il, « lui donne en même temps une vertu qui semble d'ordre magique. Il est devenu avec le temps, avec le tri incessant de l'usage, avec les incessantes adaptations, avec les millions de liaisons entrecroisées, visibles ou occultes qui se sont créées entre ses éléments, une espèce de monde substitué, aux harmoniques innombrables, aux virtualités illimitées, une des créations les plus étonnantes de l'homme, sinon la plus étonnante. Je l'ai écrit, (...) je fais avec ce que j'ai. (...) J'ai là-dessus une position qui est seulement pratique : celle d'un usager »[1].

Un usager qui, sans en avoir l'air, et comme en passant, définissait son programme dans la phrase citée voici quelques pages, où à la force éveillée par les mots se trouvait attribué le véritable travail de l'écrivain, attentif à *biaiser* avec le langage. Biaiser : pour substituer une sorcellerie à une autre, déployer le sortilège d'une magie blanche afin de conjurer ceux de la magie noire des mots et des liaisons de mots imposés par l'habitude. L'habitude en effet trahit le caractère rigoureusement unique de chaque perception,

1. Entretien avec Jean Carrière, *op. cit.*, p. 164.

de chaque expérience. Afin d'échapper à cette trahison, l'écrivain se voit donc contraint de « faire » avec le seul langage qui soit à sa disposition — et qui lui est d'ailleurs indispensable pour communiquer avec son lecteur —, mais de « faire » de telle manière que ce langage se trouve amené, sinon à signifier, au moins à suggérer autre chose que ce qui est prévu par son usage courant, autre chose qui corresponde à une authentique révélation, ou, si l'on préfère, une authentique initiation.

Premier procédé — que cela plaise ou non, il faut bien en effet parler de procédé; les magiciens eux-mêmes n'ont-ils pas des recettes? —, premier procédé, donc : la fuite devant les synonymes, ou plus exactement devant ce que les dictionnaires appellent des synonymes, alors qu'au sens rigoureux du terme la synonymie n'existe pas. Sortilège de magie noire, encore une fois, d'un esprit tout ensemble paresseux et prétentieux, qui affirme l'existence de rapports, là où ne règne qu'une juxtaposition d'unicités. Le recours au néologisme, dont nous avons déjà parlé, représente en quelque sorte un cas limite; idéal, sans doute, mais impossible à généraliser sous peine de n'être pas compris. Pour l'ordinaire, la chasse au mot se traduit en une quête d'un terme proche du terme habituel pour désigner la chose, mais légèrement et à la fois radicalement différent, pour suggérer le caractère unique de sa perception. Subtilité avouée non sans humour dans *En lisant, en écrivant* :

Le mot que je cherche, ou plutôt dont je guette avec patience le surgissement dans les parages d'un autre qui me sert d'appât, lui est bien apparenté de quelque façon. Seulement il l'est plus souvent, hélas ! de la main gauche que de l'autre, et les pudiques dictionnaires ne connaissent que les unions légitimes. Les mystérieux airs de famille qui guident seuls la quête de l'écrivain dans le clair-obscur du vocabulaire sautent les barrières des unions officielles ; pour lui, la langue vibre surtout dans ses compromissions adultères. Familles de mots légales et trop homologuées, il vous hait[1] !

1. *En lisant, en écrivant,* p. 147 et 148.

Second procédé, le plus mal compris d'un certain nombre de commentateurs : la liberté résolument prise avec les règles de la syntaxe. Les deux termes de cette expression paraissent à Julien Gracq aussi peu séduisants l'un que l'autre : les règles, parce qu'elles imposent de l'extérieur un ordre purement conventionnel ; la syntaxe, dans la mesure où les lois dont elle se compose envisagent la langue — de l'aveu même du dictionnaire — sous son aspect purement formel, sans référence même à la signification ou à l'usage qui en est fait. Contrairement à ce qu'on pourrait penser d'abord, c'est une prise de conscience insuffisante de cette donnée qui explique « l'infortune », déplorée par André Breton, de l'écriture automatique. Cette dernière en effet, telle qu'elle a été pratiquée par les premiers surréalistes, visait au « caractère inépuisable du murmure » : excellent objectif en soi. Mais elle aurait dû « se doubler d'un effort de tous les instants, et qui réclame, lui, l'attention la plus soutenue, pour desserrer les mâchoires du langage, pour paralyser ses mécanismes moteurs, toujours prêts à se substituer à la pensée qui lâche la bride »[1].

Ne nous laissons donc pas égarer lorsque, dans d'autres textes, le même Julien Gracq s'exprime de telle façon que l'on pourrait en conclure à un laisser-aller érigé en art poétique. « C'est le libre mouvement orienteur de la phrase qui me guide, écrit-il par exemple dans *En lisant, en écrivant*, et non les solides sutures de syntaxe française, qui veut qu'on rapproche toujours étroitement les deux bords avant de coudre. » La liberté de ce mouvement ne correspond nullement à un automatisme, mais à un choix. Un choix guidé tout naturellement par un goût personnel, comme celui d'un mets dans un menu à la carte, ou d'une partenaire parmi toutes les femmes rencontrées ; mais un choix entre différentes possibilités offertes, et correspondant, comme toujours en pareil cas, et notamment en matière d'œuvres d'art, à la conviction d'un goût supé-

---

1. *OC,* p. 448.

rieur à celui des autres. Pour certains, poursuit le même paragraphe, « le génie de notre langue » consiste à « n'ajuster sa phrase que par boutons et boutonnières », et à « traquer à mort l'amphibologie, avant tout à titre de *laisser-aller*. Et si ma pente naturelle est de donner à chaque proposition, à chaque membre de la phrase, le maximum d'économie, comme me le signale l'usage croissant des tirets, qui suspendent la constriction syntaxique, obligent la phrase à cesser un instant de tendre les rênes ».

Les tirets sont des signes de ponctuation. Dans les manuscrits latins les plus anciens, on trouve fort peu de signe de ponctuation. Si l'on en croit cependant une déclaration de quelques lignes antérieures, la phrase latine lui aurait servi de modèle; non en considération d'une plus grande souplesse de sa grammaire — un ancien khâgneux sait suffisamment là-dessus à quoi s'en tenir! — mais en raison de la souplesse qui caractérise l'agencement des mots dont elle se compose, et qui crée d'ailleurs tant de difficultés aux jeunes élèves à l'époque de l'apprentissage. « J'ai toujours eu tendance, quand j'écris, à user de l'élasticité de construction de la phrase latine, ne me souciant que de façon très cavalière, par exemple, de la proximité du pronom relatif et du substantif auquel il renvoie. Et guère davantage du certificat d'état civil, au sens étroitement grammatical, qu'on exige du pronom personnel *il* ou *elle* » — lesquels précisément n'existent pas dans la langue de Cicéron.

Les particularités de son style s'expliquent donc bien par un choix délibéré — par *des* choix délibérés, vaudrait-il mieux dire, et dont le lecteur non averti ne soupçonne pas même le raffinement. Choix déjà suggéré, et de nombreuses fois répété, des mots, qui ne soient surtout pas les mots justes, mais les plus susceptibles de traduire les données d'une sorte de sixième sens. « Ce qui commande chez un écrivain l'efficacité dans l'emploi des mots », ce n'est pas, déclare-t-il, la capacité d'en serrer de plus près la signification, « c'est une connaissance presque tactile du tracé de leur clôture, et plus encore de leurs litiges de

226

mitoyenneté ». Choix des détails les plus infimes dans la manière de grouper, d'enchaîner ces éléments de la phrase, ou au contraire de les juxtaposer, de façon à s'assurer entre eux d' « un contact plus dynamique et comme électrisé ». Exemple, les deux points : « ni tout à fait ponctuation, ni tout à fait conjonction, il y a longtemps qu'ils me posent des problèmes d'écriture ». Choix délibérés, dont il assume très consciemment les risques. « Le puriste, reconnaît-il, a le droit de faire la grimace. » Ne nourrit-il point cependant quelques illusions, lorsqu'il ajoute : « mais il me semble que le lecteur ne manque pas de s'y reconnaître »[1] ?

Dans son *Histoire vivante de la littérature d'aujourd'hui,* Pierre de Boisdeffre — pour ne citer que lui — consacre à Julien Gracq un chapitre pour l'essentiel d'une grande perspicacité, mais dont l'une des toutes dernières phrases nous laisse pour le moins rêveurs : « A la mythologie (...) s'accorde un style original, bien qu'il ne soit pas sans défauts (*Le Rivage des Syrtes* abonde en fautes de syntaxe). »[2] Certes, les règles strictes de la grammaire interdisent d'employer le pronom relatif *dont* autrement que comme complément du sujet ou du régime direct de la subordonnée qu'il introduit. Académiquement, « la fortune dont je fus mis en possession » devrait donc être remplacé par « la fortune dont la possession me revint ». Certes encore, un adjectif ou un participe en début de phrase ne peut normalement se rapporter qu'au sujet, ce qui n'est bien sûr pas le cas dans la phrase : « Cheminant aux côtés de Fabrizio, mon humeur devenait plus égale. » Dans les deux termes d'une comparaison, à partir d'un seul verbe, la construction logique devrait être la même, et un puriste ne peut que condamner une formule du genre : « Un instinct me dénudait soudain comme à un visionnaire une ville menacée »[3]...

1. *En lisant, en écrivant,* p. 254-258.
2. *Histoire vivante de la littérature d'aujourd'hui,* Paris, Librairie Académique Perrin, 1964, p. 362.
3. *OC,* p. 555, 604 et 598.

Quantité d'autres exemples analogues, c'est vrai, pourraient être relevés dans ce roman — et dans la plupart des autres ouvrages, d'ailleurs. Et il est vrai également que nul ne se trouve à l'abri d'une défaillance. Mais lorsque de telles entorses se répètent, ou plus exactement se multiplient à une telle cadence, comment n'y aurait-il pas naïveté à les dénoncer, ou les déplorer ? Dans le sillage des déclarations qui précèdent, et qui suffisent amplement à justifier ses intentions, Julien Gracq, déplorant une fois de plus le *lâchez-tout* de Vatican II, célèbre dans les *Carnets du grand chemin* le charme incomparable des hymnes latines et proses des offices d'autrefois. Le secret de ce charme ? Il est pour lui très simple, ne méritant pas même le nom de secret : « Ce que la noblesse, la sûreté de langue d'une civilisation à son apogée ne leur auraient jamais accordé, les barbarismes, les émouvantes grossièretés de syntaxe de l'extrême décadence latine, tout comme les raideurs gauches, ensuite, de la réanimation médiévale leur en font cadeau à profusion. » Résultat : « Quelque chose d'unique tremble pour nous dans le bégaiement sacramentel d'une langue en proie à la pénurie et au chevrotement de l'extrême vieillesse, et qui s'essaie gauchement, secouée, malmenée qu'elle est par un sentiment neuf et tout-puissant, à célébrer un avatar inconnu de l'âme et de la sensibilité. »

Craint-il que de telles affirmations ne semblent trop fantaisistes pour s'assurer l'adhésion du lecteur ? C'est fort peu probable. Le fait que le poète des *Fleurs du Mal* ait déjà exprimé un avis similaire lui paraît cependant digne d'être mentionné — alors qu'il n'a pas pour les citations un amour particulièrement prononcé. « Baudelaire, écrit-il, qui a senti mieux que personne le charme de "cette merveilleuse langue où le solécisme et le barbarisme paraissent rendre les négligences forcées d'une passion qui s'oublie" a cru qu'elle était plus propre qu'une autre à exprimer "la passion telle que l'a comprise et sentie le monde moderne". »[1] On comprend dans ces conditions

---

1. *Carnets du grand chemin,* p. 297 et 299.

que des réactions comme celle que nous avons mentionnée ne le prédisposent guère en faveur des critiques, incapables de se soustraire aux sortilèges des impératifs et des arbitraires.

Cette volonté de se soustraire aux sortilèges des impératifs et des arbitraires correspond chez lui à une telle obsession que, sous des formes diverses, on la retrouve exprimée toutes les fois qu'une occasion se présente, et dont on a presque l'impression qu'il les multiplie à plaisir. Parle-t-il de Stendhal? Le secret que possède sa prose de nous faire en quelques instants « tomber sous le charme » lui paraît à chercher « dans des valeurs exquisement négatives ; dans la variété des moyens qu'elle étale à chaque instant de déjouer l'attente, dans le registre largement ouvert de ses ruptures ». Parle-t-il des styles comparés de Flaubert et de Zola ? « Les exigences et les négligences des plus scrupuleux artistes, écrit-il, font bien souvent penser à la paille et à la poutre de l'Evangile. » Un bref détour par le « Booz endormi » de Victor Hugo ; et la conclusion se présente d'elle-même, dépourvue de toute charité à l'égard des conformistes : « Chaque écrivain en réalité est sensibilisé différemment aux écarts du langage ; la correction absolue ne témoignant de rien d'autre que d'un sentiment banalisé, anonyme de la langue. » Un sentiment qui, en outre, conduit de façon apparemment paradoxale, mais pratiquement inévitable — pour ne pas dire fatale —, à la laideur, qui lui paraît personnellement la chose primordiale à éviter. « Pourquoi proscrirais-je » (par exemple) « les répétitions de mots, puisque c'est la contorsion de la périphrase destinée à les éviter qui m'est à moi désagréable ? »[1].

Deux domaines lui paraissent particulièrement révélateurs des résultats catastrophiques obtenus par l'application stricte de règles, pourtant animées au départ de la meilleure intention : l'atteinte infaillible du *beau* — il vaudrait mieux dire, d'ailleurs, d'une conception du beau sté-

1. *En lisant, en écrivant,* p. 36 et 74.

réotypé au point de devenir presque caricaturale. Premier de ces domaines : la versification. Pendant combien de temps les principes édictés pour la régir n'ont-ils pas laissé croire que les virtuoses du rythme et de la rime étaient des poètes, étaient les seuls poètes dignes de ce nom ? Déplorable effet de ce que l'on a appelé le classicisme, et dont les conséquences, funestes ou ridicules, éclatent à partir du moment où le génie — qui n'a qu'un siècle, comme le reconnaissait Voltaire — commence à dégénérer. « Cette métromanie galopante, qui au XVIIᵉ siècle obligeait déjà Boileau à suer sang et eau sur ses *Satires* et ses *Epîtres,* devient au siècle suivant une vraie épidémie (...) Le « chant », la musique verbale, atteint à sa teneur la plus faible, et même s'élimine complètement comme élément de valeur (...) ; ne reste que la difficulté artificielle imposée par le mètre et la rime : simple exercice d'assouplissement et de musculation abusivement tenu par toute une époque pour la beauté, dont il est un accessoire insignifiant. »[1]

Second domaine : celui de la réglementation des genres, dont le classicisme porte également la pleine et entière responsabilité d'ensorcellement. L'évangile — ou plus exactement la *Somme* — de ce classicisme, que constitue l'*Art poétique* de Boileau, ignore le genre de la fable ; et l'on s'étonne un peu que Julien Gracq n'ait pas exploité ce contre-exemple en célébrant l'authentique spontanéité de l'art de La Fontaine. Le révolte davantage sans doute l'exemple du théâtre, à propos duquel il décharge littéralement sa bile. « Jamais, écrit-il, n'exista en littérature gaufrier plus terrifiant que la tragédie classique en cinq actes. Pour distinguer par le style les moutures successives des divers épigones de Corneille et de Racine, il faudrait un flair professionnel aussi affirmé que celui de ces vieux juristes qui sont capables quelquefois d'identifier une phrase derrière le jargon liturgique d'un arrêt de la Cour de cassation. »

Dans cette sorte de procès qu'il intente au classicisme,

1. *Carnets du grand chemin,* p. 237.

sans doute, comme dans tout procès, n'est-il pas aisé de déterminer avec précision les véritables responsabilités et les circonstances atténuantes. Apparemment sans *a priori*, et avec la meilleure volonté, il semble s'efforcer d'abord d'établir une équitable répartition des causes et des effets. « Certes, reconnaît le paragraphe suivant, les règles du genre étaient tatillonnes. Mais strictes sur la construction, sur les "unités", elles laissaient en principe libre jeu à l'écriture, elles n'impliquaient en rien »... ce fruit, inattendu par conséquent, mais sur lequel nous nous trouvons bien aujourd'hui obligés de juger l'arbre; « la stéréotypie qui fige, dès le début, l'alexandrin de tragédie, et qui fait, du genre littéraire le plus prisé de l'époque, un fastidieux, un interminable *à la manière de,* qui n'en finit pas de mourir ».

Une seule explication possible s'impose donc : la tragédie classique constitue l'exemple type du genre littéraire corseté par des impératifs et des arbitraires, et l'expérience prouve qu'en tant que telle elle s'est trouvée victime d'un véritable sortilège. « Avec la tragédie, sorte de *gala habillé* de la littérature qui s'institue en même temps que le cérémonial de la cour du Roi Soleil », il s'agit « du seul cas dans l'époque moderne où une étiquette rigide se soit imposée d'emblée à l'écriture, régentant les courbettes du style, ses génuflexions, ses métaphores, ses périphrases, ses circonlocutions, son phrasé même et le rythme d'enchaînement des parties du discours »[1].

D'où la leçon tirée par Julien Gracq, et devenue pour lui un véritable impératif catégorique : rejeter tout ce qui peut, en matière de littérature, ressembler à un enseignement d'école — qu'il s'agisse, avec un Alain Robbe-Grillet, d'une façon inédite de concevoir, et de régenter surtout, le genre romanesque — qu'il s'agisse même, autour d'André Breton, d'un mouvement par ailleurs plein de séductions. « Aux *diktats* si impérieux du surréalisme, à ses injonctions d'avoir à choisir, il ne fut jamais question

---

1. *En lisant, en écrivant,* p. 275 et 276.

pour moi de rien concéder (...) Je me suis ajouté son acquis, j'ai récusé ses refus, j'ai rejeté point par point ce qu'il pouvait comporter de discipline. »[1] Ne mentionnons que pour mémoire la critique, sur laquelle « un sort malin a été jeté »[2], le jour où ses pratiquants ont décidé de l'exercer à la lettre, c'est-à-dire en portant des *jugements,* fondés sur des principes écrits ou de simples usages, mais les uns et les autres ayant force de *lois.* L'exorcisme pour la délivrer consisterait d'abord à inventer un autre mot qui la désigne, et qui rappelle que, la littérature étant un art, elle s'adresse en premier lieu, non à l'intellect, mais au sens, et que le seul devoir, en face d'une œuvre, est de déterminer le degré de sensibilité qu'elle parvient à faire vibrer chez le lecteur.

En lisant, en annotant, nous espérons vivement avoir réussi à montrer, ou au moins à suggérer — celui que l'œuvre de Julien Gracq parvient à faire vibrer en nous. Mais on n'en finirait jamais d'annoter. Avant de poser la plume, que l'on nous permette donc de considérer une nouvelle fois la confidence à Jean Carrière : « De la vie banale aux sommets de l'art, il n'y a pas rupture, mais épanouissement magique », afin d'en souligner — en manière de résumé de toute notre étude — les trois éléments fondamentaux. « La vie banale » dont il s'agit doit être entendue comme la vie naturelle. « Aux sommets de l'art » signifie à ces *seuls* sommets, et qui ne sont précisément sommets que dans la mesure où ils évitent la rupture avec la vie naturelle. Enfin, par « épanouissement magique », entendons qu'une magie seule — noble, bien sûr, et non démoniaque — permet l'épanouissement, c'est-à-dire la révélation, voire la rédemption...

1. *Carnets du grand chemin,* p. 173.
2. *OC,* p. 857.

Œuvres
de Julien Gracq

1938 *Au château d'Argol,* Paris, José Corti.

1945 *Un beau ténébreux,* Paris, José Corti.

1947 *Liberté grande,* avec un frontispice d'André Masson, Paris, José Corti (nouv. éd. augmentées en 1958, puis en 1969).

1948 *André Breton. Quelques aspects de l'écrivain,* avec un portrait d'André Breton en frontispice par Hans Bellmer, Paris, José Corti.
       Le Roi pêcheur, Paris, José Corti.

1950 *La Littérature à l'estomac,* Paris, José Corti.

1951 *Le Rivage des Syrtes,* Paris, José Corti.

1952 *Prose pour l'étrangère,* édition hors commerce, Paris, José Corti.

1954 *Penthésilée,* traduction de la pièce de H. von Kleist, précédée d'une introduction, Paris, José Corti.

1958 *Un balcon en forêt,* Paris, José Corti.

1961 *Préférences,* Paris, José Corti (nouv. éd. augmentée en 1969).

1967 *Lettrines,* Paris, José Corti.

1970 *La Presqu'île,* Paris, José Corti.

1974 *Lettrines 2,* Paris, José Corti.

1976 *Les Eaux étroites,* Paris, José Corti.

1980 *En lisant, en écrivant,* Paris, José Corti.

1985 *La Forme d'une ville,* Paris, José Corti.

1988 *Autour des sept collines,* Paris, José Corti.

1989 *Œuvres complètes,* t. I, Paris, Gallimard, Bibliothèque de la Pléiade.

1992 *Carnets du grand chemin,* Paris, José Corti.

La présente liste se limite volontairement aux ouvrages parus en librairie. Pour tous les textes publiés dans des revues, les interviews, les préfaces, on trouvera bien entendu la documentation la plus complète dans l'édition de la Bibliothèque de la Pléiade. On y trouvera également tous les détails concernant l'opéra tiré du *Rivage des Syrtes* par Luciano Chailly, ainsi que les adaptations cinématographiques d'*Un beau ténébreux* par Jean-Christophe Averty, d'*Un balcon en forêt* par Michel Mitrani, de *La Presqu'île* par Georges Luneau.

Table

Imprimé en France
Imprimerie des Presses Universitaires de France
73, avenue Ronsard, 41100 Vendôme
Juillet 1993 — N° 39 327

ÉCRIVAINS

Colette BECKER	*Les apprentissages de Zola : du poète romantique au romancier naturaliste*
Henri BÉHAR	*Les cultures de Jarry*
Bernard BEUGNOT	*Poétique de Francis Ponge. Le palais diaphane*
Jacques BODY	*Jean Giraudoux. La légende et le secret*
Clément BORGAL	*Jean Cocteau ou De la claudication considérée comme l'un des beaux-arts*
	Raymond Radiguet. La nostalgie (Ouvrage couronné par l'Académie française)
Jacques CHOUILLET	*Diderot, poète de l'énergie*
Roger DADOUN	*Eros de Péguy. La guerre, l'écriture, la durée*
Dominique DESCOTES	*L'argumentation chez Pascal*
Béatrice DIDIER	*Stendhal autobiographe* (Grand Prix de la Critique 1983)
Georges ERNST	*Georges Bataille. Analyse du récit de mort*
Bernard GAGNEBIN	*Flaubert et Salammbô. Genèse d'un texte*
Claudie HUSSON	*Alain-Fournier et la naissance du récit*
Michel JARRETY	*Valéry devant la littérature*
Dominique MABIN	*Le sommeil de Marcel Proust*
Gisèle MATHIEU-CASTELLANI	*Montaigne. L'écriture de l'essai*
	La conversation conteuse : Les Nouvelles de Marguerite de Navarre
Georges MAY	*Les Mille et une nuits d'Antoine Galland*
Henri MITTERAND	*Zola. L'histoire et la fiction*
Nicole MOZET	*Balzac au pluriel*
Thomas Jean NORDMANN	*Taine et la critique scientifique*
René POMEAU	*Beaumarchais ou la bizarre destinée*
Michel QUESNEL	*Baudelaire, solaire et clandestin*
François RIGOLOT	*Les métamorphoses de Montaigne*
Jacqueline de ROMILLY	*La modernité d'Euripide*
Anny SADRIN	*Dickens ou le roman-théâtre*
Jacques SEEBACHER	*Victor Hugo ou le calcul des profondeurs*
Jean SGARD	*L'abbé Prévost. Labyrinthes de la mémoire*
Didier SOUILLER	*Calderón de la Barca et le grand théâtre du monde*
Simone VIERNE	*Jules Verne, mythe et modernité*